B 海事蓝皮书
Blue Book of Maritime

船员发展篇

—— "一带一路"应用型海事人才研究院　编写 ——

2020版

U0590968

大连海事大学出版社

Ⓒ 江苏海事职业技术学院　2021

图书在版编目(CIP)数据

海事蓝皮书. 船员发展篇 / 刘红明，王宏明主编
. — 大连：大连海事大学出版社，2021.8
ISBN 978-7-5632-4181-1

Ⅰ. ①海…　Ⅱ. ①刘…②王…　Ⅲ. ①海船—船员—
研究报告—中国—2020　Ⅳ. ①U699.2

中国版本图书馆 CIP 数据核字(2021)第 154513 号

大连海事大学出版社出版

地址:大连市凌海路1号　邮编:116026　电话:0411-84728394　传真:0411-84727996
http://press.dlmu.edu.cn　E-mail:dmupress@dlmu.edu.cn

大连金华光彩色印刷有限公司印装　　　　**大连海事大学出版社发行**

2021 年 8 月第 1 版　　　　　　　　　　2021 年 8 月第 1 次印刷
幅面尺寸:184 mm×260 mm　　　　　　　　　　　　　印张:12.5
字数:296 千　　　　　　　　　　　　　　　印数:1~1000 册

出版人:刘明凯

责任编辑:高　颖　　　　　　　　　　　　责任校对:张　慧
封面设计:解瑶瑶　邹冬芳　　　　　　　　版式设计:张爱妮

ISBN 978-7-5632-4181-1　　定价:56.00 元

海事蓝皮书·船员发展篇

编委会

主　任：刘红明

副主任：王宏明　刘桂香

委　员：（按姓氏笔画排序）

　　　　仲维庆　刘玉红　杨奇云　吴兆麟　胡月祥　胡甚平

　　　　徐祖远　高德毅　席永涛　谢　荣　缪克银

前　言

水运是交通运输业的重要组成部分，尤其是海运，作为连通全球的重要纽带、全球贸易的主要运输方式，为全球创造价值、传递文明。如今，水上运输承载着我国90%以上的国际贸易和50%以上的国内贸易，作为水运业的关键生产要素之一——船员，其职业素养及技能水平直接关乎水上生命财产和海洋环境安全。2021年2月24日，交通运输部部长李小鹏指出，船员对保障海上物流链畅通和稳定水上交通安全至关重要，要深入贯彻落实《交通强国建设纲要》，优化船员职业发展环境，推动建设高素质船员队伍。可见，打造一支高素质的船员队伍，是保障水上交通安全，推动水运业高质量、持续健康发展的必然要求。

近年来，虽然我国船员数量持续位居世界前列，有突出的规模优势，但在结构和整体素质方面还有较大的提升空间。一方面，船员队伍结构性失衡，长期发展后劲不足；另一方面，船员权益保障不够充分，船员职业的归属感不强。伴随着中国和世界经济进程的发展，水运业也步入新的发展阶段。我们要更加关爱船员，服务船员队伍发展，优化船员职业发展环境，推动建设高素质船员队伍，激励广大船员进一步弘扬"爱国、进取、敬业、奉献"的职业精神，为交通强国建设做出新的贡献。

江苏海事职业技术学院作为新中国成立后建立的第一所培养远洋和内河船员的学校，积极探索海事职业教育与"一带一路"倡议对接，为沿线国家的互联互通提供有力的人才和技术支撑。新形势下，"一带一路"应用型海事人才研究院应运而生。"一带一路"应用型海事人才研究院自2016年创立以来，始终秉承"开放、合作、联通、共享"的理念，立足海事教育优势，围绕"一带一路"领域海事人才的重大政策与实践问题开展研究工作，搭建国际合作交流平台，不断提升科学研究、决策咨询、合作交流的能力与水平，努力建成具有一定影响力和知名度的新型智库，为国家"一带一路"倡议的实施、区域海事人才培养提供理论支撑和智力支持。2018年，研究院成功举办2018"一带一路"与海员发展国际论坛；2018年，作为唯一一家来自高职院校的研究机构，成功入选2018中国智库索引CTTI来源智库；2018年，研究院被正式批准为江苏省高校哲学社会科学重点建设基地。经过多年的潜心研究和不断地开拓创新，研究院的核心团队和专家成员们取得了卓有成效的研究成果：2019年，研究员程萍博士撰写的内参研究报告得到民政部部长黄树贤、国家发改委副主任连维良的亲笔批示；2019年，研究院院长刘红明、学术部主任姜锐提交的研究报告得到了江苏省副省长马秋林的批示；2019年12月，研究院成功举办中国海事职业教育服务"一带一路"建设高峰对话论坛。如今，研究院已入选江苏省科协科技创新智库基地，初显品牌效应。

为进一步全面提升学术研究水平和社会影响力，2020年，"一带一路"应用型海事人才研究院凝聚了社会各界力量，以交通强国、海洋强国等国家战略背景下船员队伍的可持续发展为主题，从培养航海卓越人才、加强船员管理、推进船员队伍健康发展、深化国际交流与合作等方面展开系统、深入的研究，组织编写了《海事蓝皮书·船员发展篇》，为社会、行业和企业各界更好地了解、关注和支持船员事业发展提供参考和借鉴。

本书由刘红明、王宏明担任主编,谢保峰、吴蓉蓉担任副主编。参加本书编写的有(按姓氏笔划排序)丁自华、于璐、王梅、王仁强、王凤霞、王锦法、邓华、代其兵、刘必旺、刘永泽、刘桂香、苏文明、李明、吴雪花、张羽翔、张圆圆、陈大伟、陈进涛、周静、周冠书、胡小礼、郭云丽、谈颖、黄娴、谢荣、薛芳。

本书得以完成,除了编写组成员的努力付出之外,还离不开众多编委专家的悉心指导和学院领导给予的鼎力支持。限于项目组成员的水平与能力,不足之处在所难免,敬请读者批评指正,以便我们及时改进。

值此"十四五"规划开局、第二个百年目标开启之年,谨以此书向中国共产党成立100周年献礼,向江苏海事职业技术学院建校70周年献礼!

"一带一路"海事人才研究院《海事蓝皮书》编写组

2021年7月

内容提要

全书分为战略与规划、现状与对策以及教育与培训3个部分,共计11篇学术报告,现简要介绍如下:

Ⅰ 战略与规划,包括 B1、B2 篇。

B1. 海洋强国战略下中国船员市场需求新格局的研究。基于海洋强国战略下智能船舶、海工装备等产业发展,本文深度剖析了船员服务市场的新需求,并分析了中国船员职业发展面临的主要问题,对新时代船员职业的发展模式及对策建议进行了探讨。

B2. 中国船员职业教育方案"走出去"的可行性研究——以境外及援外船员培训为例。本文以面向"一带一路"沿线国家实施境外及援外船员培训为例,探讨了输出中国船员职教方案的可行性,为航海高职教育"走出去"增值赋能。

Ⅱ 现状与对策,包括 B3、B4、B5、B6 和 B7 篇。

B3. 中国船员队伍现状与发展对策研究。通过问卷调查、访谈、文献研究等方法,本文探讨了船员队伍发展现状以及制约船员队伍发展的因素,提出了稳定和壮大中国船员队伍的对策。

B4. 海船船员经济收入现状及其对船员职业发展的影响。本文将中国海船船员(以下简称海员)经济收入与陆上普通职工收入及其他国家(地区)海员收入进行比较,探讨了海员经济收入差异的原因并提出了相应的建议。

B5. 新冠肺炎疫情对中国船员发展的影响及应对策略研究。基于中国海船船员队伍现状、疫情防控管理相关规定等,本文分析了疫情对海船船员的影响,进而提出了改善中国船员的心理素质、行为规范等的对策建议。

B6. 船员心理健康状况调查及对策研究。通过对480名船员心理健康状况进行问卷调查,了解广大船员的心理健康状态,本文对影响船员心理健康的诱发因素进行了探讨,并对提升其心理健康水平提出了对策建议。

B7. 疫情下船员心理焦虑的影响因素及缓解对策。本文从疫情防控政策的制定与实施、船舶管理、海船船员沟通、换班政策等方面对船员的心理焦虑源进行了分析,并结合宏观形势,提出了疫情背景下缓解船员心理焦虑的措施。

Ⅲ 教育与培训,包括 B8、B9、B10 和 B11 篇。

B8. 船员职业教育国际化现状与提升路径研究——以江苏海事职业技术学院为例。基于当前国家政策和国际形势,本文分析了船员职业教育国际化的必要性和紧迫性,以及船员职业教育国际化的现状和现有基础,通过对接和对照国际标准,对提升船员职业教育国际化的路径进行了探索和研究。

B9. 中国和欧美国家船员教育培训对比分析研究。本文从船员教育体制、航海教育模式、航海教学计划及内容、航海教育方法、实践教学及航海教育立法等6个方面,对比分析了我国与欧美国家航海教育培训的不同之处及启示。

B10. 智能船舶发展新时期的船员教育改革研究。本文系统分析了智能船舶技术带给船员职业教育的新挑战,对新时期的船员需要从培养体系、课程体系、教师创新团队建设以及智慧航海产学研协同创新平台的搭建等方面提出了对策建议。

B11. 通导技术新发展对船员教育培训的影响研究。本文从船舶通信导航技术发展现状及趋势入手,分析了通导技术发展对船员职业的影响,提炼出通导技术发展新形势下航海院校及船员培训教育机构面临的挑战,并提出了相应的解决策略。

本书包含诸多海事教育类专家的研究成果,希望能与大家分享,继续前行。

目　录

I 战略与规划

B1. 海洋强国战略下中国船员
市场需求新格局的研究

【摘要】船员对保障海上物流链畅通和稳定水上交通安全至关重要。为进一步深入贯彻落实《交通强国建设纲要》,优化船员职业发展环境,推动建设高素质船员队伍,报告在科学定义船员内涵的基础上,站位国家发展战略,深入分析海洋强国背景下各领域市场对船员的需求,并从船员的职业特性、市场供求、社会功能、教育培训等角度对其存在的问题进行成因分析,围绕拓宽船员培养渠道、提升船员职业素养、优化船员服务、保障船员权益、加大航海文化培育、提升船员归属感等方面提出以船员职业发展为导向的若干对策。

【关键词】海洋强国战略;船员市场;需求

引言

我国是海洋大国,大陆海岸线长约 1.8 万千米,根据《联合国海洋法公约》的规定,我国有近 300 万平方千米的管辖海域。我国是世界航运大国,港口吞吐量已经跃居世界第一位,90%以上的外贸运输量通过海运来完成。我国也是一个海员大国,现有海员队伍规模基本占全球海员的 1/3。根据《2019 年中国船员发展报告》统计的数据,截至 2019 年年底,全国注册船员总数 1659188 人,同比增长 5.3%。全年外派船员约 15.5 万人次,同比增长 6.5%。广大船员为我国航运业的发展做出了重要的贡献,成为国家经济建设中重要的生力军。

中共十八大报告首次明确提出"提高海洋资源开发能力,坚决维护国家海洋权益,建设海洋强国"的战略部署。我国国民经济和社会发展第十四个五年规划以及 2035 年远景目标纲要中明确提出要拓展我国海洋经济的发展空间,积极推动船舶与海洋工程装备制造业的优化转型升级和产业创新发展。探索海洋和陆域发展的统筹协调,推进海洋权益维护、海洋经济发展和海洋生态保护,加快建设海洋强国。船员队伍是我国建设海洋强国的基础力量,是海运和海洋产业可持续发展的执行者。所以船员应该受到全社会的共同关注和关爱,建设海员强国是整个社会的共同责任,要让更多的人了解海员、关爱海员和关注海员的发展和贡献,为实现我国海洋强国的战略目标共同努力。

1 船员的内涵

船员有广义和狭义之分。广义上,将受船舶所有人聘用或雇用的,包括船长在内的船上一切任职人员统称为船员。狭义的船员仅指具备法定的资格,受船舶所有人聘用或雇用且服务于船上的人员。《中华人民共和国船员条例》规定的"船员"是指依照该船员条例规定,经过船员注册后取得了船员适任证书的人员,其中包括船长、高级船员和普通船员。我国法律法规确立的是广义上的"船员",《中国船员发展报告》所关注的也是此类的内河和远洋船员。

随着我国海洋强国战略的深入实施,人们越来越重视海洋工程船舶技术的发展。海上船队也开始由主要从事海上运输向专业化阶段迈进,并已演化出专用的海上运维以及满足海工行业作业要求的船型,传统意义上的船员队伍将会根据所服务的主体行业出现进一步细分,海上船队专业化发展的同时,也为船员提供了更好的就业环境和更具前景的就业岗位。

智能船舶的发展使船舶操作的功能逐步由在船操作转向陆地操作,将会产生一批在陆上操纵室操纵船舶的新型"陆基船员";邮轮产业的发展将会产生一批具有更广泛人际交往能力的"服务性船员";伴随海上风电、钻井平台、海上 FPSO、深远海养殖以及地效应船等新型海洋装备技术的发展,一批具有特定行业背景的"海工船员"队伍在今后一段时间内将会面临井喷式的发展。同时,新型船员岗位人才需求也将给管理机构以及人才培养市场带来巨大的挑战。

2 海洋强国背景下的船员市场发展趋势

2.1 智能船舶发展对船员市场的需求

近几年,以船舶制造业和船舶航运业为代表的传统行业处于一种需求低迷的困境,为应对运营成本增长、船舶操作复杂化以及环保法规日趋严格的需求,船舶航运业不断增加对智能船舶应用技术方面的投入。在现代通信技术发展的背景下,船舶实现智能化航行已成为船舶航运技术发展的必然趋势。同时,《中国制造 2025》也明确了高技术船舶应成为重点发展的领域,智能船舶代表了船舶未来发展的方向。

2.1.1 智能船舶的关键技术

智能船舶指利用多种传感器,自动感知和获取船舶状态、海洋环境和港口物流等方面的信息数据,运用通信、物联网和互联网等技术手段,再通过计算机数据处理分析和信息智能化控制,使船舶在航行状态、维护保养和货物载运等方面实现智能化运行,从而提升船舶运营的安全性、环保性、经济性和可靠性。

船舶实现智能航行是现代人工智能技术与航运技术深度融合而成的一种新业态,随着智能航运技术的发展,部分船舶将实现智能化,港口货运将走向自动化,船舶运输监管和保障的对象将逐渐由人转变为智能化机器。

智能船舶具备智能航行、智能船体、智能机舱、智能能效管理、智能货物管理和智能集成平台等基本功能。目前,智能船舶正处于快速发展阶段,智能船舶的环境信息感知技术、通信导航技术、状态监测与故障诊断技术等虽然在实船上得到应用,但船舶能效控制技术、船舶遇险预警救助技术、航线规划技术和自主航行技术等还处于研究开发阶段。未来 20 年船舶智能化的发展将实现由智能系统设备逐步转变为会思考的智能船舶,使船舶能够更加安全、高效地运行。

2.1.2 智能船舶的发展路径

智能船舶的发展路径可归结为一个循序渐进的过程,从局部到整体,从海上到岸基。从技术情况来看,智能船舶才刚刚起步,不可能一蹴而就。具体的发展过程要分阶段、分步骤逐步实施。

智能船舶的各个关键技术的发展要结合现有的信息化软件条件和船舶建造硬件设施,逐步配置智能船舶应用的环境感知、分析评估、预测控制、远程支持等支撑系统。从船舶的设计制造开始,到建立船舶运营平台,智能船舶要建立完整的信息服务网络体系,实现船舶数据中心管理,最终形成一个完整的智能船舶运营体系。从船员的配置来看,智能船舶的配员将会经历从配置少量船员到增加岸基远程操控船员,再到完全自动化驾驶,最终实现无人驾驶的发展路径。

2.1.3 智能船舶技术催生全新船舶管理模式

智能船舶并不是将技术提升作为发展目的,而是在发展中遵循根本的价值取向,效率和效益的提升是智能船舶发展的根本方向。在智能船舶发展中,人与物关系的变化,产生了本质性的新需求。大型船舶驶向无边无际的深海,安全和环保是船舶航运的两大主题,确保船舶的安全绿色运营直接决定了智能船舶的社会认可度和可行性。

随着船舶智能化程度的不断提升,很多由船员人工进行的操作项目将被船舶智能系统所替代,船上需要的船员数量自然会减少。船员的大部分时间将用在对船舶智能系统的管理上,在技能上,船员更需要具备安全操控智能船舶系统的能力,以方便实现船上与岸基之间信息的准确传输。

智能航行作为一种颠覆性技术,深刻改变着船舶航行、运维管理、船员生活和思维方式,也让相关从业人员更多地感受到经济发展、社会进步给传统的航运业带来的冲击与挑战。智能船舶发展的终极目标是尽可能少地配置船上船员人数。船舶配员减少将是一个渐进的过程,它会随着船舶智能技术的发展逐步实现。在智能船舶发展的进程中,船员队伍将呈现两大基本特征:一是船舶信息化、智能化水平的提升,对船上船员传统的基本技能要求将逐渐弱化,对船员驾驶能力、维修能力的要求也会降低;二是一批技术船员将从海上转移到陆地。在运输船舶大型化和单船配员减少的双重影响下,船员岗位数量将会进一步减少,但岸上操控室操纵船舶的"陆基船员"数量将会相应增加。

智能船舶基于现代智能技术,采用了全新而复杂的操控系统,在船舶设备结构、制造工艺和维修保养等方面与传统船舶有着本质上的区别。智能船舶操纵管理将由"船基"和"岸基"两个部门协同完成。船基船员的主要任务是确保船舶发生突发状况时能够应对自如,包括应对海盗等传统船舶安全威胁以及黑客入侵之类的全新挑战。智能船舶配员除需具备专业的航海知识外,还需掌握船舶智能化设备的操作与管理知识,与传统的普通船员相比,需要具备更强的综合素质和更广的知识面,以及具有跨专业的知识和能力。岸基船员的主要任务是负责船舶的远程操纵,一般仅需 2~3 个操纵人员就能驾控一艘海上货船。智能船舶对船员综合素质提出了更高的要求,需要重构船员的知识体系。在具有专业航海知识的同时,智能船舶的船员还要掌握船舶远程操纵技能、电子通信技术和气象海况预报等方面的知识和技能。

2.2 邮轮乘务发展对船员市场的需求

现代邮轮是优雅生活的载体,被称为移动的"海上现代化城市",自诞生之日起就承载着人们对美好生活的渴求。2020 年全球邮轮市场经历了百年未有之变局,中国作为世界邮轮版图中的重要一极,也面临着前所未有的挑战。这一年我国邮轮行业和全国人民一起取得了疫情阻击战的胜利,同时防疫标准体系的出台、邮轮安全设施的升级、疫情防控措施的加强等,均为我国邮轮产业的复苏积蓄了强劲的动力,积累了高质量的基础。

2.2.1 国家对邮轮产业的支持

我国邮轮业起步于 2006 年,意大利歌诗达邮轮公司开辟了第一条以上海为母港的邮轮航线,随后众多国际邮轮公司进驻中国,皇家加勒比邮轮还将上海及香港作为邮轮母港。在"一带一路"倡议下,中国邮轮业呈井喷式发展,但邮轮海乘等服务性船员人才匮乏问题凸显。

近几年来,我国十分重视国产大型邮轮的发展,国家多次出台有关邮轮产业的引导支持政策。国家"十四五"发展规划明确将提升邮轮产业作为加强我国制造业重大装备技术核心竞争力的一个重要方面,当前构建中国邮轮生态体系可谓占尽天时、地利、人和。

2.2.2 邮轮产业市场发展潜力巨大

伴随人类社会的进步发展,我国邮轮产业经济呈现出规模大、增长稳定和聚集性强等显著特点,逐步成为沿海港口城市产业转型升级和城市能级提升的特色产业,成为推动我国海洋经济发展的新动能。据国际邮轮协会(CLIA)统计数据,2019 年全球邮轮客流量已达 3000 万人次,同比增长 5%,如图 1 所示。国际邮轮协会(CLIA)预测全球邮轮旅游市场客流量在 2025 年将达到 3760 万人次,这表明国际邮轮市场具有良好的发展前景和市场潜力。

图 1 2009—2019 年全球邮轮客流量及增长率

我国邮轮产业体系比欧美国家邮轮产业体系起步晚,但过去十年,我国邮轮旅游的产业发展十分迅速。目前我国已成为全球最具潜力的新兴邮轮产业市场,邮轮经济的发展正面临难得的历史机遇。

2.2.3 我国布局千亿级邮轮产业链

按照我国制定的邮轮产业发展规划,到 2035 年,我国将基本形成体系完善的邮轮产业链。邮轮经济规模将不断扩大,年邮轮旅客运输量将达到 1400 万人次,邮轮经济规模将达到 4600 亿元,邮轮市场将成为全球最具活力的市场之一。

2019 年 10 月,在中国船舶工业集团有限公司所属上海外高桥造船有限公司,随着钢板切割的进行,我国首艘自主建造的大型邮轮全面进入实质性建造阶段。这艘大型邮轮的总吨位达 13.55 万,总长 323.6 米,型宽 37.2 米,可容纳乘客 5246 人,计划于 2023 年下半年交付运营。这艘国产大型邮轮的开工建造,对我国邮轮经济的发展将起到积极的推进作用。

2019 年 10 月,由招商局工业集团制造的中国首艘极地探险邮轮"极地邮轮 1 号船"(如

图 2 所示)开启首航之旅。"极地邮轮 1 号船"长 104.4 米、宽 18.4 米、总吨位约 8000 吨,内设房间 135 间,设计航速不小于 15.5 节。该船集娱乐、休闲、海洋探险、水上运动等设施于一体,可以满足最新的极地航行规范,并符合客船安全返港等相关标准,安全性和环境保护要求都达到了最高级别。

图 2　极地探险邮轮——"极地邮轮 1 号船"

邮轮全产业链布局,需要邮轮母港、设计制造、运营管理三大部分系统集合而成。大型邮轮属于酒店式豪华旅游客轮,邮轮上的设施集住宿餐饮、休闲娱乐和文化旅游为一体,包括客房、餐厅、酒吧、商场、娱乐场所等。

一艘豪华邮轮上会有 800～2500 名船员,其中甲板部和轮机部船员人数总和为 60 人左右,其余的大多是服务性质船员,每位船员都有固定的职位。到 2030 年,中国对邮轮的需求量为 80～100 艘,需要近 30 万名船员才能够满足邮轮市场发展的需求。随着邮轮产业的迅猛发展,邮轮上所需求的船员资源严重短缺,优秀管理人才匮乏的问题凸显。

2.2.4　中意海员证书互认促进邮轮产业发展

2020 年 12 月 29 日,在中国和意大利政府举行的第十次联席会议上,中意两国的海事主管机关签署了相互承认对方海员适任证书的谅解备忘录。在国际海事组织 STCW 公约马尼拉修正案范围内,双方承认对方海事主管机关签发的海船船员适任证书和培训合格证,双方船员只需持有本国海事主管机关签发的适任证书,由对方海事主管机关在证书上签注即可在另一方船舶上任职。

我国船员数量居世界第一位,但能适任邮轮工作的船员却严重匮乏。此次中意船员证书互认,一方面可以使我国引进意大利船员在中国旗邮轮上工作;另一方面也可以使我国船员有机会在意大利旗邮轮上工作,并获得培训和锻炼机会,为我国邮轮营运储备人才。

2.3　海上风电发展对船员市场的需求

近几年,全球海洋经济市场出现了一个新兴的龙头产业——海上风电!

自 2010 年后在大量项目资金的支撑下,我国海上风电开发发展迅猛,技术水平显著提升,政策体系不断完善,与海上风电开发、建设和运营维护相关的产业均得到了不同程度的发展。从我国新增的海上风电发电功率趋势来看,其增长势头强劲。

2.3.1 全球海上风电装机容量分析

根据世界海上风电论坛发布的《2020 年全球海上风电报告》统计,2020 年海上风电新增装机容量为 5206 MW,超过 2019 年的 5194 MW,图 3 为全球海上风电历年新增装机容量。尽管受新冠肺炎疫情影响,全球海上风电新增装机容量仍然超过 5.2 GW,年新增装机再次创历史新高。15 个新建海上风电场投运,分布在中国、英国、德国、葡萄牙、比利时、荷兰和美国,风电场平均容量 347 MW。

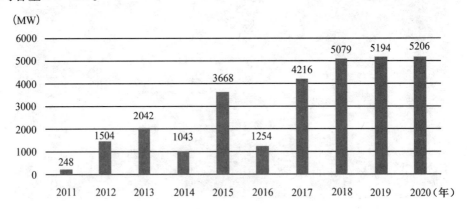

图 3　全球海上风电历年新增装机容量

2020 年,中国凭借 2.1 GW 的新增海上风电装机规模引领增量市场,已连续三年在海上风电新增装机领域处于世界领先地位。就累计安装量而言,中国累计装机容量与德国已经旗鼓相当,中国在 2021 年将成为全球第二大海上风电市场。图 4 为世界各地海上风电累计装机容量。

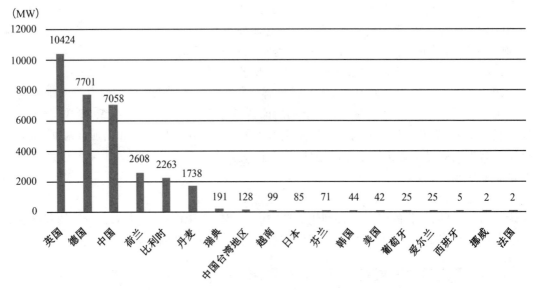

图 4　世界各地海上风电累计装机容量

全球共有 26 个在建海上风电项目,容量接近 10 GW,其中有接近 5.12 GW 即全球 51%的在建容量来自中国(包括中国台湾地区在建的 0.749 GW)。图 5 为世界各地海上风电在建项目容量。

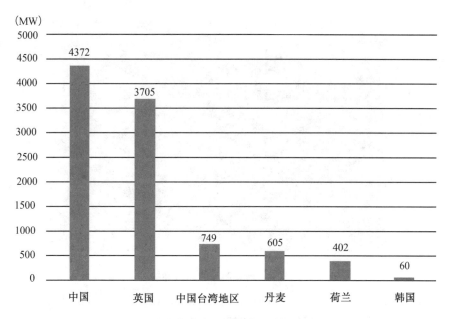

图 5　世界各地海上风电在建项目容量

江苏是我国海上风电发展规模最大的省份,根据江苏省"十四五"可再生能源发展专项规划,到 2025 年江苏省可再生能源新增装机容量约 2200 万 kW,新增投资约 1630 亿元。这意味着"十四五"期间,江苏省风电每年平均将有 2.2 GW 以上的新增装机空间。

2.3.2　海上风电行业海工船员市场发展潜力

当前,全球范围内的海上风电行业正快速增长。据瑞斯塔德能源公司估计,到 2025 年,全球海上风电装机容量将增加到 110 GW;到 2030 年,全球海上风电装机容量将增加到 250 GW。

随着海上风电开发持续推进,海上风场开发需要大量的特种船,如图 6 所示。这些特种船舶分为两大类:海上风电装备安装船和海上风电装备运维船。具体包括:起重船/平台、风机运输船、风电安装船/平台、风电运维船、铺缆船、供应船、调查船等一系列工程船。随着全球海上风电规模的不断扩张,该行业工作岗位人员的需求将面临更大的缺口。

海上风电行业的工作岗位可以分为两大类:一类是建设开发人员;另一类是作为运营维护人员的海工船员。其中海工船员占海上风电所有工作岗位的 30%~50%。

据瑞斯塔德能源公司估计,到 2030 年,全球对海上风电人员的需求将成倍增加。2020 年,全球大约有 29.7 万个工作岗位需求;到 2025 年,全球工作岗位需求将激增到约 58.9 万个;到 2030 年,全球将提供大约 86.8 万个全职工作岗位。

以海工船员在海上风电行业约占 30% 的人力需求来计算,到 2025 年时,这一行业的海工船员需求将增加 17.67 万~29.45 万;而到 2030 年时,这一需求可能增加到 26.04 万~43.40 万。

瑞斯塔德能源公司预计,未来十年中在风电场装机容量的推动下,海上风电行业对海工船员的需求比例将越来越大。

目前欧洲仍然是全球最大的海上风电市场,它将成为全球范围内创造海上风电领域就业机会的主要推动力。预计到 2030 年,欧洲海上风电领域对工作岗位的需求将增加两倍以上,从 2020 年的 11 万个增加到 35 万个左右,即到 2030 年仅欧洲大概就有十几万的海工船员缺

图 6　海上风电作业特种船

口,这种缺口尤其表现在接下来的 5 年中。最近日本和韩国等主要经济体也制定了海上风电目标,亚太地区将在推动行业增长方面发挥越来越重要的作用。近几年,海上风力领域一直是美国增长最快的领域之一,对海工船员的需求也水涨船高。美国拜登政府提出了到 2030 年将电力部门脱碳 50%的计划。估计到 2030 年,美国将有近 15 GW 的海上风电装机容量,美国也将成为海上风电日益重要的市场。

2.4　海工装备产业发展对船员市场的需求

2.4.1　中国海工装备产业链前景分析

21 世纪被称为"海洋世纪",海洋经济已经成为新兴的经济领域,加快推进海洋资源的开发利用已成为世界各国发展的重要战略取向。海洋工程装备制造业是《中国制造 2025》确定的重点领域之一,是我国"十四五"发展规划明确的战略性新兴产业的重要组成部分,也是国家实施海洋强国战略的重要基础和支撑。

海洋工程装备是指与海洋资源勘探、开采、加工、储运、管理、后勤服务等方面相关的大型工程装备和辅助装备。海洋工程装备是深海战略的基础,目前在海洋资源开发利用方面,海洋油气资源开发装备技术最为成熟,其数量和规模比较大。就石油的储量分布地域而言,未来全球对石油资源需求的增长将越来越依靠海洋石油资源来满足,这意味着海洋石油资源大开发的时代已经到来。

目前,海上作业工程主要以海上油气开发和能源利用为主,海洋工程船通常是指围绕海上油气开发而建造的船舶。常见的海洋工程船主要有海上浮吊船、半潜船、运输驳船、三维物探船、海底铺管船、油气勘探船、ROV 潜水支持母船、钻井支持驳船、自航钻井船、海上居住支持船、三用工作船、平台供应船、海上建造船、海底井口干预船、锚定操作船、牵引船、供应船、消防船、油田增产船、特殊用途船、援救守护船、浮油回收船、载运化学品或低闪点油船等。这类船舶一般被称为海洋工程支持船(也被称为海运工程服务船),简称 OSV 船舶。OSV 船舶与普通商船在设备配置及船舶操纵等方面具有显著的不同,其功能更加偏向于工程作业。主要功能包括:物资运输、平台守护、消防、救助、破冰、平台拖航、定位、起抛锚、提油作业、防污染和溢油回收等复杂的海上油田支持性作业。

"十二五"以来,随着海洋资源开发范围的拓展,我国海洋工程装备的应用范畴已向非油气资源领域进一步延伸。随着人类对海洋开发的不断深入,相应的装备也在不断升级。从产业链来看,海洋工程产业链由上游海工装备支持行业(包括设计及原材料提供)、中游海工装备制造(钻井平台、生产平台、海洋工程辅助船等设备体系)和下游海工装备建筑及服务(主要是海洋油气服务)等主要环节组成,在产业链的各个环节都形成了各自的发展模式。

目前,国际海洋工程装备市场年需求额为 400 亿~500 亿美元。随着海洋油气开发向深水进军,未来 5~10 年内海洋油气开发的市场规模还将进一步扩大,海工装备将成为一个产值达千亿美元的新兴产业。

2.4.2 海洋油气资源开发潜力巨大

从市场需求角度来看,现在全球每天对石油的需求量大约为 9000 万桶,如图 7 所示。全球海洋油气资源在未来很长一段时间内仍具有巨大的开发潜力和市场前景。到 2035 年,全球每天对石油的需求量将达到 1.12 亿桶左右,陆地石油将会在未来的 20 年内开采完结,而海上石油还可再持续开采 50 年。因此,海洋石油将成为未来全球石油市场供应的主要来源,市场的需求也会带动海工装备产业的快速增长。

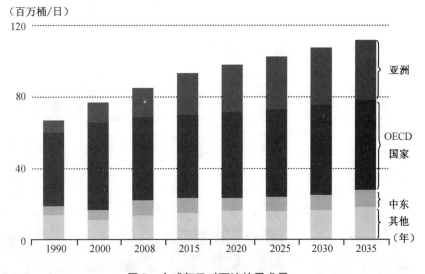

图 7 全球每天对石油的需求量

2008 年 4 月 28 日,我国开工建造第六代超深水海洋石油钻井平台"海洋石油 981";2012 年 5 月,"海洋石油 981"在中国南海海域进行正式钻探,这是我国首次独立进行的深海油气勘探,标志着我国已基本掌握了世界先进的深海采油技术;2014 年 8 月,在南海深水区测试中获得了高产的油气流,这是中国海域自营深海勘探的第一个重大油气发现。

2017 年,我国在南海神狐海域首次成功试开采可燃冰的消息传遍全球。承担此次国家重大战略任务的超深水双钻塔半潜式钻井平台"蓝鲸一号"再次吸引了全球目光。"蓝鲸一号"平台由我国完成了全部的设计、建造和调试,代表了世界海洋钻井平台设计建造的最高水平,南海可燃冰的成功试开采将我国深水油气勘探开发能力带入了世界先进列。

从投资角度来看,全球对石油需求量的持续增长,将会导致海工投资的不断增加。据国际能源机构(IEA)的分析预测,2020—2025 年,全球海洋油气开发的年均投资总额将会达到

550 亿美元,将给海工装备市场带来较大的发展空间。

2.4.3 海工装备产业海工船员市场发展潜力

海洋工程装备根据各自功能及特点可细分为钻井平台、生产平台、水下设备、油气外输系统、海洋工程辅助船等。钻井平台、生产平台、海洋工程辅助船构成了海洋工程装备的主要部分。海洋油气开采过程可划分为勘探、开发、生产三个阶段。勘探阶段主要是进行地球物理探勘,结合地质资料进行分析研究,然后根据推断的地质性状,利用移动式钻井平台实施钻探作业;开发阶段是在已确认含有油气储藏的区块进行生产平台、水下生产系统、各种管线等生产设施的安装;生产阶段主要是进行油井开采作业,完成油气处理的一系列操作,并对油井进行后续的维护管理。海洋工程辅助船的主要功能是为钻井平台和生产平台提供持续移动、起抛锚作业、外消防、消油、物资运输、平台维护等综合性服务。

为维护海洋油气开发装备的正常运行,每一套钻井平台、生产平台通常都需要 1000 名左右的海工船员和工程技术人员提供服务保障。根据 IEA 数据统计,目前全球海工装备船队中,移动钻井有 908 艘,移动生产平台有 287 艘,固定生产平台有 8893 艘,全球相关从业的海工船员需求将达 400 万人左右。近几年,结合国家相关产业政策支持,以及海洋油气开采对海洋工程装备的需求拉动,大量的深水物探船、工程勘探船、深水铺管起重船、水下工程设备安装支持船等配套工程船也将带来全新的船员服务市场。图 8 所示为海洋工程装备体系。

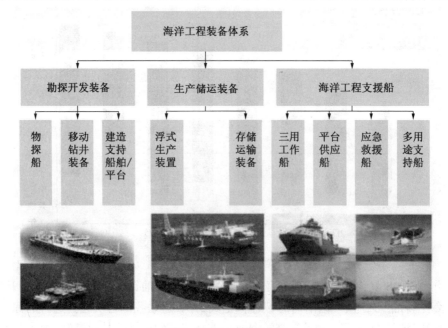

图 8　海洋工程装备体系

2.5 深远海养殖装备发展对船员市场的需求

2.5.1 深远海养殖产业链前景分析

近年来,随着我国海域渔业资源过度捕捞、近海网箱养殖密度过大、海洋环境污染恶化等问题的突显,开发深海渔业养殖技术成为解决问题的关键。政府先后出台的《全国海洋经济发展"十三五"规划》《全国渔业"十三五"规划》等政策给予了深海渔业养殖以政策上的支持。

深海渔业养殖基地配套船舶的建造和改装,对改善我国周边海洋环境做出了新的尝试,对提升深远海养殖能力其有重要意义。

挪威、加拿大、俄罗斯、澳大利亚等渔业大国,采用大型养殖装备技术已经成功运营多年。由于传统的养殖方式形成的瓶颈难以突破,利用新的技术装备大幅度提升海洋渔业资源养殖、捕捞、加工储运全产业链集成的市场需求日益迫切。

2.5.2 深远海养殖装备发展空间巨大

深远海渔业养殖是指在水深超过 20 米的海域范围,利用大型浮式养殖平台或养殖工船等装备,进行渔业养殖活动。

2017 年,我国为挪威萨尔玛集团建造的世界首座全自动深海半潜式智能渔场——"海洋渔场一号",开创了三文鱼养殖的新纪元;2018 年 5 月 4 日,中国首座深海渔场——"深蓝 1 号"在山东青岛建成交付。该深海渔场是用于深远海三文鱼养殖的大型渔业养殖装备,据估算仅黄海冷水团渔业养殖规模就可达千亿元以上;福建省和海南省也相继开发了"海峡 1 号"等深海渔业养殖场。我国深远海大规模渔业养殖技术的投用将终结中国渔业养殖"望洋兴叹"的局面,将渔业养殖海域向外推进了 100 多海里,对维护中国海洋权益、拓展深远海渔业发展具有里程碑式的意义。

2020 年 7 月,大型智能化海洋牧场综合体平台"耕海 1 号"在山东烟台海域投入运营。"耕海 1 号"综合体平台由 3 个养殖网箱组合而成,构成直径 80 米的"海上花"概念,具备智慧渔业、休闲旅游、海洋科研和科普教育等功能,是名副其实的海上综合体。

针对我国发展深远海智能化渔业的战略需求,仅中国南海海域范围内,水深为 45～100 米且适合深远海渔业养殖的海域面积就有约 6 万平方千米。随着南海深远海渔业养殖产业链的不断成熟,未来可形成年产值约 1350 亿元的渔业市场。

2.5.3 深远海养殖产业船员市场的发展潜力

深远海渔智能养殖渔场装备主要用于发展工业化、智能化和绿色化的海洋渔业养殖。2018 年 6 月 27 日,我国最大的渔业养殖保障船改装合同在天津新港船舶重工有限公司签署。该项目包括改装 5 万吨级散货船、新建两艘活鱼运输船及两艘饲料运输船项目。作为深远海渔智能养殖渔场配套项目,它成为目前国内最大的渔业养殖保障船。该船是集船上工作人员住宿、海上渔场养鱼平台监控、高价值鱼类环保养殖为一体的综合性渔业养殖船,配备鱼类粪便收集装置,可将收集来的粪便用于制作肥料等附加产品,是海洋渔场的控制枢纽,可实施对海上渔场养鱼平台的无线监控,主要用于深海渔场综合养殖保障。随着我国对渔业产品需求的不断增加,近几年深远海渔智能养殖渔场装备将得到规模性的发展,这种适应深海渔业发展的船舶需配置大量的工作船员,也将为船员服务市场带来广阔的发展前景。

2.6 其他海洋技术发展对船员市场的需求

近几年,我国海洋装备制造与开发能力明显提升,在海洋油气勘探开发方面不断取得突破,与国内外企业的技术合作也取得积极成果。随着全球海洋油气开发景气度进入上行通道,海洋油气开发行业的发展与规模的增长,将极大地带动我国海底油气输送管线、填海造陆等其他海洋工程产业的发展。此外,海底隧道、海底光缆、人工岛开发、海上浮动核电站等专用工程项目的特种船舶订单也将出现大幅度的增长。由此判断,我国海洋工程行业景气度将保持平稳增长态势,特种作业船舶的海工船员需求也将随之增加。

3 船员职业发展面临的问题及原因分析

航运是国民经济发展的基础性产业,我国是世界航运大国,拥有庞大的船员队伍。进入21世纪以来,国际形势复杂多变,我国要实现海洋强国梦的目标,就需要培养一支高素质、人员结构相对稳定的船员队伍。全面地实施船员职业规划,科学地拓展船员职业发展空间,有效地完善船员市场机制,是新时代我国船员职业可持续发展的一个重要因素。

当前,在经济社会快速发展的情况下,影响船员职业发展的因素主要体现在以下几个方面:

3.1 船员职业特性因素的影响

3.1.1 船员职业晋升程序化,成长周期长

社会经济的快速发展使年轻人对自己的职业生涯产生了一种迫切的期待。船员作为一个特殊的职业群体,根据要晋升的岗位,在国家海事局指定的具有相应资质的培训机构进行相应的考核考试,包括海上资历认可、操作项目评估以及理论考核等。我国船员考试发证采取操作级培训,大副或大管轮培训,船长或轮机长培训三级强制培训制度,对培训应达到的知识和能力的适任标准未做明确规定。在国外如印度、菲律宾等,30岁以下的船长和轮机长是常见的,我国航海院校的毕业生一般需要在船工作12~15年,通过培训考核后成长为船长或轮机长。

3.1.2 职称晋升时间长,转型通道窄

从职业发展进程看,2000年以前,船员职业以较高的收入优势与我国海运业的发展基本保持相似的节奏,吸引了很多船员将航海作为实现自身价值的终身理想职业。随着社会经济发展步伐的不断加快,新时代船员对实现自我价值的追求以及社会认可度的诉求愈发强烈。在职业发展过程中"登陆"与"转行"已成为船员职业发展的趋势。在传统的船舶运输行业,船员由于技能单一和年龄偏大,从业后转型发展的机会相对较少,使得他们倍加珍惜船员职业。当从业12~15年晋升到船长或轮机长职位后,这些人还将在这个职位上工作20年左右。长此以往,船员职业顶端人员的数量就变得越来越富余,进而影响到年轻船员的晋升和职业发展意愿。

从职业发展路径看,我国船员职业发展主要有长期海上从业和海上转陆地从业两种模式。按照我国目前的陆地上一般行业技术职称晋升要求,本科生毕业后在陆地从事技术工作达5年,就可申请晋升中级职称,任职中级职务满5年后可申请晋升高级职称;而航海类专业本科毕业生如果选择船员职业,在目前的发证体系下一般不可能在5年后晋升到管理级船员职务(相当于中级职称),更不可能在工作10年时晋升到高级职称。也就是说船员如果选择"登陆"发展时,相同职称系列上将产生较大的年龄劣势。

船员如果转到陆地来发展自己的职业,主要可以做以下几类工作:一是转到航运公司从事航运管理工作,一般需要本科以上学历或高级船员适任资历;二是从事海事管理工作(如公务员),一般需要本科以上学历;三是担任航海类专业教师,一般需要本科以上学历或高级船员适任资历;四是自主创业或其他发展方向。而前三者所占船员比例较小,要解决船员转型必须有其他发展方向。图9为船员转陆地发展的职业岗位。

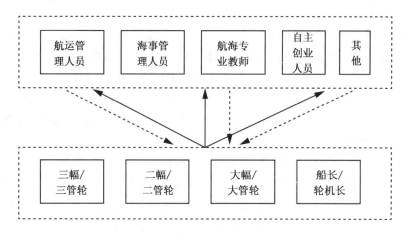

图9 船员转陆地发展的职业岗位

3.1.3 工作生活环境的局限性成为职业发展的障碍

船员工作环境具有一定的局限性,海上航行的特定环境很难将船员的需要、要求与船舶航运规划融为一体。船员在船工作时构成一个独立的工作群体,航行时离开陆地,容易长时间脱离社会群体,与社会交往和家人情感交流的机会较少,长期的孤独寂寞易导致心理疾病、心理和性格发生偏差;船员易受地域气候与时差的影响,使机体的生物节律受到干扰,直接影响其身心健康状况;船上空间狭小,人员相对固定,业余生活枯燥乏味;航行中的各种突发事件和危险因素,会使海员的神经处于高度紧张状态,容易影响船员的身心健康;船员在事业进取阶段,将精力主要放在工作上,而长时间离开家庭后的一些矛盾易集中爆发,当面对工作与生活的冲突时,许多船员为追求稳定生活和家庭幸福而选择转型到陆地发展。

3.1.4 社会经济的快速发展使船员职业优势下降

随着现代船舶智能化、绿色化和大型化的发展,船员工作的内外部环境发生了深刻的变化,由于单船在船船员人数的减少,船员实际工作的劳动强度不减反增。而社会经济的快速发展为陆上工作提供了大量的创新发展机会,一些新兴的高收入行业相继出现,一批高收入阶层也相继出现,海上与陆上工作的薪资差距逐步缩小,人们逐渐将择业的目标转向工作环境舒适、收入较高的相对稳定的陆上工作。船员的收入水平已无法体现高风险的特殊职业价值,船员的职业优势已不复存在,这导致船员由薪资待遇带来的优越感下降。另外,航海类院校基本都处于经济发达地区,航海类专业毕业生转型"登陆"的比例日趋上升。

3.2 海运市场供求因素的影响

3.2.1 海运贸易量增速下降导致船员市场需求减少

从海运市场看,由于船舶向大型化和智能化发展,运输船舶的配员和总量不断减少。受国际航运市场持续低迷和疫情等因素的影响,传统的海运船员市场需求持续下降。但我国近几年航海类院校和培训机构培养船员的数量增长过快,注册船员的数量大幅度增加,传统的船员市场供需关系难以保持动态平衡,出现船员上船难、工资降低等现象。

航运企业在市场持续低迷的情况下对培养船员和发展船员队伍力不从心,在一定程度上制约了船员队伍的健康和可持续发展。船员的根本权益常常得不到很好的维护,这进一步加剧了职业吸引力与可持续发展之间的矛盾。

3.2.2 船员职业发展转型难度大

目前,我国船员职业的发展完全依靠个人和航运市场的变化,由于缺少促进船员就业的国家政策,船员劳务市场变化对船员的职业发展影响较大。在新冠肺炎疫情等情况下出现的上船难、晋升慢的实际困难,使部分船员丧失了从事船员职业的信心和兴趣。当前,船员职业的非终身制趋势日益扩大,但市场可供船员直接转型发展的就业岗位稀少、局限性多、要求偏高,船员海上资历越久可能转型会越困难,导致很多有理想的年轻船员对职业发展前景感到迷茫。

3.2.3 船员外派劳务市场发展新格局

我国政府倡导的"一带一路"倡议为全球经济带来新的推动力,未来国际航运经济可持续发展的大趋势是不可逆转的,而拥有一支具有国际化视野、创新能力和复合能力的高素质航海人才队伍是建设海洋强国的重要保障。

未来的国际船员劳务市场会在"量"和"质"两个方面有持续的需求。

在"量"的方面:近几年,我国外派船员队伍的规模和结构发生了显著变化,对全球船员劳务市场的影响也日渐凸显。中华人民共和国交通运输部新闻办公室发布的《2019年中国船员发展报告》显示,截至2019年年底,全国注册船员总数1659188人。我国2019年外派船员总计155449人次,同比增长了6.5%,居全球第二,且存在着很大的提升空间。船员外派劳务市场的增长需要充足的船员数量来支持。

在"质"的方面:由于特种船舶和智能船舶的发展,大量的新规则、新技术得到了广泛的应用,国际航运业从船舶设计到运营都需要有操控能力强的航运管理人员和国际海员的参与,都需要有掌握新知识和高质量的国际海员的参与,都需要有足够数量的船员队伍与之配套。

此外,随着我国对船员外派业务的进一步放开,外资船员外派机构的引进必将直接冲击原有的国内船员服务市场,引发新一轮洗牌。国内船员管理机构不能仅局限于对各类船员数量上的需求,而应当以提高全球航运管理水平为己任,顺应新形势下构建船员劳务服务的新格局。

3.3 经济社会发展因素的影响

3.3.1 经济社会发展对船员职业的认同感差

我国既是陆地大国,也是海洋大国,中华民族是世界上最早开发和利用海洋资源的民族之一。但历史上我国传统文化一直都是以大陆文明为主流的文化形态,海洋文化的社会基础相对薄弱,大多数公民还缺乏比较强烈的海洋意识和活跃的海洋进取精神,而对船员职业的认知更是缺乏客观的了解和认识。由于船员群体的组织化程度低、话语权小、流动性大,在经济高速发展的背景下,船员社会地位日益边缘化。另外,在社会宣传方面,一些新闻报道更多地聚焦于"苏伊士运河被堵""某某海难事故""索马里海盗"等个别事件,给船员职业的社会形象带来许多负面影响。

3.3.2 船员职业的社会保障体制不充分

我国外贸运输量的90%以上是通过海上运输来实现的,国际航运业的安全运作离不开船员的服务与贡献,船员是连接世界经济和文化的重要纽带。由于船员职业的特殊性和重要性,世界各国的通常做法是采用积极的财政和福利政策等为船员提供良好的职业发展环境。但我国尚未出台专项的船员社会保障制度,针对船员的社会公共服务体系还不健全。此外,社会自由船员占比较大,他们无固定的隶属单位,人员流动性大,在船员社会保障、职业发展等方面享受不到国家和社会提供的很多便利的服务,其职业发展直接受到影响。

3.3.3 企业缺乏长远的船员培养和需求规划

我国对船员发展的政策扶持力度与世界航运发达国家相比存在明显的差距,突出表现在航运企业对全面培养高素质船员的积极性不高,船员的培养与使用脱节;船员培训模式过于单一,面向目前海洋大开发环境下船员市场多元化的培养体系尚未形成,国际竞争力不强;船员素质参差不齐,诚信自律不够,职业道德、责任意识、权益意识和安全意识有待提高。

3.4 船员教育因素的影响

国家"十四五"发展规划明确提出深入实施制造强国战略,推动船舶与海洋工程装备优化升级。新时代船员将担负着国家经济发展和国防安全的重任,而船员教育是决定着培养高素质海洋人才的首要因素,在我国海洋强国建设中具有重要的基础性地位。现代船舶正逐步向大型化、专业化、自动化方向发展,集装箱船、散货船、液化天然气船(LNG 船)和超大型油船(VLCC)等国际标准化的大型专业船舶将会主导整个航运市场,海工装备制造业的发展也将催生新兴的海工船舶市场,这必然导致对船员综合素质的要求更高,船员不但要擅长船舶的操纵和管理,也要深谙现代海工装备的科技之道。

航海类院校是我国船员的主要输出地。当前我国海员队伍处在市场转型期,船员队伍结构、规模和属性都发生了巨大的变化,出现了大量航海类专业毕业生不愿从事船员职业的现象。上述问题从船员教育层面分析有以下几方面原因:

3.4.1 海洋文化宣传教育引导不足

目前,我国的航海类院校因受船员适任证书取证考试制度的影响,更多地将教学时间安排在专业内容学习方面,教育过程缺乏海洋文化科学方面的有力支撑,致使对学生海洋意识的培养通常只局限在常识性介绍上,很难上升到意识形态层面。对海洋意识教育的重要性认识和投入不够,对引导学生树立正确的海洋观、人生观、价值观等方面的引导不足,使得学生在思想上对海员职业缺乏正确的认识,未树立起良好的海洋意识。

3.4.2 缺乏科学的职业规划引导

21 世纪是人才竞争的时代,职业生涯规划开始成为在人才争夺战中的另一重要利器。但目前航海类院校为走出招生难的困境,出台了一些包括学费减免等方面的优惠政策,导致一部分学生入学的目的就是取得毕业证书,而将学校作为升学的跳板;一些学生缺乏科学的职业规划,从事海上职业的近期和远景规划、职业定位模糊,毕业后或短期从业后会选择离开船员岗位;有些学生虽然对航海事业充满热情,但当面临实际海上工作和生活环境时,由于缺乏足够强的心理预期和体质,真正工作后无法适应船员职业岗位。

3.4.3 教学模式缺乏广泛的职业认同感

长期以来,航海类院校的航海专业人才培养是以获取海船船员适任证书为目标的教学,学生毕业时需要取得教育部门颁发的学历证书和中国海事局颁发的海船船员适任证书。学生的海船船员适任证书考证通过率在一定程度上也被认为是学校教学质量的衡量参数。这也导致教学过程基本是围绕如何获得海船船员适任证书而开展,各个学校为提高考证通过率,均采取将教学课程设计基本与海事主管机关考试项目一一对应的模式,但这种考试体系对船员必须具备的船员素养、职业精神等方面的教育相对欠缺,使学生对船员职业缺少全面的理性认识和专业实践体验。而海船船员适任证书在社会上的应用范围和通用性非常有限,容易导致船员因缺乏综合竞争力而被市场淘汰。

4 新时代船员职业发展探讨

我国作为海洋大国,社会对海洋文化的普及和职业价值的认可是决定船员群体数量的精神动力,也是决定船员职业可持续发展的社会基础。社会的发展引发的海员职业发展的现实诉求,需要国家、社会和个人等多方面的共同努力去解决。船员职业的非终身制已是必然趋势,应拓宽各个阶段船员职业转型发展的通道,吸引更多热爱海洋的年轻人根据自身的情况正确规划职业发展路径。拥有一支数量充足、结构合理的船员队伍,是我国在海洋强国发展战略下提升海洋核心竞争力的重要组成部分。随着国家海洋强国战略的实施,社会对船员职业的认知度会逐步提高,我国船员职业发展也会越来越科学。

4.1 打造多样化可持续发展的船员职场环境

随着海洋战略的逐步实施,国家提出高端船舶和海洋工程装备关键技术应向产业化发展,并应重点发展高技术船舶与特种船舶、先进的海洋工程装备等。新兴技术的发展为船员队伍可持续发展提供了广阔的空间。

先进的海洋工程装备方面:近几年,我国海上风电装备、海洋渔业装备、海底矿产资源开发装备等新兴的海洋工程装备的研制和应用取得了重大进展。伴随新兴产业服务市场的兴起,海工船员队伍将呈现快速增长的趋势。据有关机构估计,到 2025 年,全球海上风电行业海工船员需求为 20 万左右,到 2030 年这一需求将激增到 40 万左右,这一数据几乎与我国目前在船船员数量相当。此外,在海底矿产资源开发装备、海洋渔业装备等方面也将出现较大的海工船员市场需求。可以预见的是,海上风电等海洋经济的扩张和增装体量的加大,对海工船员的需求也会随之增加,迫切需要相关部门和机构加大对船员人才的培训管理力度,支持行业扩大化的发展需求。

高技术船舶方面:随着智能船舶技术的快速发展,少人或无人自主航运的船舶将逐步增加。自主航行技术可以降低船上船员数量和生活设施配置,从而减少船舶重量、增加载货空间、节省运营成本、降低用电负荷。由于智能船舶的操纵主要是通过专家决策系统与远程遥控系统在岸上进行操作,在未来可能会改变船舶的运营模式,船舶运输产业链条上的企业关系将进行重组,船舶服务将基于智能船舶提供全方位、全生命周期的综合服务,这在一定程度上将增加陆基船员的数量,从而大大改善船员的工作环境。可以预见,由于智能船舶配员岗位的减少和陆基船员数量的增加,对船员的知识结构、综合素质和技术技能的要求将明显提高。以单一船舶配员为主营业务的船员管理公司将面临巨大的转型压力。

高技术船舶和先进的海洋工程装备技术的发展将使船员管理模式被颠覆和重塑,船员管理需要自我革新,主动拥抱变革。

4.2 推进船员劳务市场海陆合作发展联动机制

目前船员的职业发展完全依靠个人和市场,缺少促进船员就业的国家政策。由于船员职业的非终身制趋势日益扩大,而市场可供船员直通的转型发展岗位稀少、局限性多,很多年轻船员对职业发展前景感到迷茫。而现在海上风电等海洋工程服务行业开始同航运业强势争抢船员,随着我国海洋工程技术的发展和对船的需求,未来会有大量船员从远洋航运转向海工行业,或成为具有远洋和海工双重身份的船员。

海工船员与远洋船员各有特点。福利待遇上,两者之间并没有特别明显的差距,通常认为海工船员待遇更好一些;工作繁重程度上,海工船员要更辛苦一些,但近几年远洋船员随着各项检查制度的趋严,船上工作繁杂程度也在增加;离岸远近上,海工船员更胜一筹。因为海工设施一般每月都可安排正常休假,船员上岸具有优势,这种优势尤其在新冠肺炎疫情下更为明显,当前远洋船员正面临严峻疫情下的换班危机,而海工船员在沿海作业,通常不会受到这类问题的影响;从海上信息网络看,海工船员由于沿海作业,一般都能连通网络,能够及时了解社会以及家庭的动态。而相比之下,远洋船员受限更多。

由于我国船舶航运与海洋工程管理体制问题,海工船员和远洋船员目前并不处于同一个管辖部门。我国应建立促进船员发展的合作机制,推动建立政府部门、企业、工会、社会组织间船员劳务市场海陆合作发展的联动机制,充分调动社会力量服务船员发展,提升船员职业的吸引力。

4.3 建立适应海洋经济发展的复合型船员培养模式

4.3.1 建立健全海洋经济环境下的船员教育培训规范标准

传统的船员职业只是针对航运船舶所需要的操作人员,随着海洋经济的快速发展,以海洋工程开发为职业岗位的船员人数将会出现大幅度增加。根据远洋船员和海工船员的工作性质和岗位需求,应建立适任不同岗位要求的船员适任标准体系,重新修改完善《中华人民共和国船员培训管理规则》《中华人民共和国海船船员适任考试和发证规则》,制定针对不同行业需求的船员培训管理办法。按照远洋船员和海工船员不同职务资格的适任能力要求,结合行业实际,重新梳理船员培训内容、方式、时间和评价要求,形成系统的船员培训知识体系。制定船员培训大纲,修改完善智能船舶、大型邮轮、海工装备船员特殊培训大纲,制定船员远程教育培训管理办法,编制船员远程教育培训平台建设和培训课件制作规范。

4.3.2 构建适应新时代船员发展的培训基地

目前服务于海工行业的船员基本都是由传统的船员转型而来,普遍缺乏基本的海工行业系统性培训教育,从短期内看是解决了船舶的作业问题,但从长远看会对行业发展带来一定的影响。航海教育机构必须把握远洋船员和海工船员市场发展的脉搏,及时开展行业调研和市场需求分析,把握市场发展动态,完善船员职业教育培训基础设施建设,提前布局新兴船员培训基地,推动形成一批层次多样、分布合理、面向不同市场的船员教育培训机构。不断探索创新新时代船员教育模式,提高培养质量,使船员的能力素质更加贴近市场的实际需求。加快发展船员现代职业教育,建立多元化的船员教育培训体系,鼓励船员持续学习。

4.4 拓展"互联网+船员管理"船员职业发展通道

随着海工服务等新兴船员市场发展,船员职业将呈现更大的开放性和流动性,同时也给船员市场的发展带来新的挑战。建立全国性的船员管理信息平台,使其服务于海洋工程和船舶航运市场,并具有对船员进行考核、评估、晋升、健康、信用等级记录等诸多功能,各方资源共享,共同营造规范、健康、良性发展的船员市场。建立船员公共服务体系,为船员提供教育培训、法律援助以及解决劳资纠纷等服务。规范船员劳务中介机构,拓展船员外派市场,形成统一、开放、竞争、有序的船员劳务市场体系,让整个船员资源流动起来,为船员的转型发展降低入职门槛和提供更多通道。

企业应创新协调共享,增强海员对企业的归属感,探索新兴船员职业"双轨制"的用工制度,这样船员就可以选择在远洋船员与海工船员岗位间交替工作,从而打通船岸船员的双向交流。船员在陆地工作、照顾家庭的需求得到满足的同时,还能更好地享受工作、享受生活,提高其整个家庭成员的生活质量,为其在船上稳定工作提供一定的精神动力,从而达到锻炼和稳定船员队伍的目的。

4.5　加大海洋文化培育,提升船员职业荣誉感

4.5.1　做好航海教育职业导向

航海类院校应加强学生的职业道德教育,引导并教育其树立正确的人生观、事业观,培养其对工作一丝不苟的敬业精神,使学生从内心激发年轻人的强国梦想和担当精神。在今天,职业不应仅仅被定位为谋生的手段,只有将职业价值提升到与个体对生命价值的追求相一致的高度,才能最大限度地激发学生对职业的认同感、归属感,才能让他们最大限度地投身于工作。学校应该做好学生的职业引导和规划,使学生能够用辩证的思维分析判断稳定与流动的关系,选择适合自己发展的平台,理性地设计航海职业生涯。

4.5.2　弘扬航海文化和工匠精神

政府、航运企业、航海院校、行业组织等各方应共同加强船员职业宣传,运用多种手段宣传船员的价值和贡献,提升船员职业的吸引力。增强全社会对船员的关注,政府需要将海洋文化建设的任务担当起来,以激发船员的职业荣誉感为己任,大力弘扬新时代"爱国、进取、敬业、奉献"的船员精神。我国是海员大国,关心关爱船员离不开社会各界的密切配合,更需要新闻媒体的高度关注和有力支持,聚焦船员群体,关注船员权益,为船员的职业发展营造良好的舆论氛围、文化条件和社会环境。借助"世界海员日""中国航海日""全国海员技能大比武"等活动,展示船员风采,激发船员的职业荣誉感。在新时代"一带一路"倡议的实施过程中,航海工匠不但要有吃苦耐劳的精神,而且要具备精湛的技艺、创新的勇气、同舟共济的团队精神。挖掘中国船员的光荣事迹,宣传船员价值,培养船员的认同感和自豪感。推广船员文化,形成尊重船员劳动、关心船员成长的良好社会氛围。

结　论

海洋经济是海洋强国建设的重要组成部分。党的十九大报告要求"坚持陆海统筹,加快建设海洋强国",就是要以科学规划促进海洋经济长远发展。新时代下的船员职业发展需求是中国经济高速发展的必然产物,具有这个时代的特殊性,必须客观地分析矛盾的各个方面,对其进行具体的分析,探讨研究对策。

从国家层面:国家要统筹推进改善船员发展的政策环境、市场环境和社会环境,加大海洋强国战略背景下国民海洋意识教育,提升船员的职业吸引力和社会地位。积极推进现代职业教育体系下的海洋和航海人才培养,促进海洋环境下的船员市场健康发展;从企业层面:企业要承担起船员培养的主体责任,主动应对海洋强国船员服务市场的新需求,打造高素质的船员人才队伍;关心关爱船员,提升船员的职业满意度、归属感和幸福感,真正做到待遇留人、事业留人、感情留人;从船员层面:船员要树立正确的人生观、价值观,努力提升自身业务水平,为实现海运强国梦贡献自己的一份力量。

先进的海工装备和智能化新型船舶的发展是大势所趋,非传统船员服务领域将获得进一步的全面发展。建成符合我国国情、适应海洋经济发展需要的船员管理法律法规体系,建立多层面、多领域开放共赢的船员服务市场,有利于促进我国海洋强国建设和航运经济发展,有利于提升中国船员的国际竞争力、保护我国海员的合法权益、提升中国船员的国际地位,有利于促进中国船员队伍的健康和可持续发展。

(谢荣)

参考文献

[1]区海鹏.基于职业生涯发展阶段理论的海员职业生涯管理思路[J].航海教育研究, 2015(4):55-59.

[2]段尊雷,周炜,印绍周.中国海员职业发展研究[J].航海教育研究,2017(1):9-14.

[3]孙培廷,姚文兵.中国海员培训和发证制度改革建议[J].航海教育研究,2017 (2):1-11.

[4]宗兴东,徐锋.新时代海员职业发展需求与市场不平衡、不充分发展的关系[J].航海技术,2019(2):59-63.

[5]郭超.船舶无人驾驶技术对船员管理公司的影响[J].世界海运,2019(2):19-22.

[6]丁春利,邓甜甜,尹琳,等.海洋工程船舶及从业船员行业发展研究[J].天津航海, 2019(4):48-50.

[7]胥苗苗.智能航运带来的变革[J].中国船检,2019(10):25-28.

B2. 中国船员职业教育方案"走出去"的可行性研究
——以境外及援外船员培训为例

【摘要】我国自 2010 年起就将"扩大教育对外开放"确立为未来 10 年的重要政策,鼓励高水平教育机构配合企业"走出去"开展境外办学,同时加大教育国际援助力度,为"一带一路"沿线国培养应用型人才。航海高职教育在"一带一路"沿线国培养技术人才方面扮演着重要角色,担负着传播中国技术、展现大国形象、促进国际沟通的历史重任。本研究以面向"一带一路"沿线国实施境外及援外船员培训[①]为例,探讨输出中国船员职教方案的可行性,为航海高职教育"走出去"增值赋能。

【关键词】"一带一路";境外及援外船员培训;中国船员职教方案;"走出去"

引言

为完善教育对外开放布局,不断提升我国教育质量和国际影响力,2016 年,中共中央办公厅、国务院办公厅印发了《关于做好新时期教育对外开放工作的若干意见》,鼓励职业院校加快对外教育培训中心和教育援外基地建设,积极开展优质教学仪器设备、整体教学方案、配套师资培训等一体化援助,从而深化国际合作办学模式,输出职业教育方案。

近年来,作为我国职业教育体系一条重要分支的航海高职教育,积极响应国家和区域战略号召,服务"走出去"企业,结合自身优势与特色,向"一带一路"沿线国输出航海职业教育经验,助力当地培养航海技术技能人才。"中国船员职教方案"的海外输出是航海高职院校服务国家海洋强国战略、提升国际显示度的重要举措,但因受到起步较晚、经验不足、政策壁垒等因素的制约,目前尚未真正形成可复制和可推广的方案。本研究立足援外和境外船员培训的模式和路径,探究船员职教方案面向"一带一路"沿线国家实现输出的可行性,为制定和优化"中国船员职教方案"提供借鉴。

1 "一带一路"沿线主要船员输出国的概况

20 世纪 80 年代初,伴随世界经济的迅速发展,传统海运强国从事船员职业的人数锐减,

---

① 本研究所探讨的"援外船员培训"依据商务部划分的 6 种援外培训项目(官员研修班、技术培训班、留学生项目、"走出去"培训项目、援外青年志愿者项目和短期人员交流项目)进行定义,特指为发展中国家(着重为"一带一路"沿线国家)提供航海类专业学历学位教育、中短期船员培训,以及为受援方专家、技术人员提供航海类研修、交流学习机会等,援助地点界定在大陆范围内;且特别将"走出去"培训项目归入"境外船员培训"进行探讨,因而本研究中的"境外船员培训"专指中方航海类教师、专家前往境外为受援方提供航海类技术指导和培训、参与航海国际会议研讨等。

船舶被迫选择转籍,开始悬挂船舶开放登记国船旗(如巴拿马、利比里亚等)。航运经济与物流研究所(ISL)在 2012 年 1 月的统计报告指出,全球开放登记船舶总吨位约占全球船舶总吨位的 70.8%。悬挂开放登记国的船舶所有人开始寻找新的船员劳务输出国,并将目标投向了亚洲等新区域。

从国际航运联会(ISF)、英国德鲁里航运咨询公司(DREWRY)和英国卡迪夫大学船员国际研究中心(SIRC)等组织机构公布的资料来看(上述机构主要从事国际海船船员整体情况研究,数据较为真实可靠),菲律宾、中国、印度、印度尼西亚、缅甸等国向全世界提供了约 31% 的高级船员以及 54% 的普通船员,逐渐成为新的船员劳务输出国。

为保障援外和境外船员培训有的放矢,本研究将首先对"一带一路"沿线主要船员输出国的政治、经济、船员政策等内容进行比较分析,尝试归纳沿线国家在船员培训方面存在的问题,为航海类高职院校"走出去"提供必要依据。

1.1 菲律宾航运情况概述

海上运输是菲律宾国际贸易的支柱,是菲律宾实现包容性增长和社会经济进步的重要组成部分,因此培养高素质船员、实现造船厂现代化符合菲律宾经济稳定发展的诉求。

1.1.1 船员、航运与港口概况

菲律宾共有岛屿 7000 余个,其中吕宋岛、棉兰老岛、萨马岛等 11 个主要岛屿占其全国总面积的 96%。

菲律宾居民识字率达到 94.6%,在亚洲地区名列前茅,船员素质较高。菲律宾利用其船员成本较低、英语水平较高的优势,辅之以较为完备的法律制度及健全的管理体制,自 1987 年以来,一直是世界上主要的船员供应国之一。

菲律宾国内拥有 100 多所海事院校,每年培养数千名海船船员,其中本国远洋船队规模很小,绝大多数海船船员都被派往国外,其总数占全球 120 万名船员的三分之一。

菲律宾的海船船员规模得益于其较为完善的船员劳务外派法规体系,代表性法规包括:1974 年 5 月 1 日颁布的《菲律宾劳工法》《1994 年技术教育和技能开发委员会法案及实施细则》《菲律宾商船驾驶员、轮机员职业法》《菲律宾外派船员标准劳务合同制度》等。这些法律法规的颁布和有效实施,充分保障了菲律宾外派海船船员的权利。

1.1.2 存在的问题

菲律宾虽然是全球海船船员供应的大国,但其海船船员专业素质一直备受诟病。自 2006 年首次被欧洲海事安全局(EMSA)审核并重新评估后,其在 2010 年、2012 年、2013 年、2014 年和 2017 年的后续审核中,并没有完全遵守 STCW 公约马尼拉修正案规定的海船船员认证和值班培训标准。2020 年 2 月,为迎接 EMSA 最新的一次海船船员培训认证审核,菲律宾当局在提前开展的自查自纠中关闭了三分之二的船员培训机构。受其培训体系和船员素质影响,2018 年,菲律宾外派海船船员总数为 33.75 万人,同比减少了 11.2 万人,降幅为 25%;2020 年疫情期间,从国际大型商船和邮轮上遣返了 35000 多名菲律宾海船船员,船员在船率下滑了62%,这为我国航海类职业院校面向菲律宾开展境外和援外船员培训提供了重要机遇。

1.2 印度尼西亚航运情况概述

印度尼西亚作为扼守世界重要海上通道的"海洋轴心",海域辽阔,造船业发展前景可观,

其政府高度重视海洋强国战略,多措并举发展海洋经济。

1.2.1　船员、航运与港口概况

印度尼西亚由17508个岛屿组成,是世界上最大的群岛国家;人口近2.62亿,居世界第四,船员劳动力资源丰富。印度尼西亚有水运航道21579千米,各类港口约670个,主要港口25个,90%以上的国际货物贸易通过海上运输来实现。2015—2019年,印度尼西亚政府投资约700万亿印度尼西亚盾(约合574亿美元)用于实施"海上高速公路"建设规划,助推印度尼西亚经济贸易发展。近年来,随着印度尼西亚贸易的稳定快速发展,其国内对于煤炭、油气、自然资源与工业成品等岛际运输需求猛增,内海航运业的发展潜力巨大,经济利益可观。

1.2.2　存在的问题

印度尼西亚作为海洋大国,对各类海船均有较大需求,且以3500~5000吨的油船和货船为主。然而,由于其国内船厂设备残旧、船舶配套设备进口成本高昂、生产系统整体落后,严重制约了造船业的规模扩大。目前,其国内仅有极少数船厂(印度尼西亚拥有200余家船厂)具备建造50000载重吨船舶的能力,而建造周期平均耗时18个月,远超国际标准。

尽管印度尼西亚各类港口众多,但以小港和浅水港为主,仅有11个集装箱港口。囿于能够接收跨洋船只的大型港口的匮乏以及港口产能过剩的问题,印度尼西亚港口系统的运转效率极低,周转时间颇长,内海航运业船只和运力的供需缺口明显。2018年,印度尼西亚物流成本占GDP的比重为23.5%,高物流成本降低了印度尼西亚的国际竞争力,完善、扩建海港系统用以降低物流成本、提升货物流通率迫在眉睫。

此外,印度尼西亚教育投入仅占国家和地方各级财政预算的20%,航海教育/培训院校和机构的规模、资金支持不足,航运人才培养能力受限,国内航运人才匮乏问题突出。中国航海类高职院校近年来逐步扩大对印度尼西亚籍留学生的招生和培训规模,加强与印度尼西亚在航海职业教育领域的交流与合作。

1.3　孟加拉国航运情况概述

孟加拉国是南方丝绸之路的重要交汇点和海上丝绸之路的重要枢纽,也是"一带一路"重要沿线国家。陆上河道纵横密布,河运发达,拆船业位居世界前列,人口总数高达1.6亿。孟加拉国是世界人口密度最高的国家,劳动力资源极为丰富。2016年习近平主席成功访孟,深化了两国在海洋、水利等新领域的合作。

1.3.1　船员、航运与港口概况

孟加拉国港口主要包括:吉大港、达卡、蒙格拉等,其中吉大港是孟加拉国最大的港口,也是其全国92%以上货物进出口的集散地。

近年来,孟加拉国经济发展迅猛,服装出口贸易成为其国内最重要的经济增长点。孟加拉国一跃成为仅次于中国的世界第二大服装出口国,使得该国主要集装箱装卸设施的吞吐量呈指数增长。吉大港在劳氏日报前100大集装箱港口的排名迅速上升,以年度集装箱吞吐量数据为衡量标准,从2009年的第98位上升到2016年的第71位。

此外,孟加拉国的船舶拆解量居世界第二,承担了全球三分之一报废船只的拆卸工作,而这项工作也为这个发展中国家带来了巨大的经济利益。

1.3.2　存在的问题

哈西娜总理领导的孟加拉政府提出到2021年将孟加拉国建成中等收入国家、2040年

成为发达国家的宏伟目标,但孟加拉国现有的航运基础设施老旧、处理能力不足。为提升国内港口集装箱的装卸能力和吞吐量,吉大港海湾码头的项目已提上日程,即围绕吉大港修建帕登加码头、西塔昆达的集装箱码头经济特区、巴塔巴尔迪深水港、拉尔迪亚码头等。

为实现"金色孟加拉梦想",除集装箱港口的现代化建设,航运人才培养也是重要一环。然而,孟加拉国现今仅有一所国际航海类院校——孟加拉国海事学院(前身是谢赫·穆吉布·拉赫曼海事大学),严重制约了对航运人才的培养,因而近几年孟加拉国加大了与中国航海类院校的交流合作。江苏海事职业技术学院、天津海运职业学院、福建船政交通职业学院、青岛港湾职业技术学院等航海类高职院校均已招收孟加拉国籍(船员)培训学员或孟加拉国籍留学生,为孟加拉国输送航海人才。

1.4 缅甸航运情况概述

1.4.1 船员、航运与港口概况

缅甸的交通以水运为主,与周边国家海上交通便利。目前缅甸有 9 个海港,其中包括两个深水港(其中之一就是与中国的合作项目——皎漂/马德深水港原油码头)。缅甸最大的港口是仰光港,拥有 41 个泊位,承担着全缅甸 90%的国际海运贸易工作,可以停泊 15000~20000 吨级的船舶。

随着国际贸易在价值和数量上的稳步增长,缅甸航运业获得了长足发展。缅甸五星线公司是唯一的国有悬挂缅甸国旗的承运人,并于 2010 年实现私有化。

缅甸拥有丰富的年轻劳动力资源,船员市场潜力大,成本低,且缅甸船员吃苦耐劳、工作努力,因服从意识和服务意识较好而受到船员市场的青睐。缅甸国家大力扶持船员的劳务输出产业,过去十年间缅甸海船船员人数增长了两倍。目前,缅甸约有 25000 名海船船员在船,大部分船员服务于欧美和韩国、日本、新加坡等国家的航运企业。自 2017 年以来,越来越多的中国航运公司开始布局缅甸船员市场。

1.4.2 存在的问题

缅甸交通部是负责海事部门的政府机构,交通部下辖海事局、缅甸港口管理局、缅甸五星线公司、内河运输部、海洋技术研究所和缅甸海事大学。

然而,缅甸海事相关的法律制度尚不健全,现行法律缺少细则规定,可执行性不强,法律体系有待完善。其大部分船员不相信海事局会对船员提供保护,加之文化传统影响,缅甸船员普遍缺乏安全感。船员权益保护机构不足,缅甸船员在遇到问题时,一般选择向国际运输工人联合会(ITF)、缅甸船员工会(IFOMS)等组织投诉以寻求保护。其中,IFOMS 属于非政府组织,实行会员制,通过收取会员费实现盈利、保持运转,仅对会员负责,而会员又以普通船员居多,因此对船员保护力度不足。

对于中国航运公司现阶段缺乏低廉、有效的人力资源的现状,缅甸船员市场是一个良好的补充,而且缅甸也有扩大船员劳务市场的意愿,同时缅甸的海船船员教育和培训标准也严格遵循国际海事组织(IMO)和 STCW 公约马尼拉修正案的要求,不论是采取境外办学还是采取援外培训形式培养出来的缅甸籍船员,都比较容易入手。

2 "一带一路"沿线国家船员培养存在的问题

2.1 高级船员严重短缺

第一,随着"一带一路"沿线国家经济的快速发展,海陆工作的工资差距逐步缩小,许多国家愿意从事船员工作的人数逐渐减少,愿意进入正规航海院校学习的青年人越来越少,航海教育和培训的规模都很小;同时因为培养高级海船船员所需的周期相对较长,短期内难以获得相当的经验和技术,所以符合资质的高级海船船员数量相对较少。

第二,现代运输方式的变化使船员在海上工作的年限越来越短,船员的离职率相对其他行业来说更高,许多未到 60 岁的船员会因为身体状况等因素选择上岸发展或直接退休,导致原有高级海船船员不断流失,新晋的高级海船船员越来越少,青黄不接。随着近几年海上职业吸引力的下降,高级海船船员的流失率较普通海船船员要高,高级海船船员的净供应一直在减少,已经无法满足船队需求增长的步伐,总缺口越来越大。

第三,不少"一带一路"沿线国家缺乏高水平的航海类院校或机构,受其教育质量的影响,船员培训未能达到 STCW 78/10 公约中的标准,致使已有船员中大部分因为不合格而无法进入船员劳务市场;由于航海类培训投入较大,不少沿线国家的培训机构的硬件设施、师资队伍、培训水平亟待加强,致使很多不符合 STCW 78/10 公约的培训机构被迫关闭,符合要求的培训机构远难满足现有船员的培训量,高级船员严重短缺。

第四,受新冠肺炎疫情的特殊影响,全球航运业当前对高级海船船员和有丰富经验和技术的海船船员的需求缺口大约为 79.05 万名,加之"一带一路"沿线国家在疫情期间船员的闲置率较高,航运公司的抗风险能力较差,因此这类人才严重短缺。

2.2 缺乏完善的航海教育培训体系

首先,新公约中提出了功能发证办法,高新技术的船舶对船员分工体制有了改革的要求,船员应该具备如机电合一、驾通合一等多项技能。目前"一带一路"沿线国家缺乏"驾机合一"的相关教育和具备相关知识技能的师资队伍。

其次,新公约中提出的适任性评估不仅应包含传统的考试内容,还应包含模拟器训练、实验室设备、学员经历及实习情况等内容。按照国际公约和航海人才培养目标的要求,航海类专业实践教学条件及设备所需投入的费用和维修成本相对高昂。以广州航海学院为例,该校通过中央与地方共建的形式自筹资金 5000 多万元人民币进行航海类实训实习基地的建设,学校教学仪器设备总值达 1.03 亿元人民币。但现阶段大多数"一带一路"沿线国家的船员的培训硬件无论是质量还是数量都远未达到教学的需求,政府经费有限,对航海教育的投入不足。

"一带一路"沿线国家除印度外,整体缺乏标准化的航海教育培训监管体系。印度早在 2003 年就在颁布的《航海教育培训机构及课程强制认证指南》中对行政管理、培训设施、师资队伍、课程及收费、违规处理、标准生效等六个方面进行了明文规定,并建立了航海教育培训机构和课程的认证和退出机制;其余沿线国家,包括船员输出大国菲律宾,其船员培训质量并未完全得到欧洲海事安全局(EMSA)的认可,而孟加拉国、缅甸、印度尼西亚等国也存在航海培训机构和设施不足、船员素质有待提高的问题,此外缅甸船员也常因假证持证率较高而受到船东、船舶管理公司的诟病。

近年来,由于中国及传统海洋强国的船员人力资源相对不足,人力成本较高,这给低成本供应国如菲律宾、印度尼西亚、孟加拉国的船员带来了更多的就业机会,但这些国家的船员素质问题严重制约了"一带一路"沿线国家船员劳务市场的扩大。雇用外籍船员是对中国及国际船员市场的有益补充,能够降低世界航运企业船员的使用成本,因此,开展外籍船员培训,帮助提高外籍船员质量,对中国乃至国际船员劳务市场都具有十分重要的意义。

3 援外及境外船员培训的必要性与可行性分析

3.1 项目的必要性

为主动服务"一带一路"倡议,以江苏海事职业技术学院为代表的一批"双高"建设院校,立足学校特色,遵循海事类高等职业教育基本规律,拓展国际合作空间,创新国际化教育教学模式,正不断扩大海外文化交流,增强国际显示度。实施境外办学和援外船员培训,形成具有海事特色的中国职教方案既是服务国家、地方战略的需要,也是适应世界航运形势动态变化的题中之义。

3.1.1 策应国家发展需要

"一带一路"倡议的实施带来新的发展机遇,国家急需大批精通外语、具有国际视野、熟悉国际规则的技术技能型人才,尤其是极富代表性的国际航运人才。

2019 年出台的"职教 20 条"指出,要建成覆盖大部分行业领域、具有国际先进水平的中国职业教育标准体系,就要借鉴国际职业教育培训的普遍做法深化复合型技术技能人才的培养培训模式改革。《国家中长期教育改革和发展规划纲要(2010—2020 年)》强调了"扩大教育开放"的重要意义,明确指出应"促进我国教育改革发展,提升我国教育的国际地位、影响力和竞争力,适应国家经济社会对外开放的要求,培养大批具有国际视野、通晓国际规则、能够参与国际事务和国际竞争的国际化人才"。江苏海事职业技术学院实施境外办学和援外培训正是顺应了国家的政策。

3.1.2 推动地方高职教育改革和发展的需要

2017 年 9 月,江苏省提出的《江苏高等职业教育创新发展卓越计划》中特别指出高职院校要"着眼世界一流,提升国际化水平,积极参与国际教育分工;依托高水平高职院校、骨干专业,重点建设一批留学江苏目标高职院校;开展技术技能人才培养中外合作课程改革试点,推动专业核心课程与国际通用职业资格证书相衔接;依托中国-东盟国家职业教育合作对话等平台,探索校行企联合'走出去'新模式,建立境外职业人才培养培训基地"。

为了积极响应地方号召,落实相关政策,作为"双高"建设院校的江苏海事职业技术学院积极推动国际化办学进程,制订了"国际化办学行动计划",统筹规划,全方位、多层次、宽领域推进国际交流与合作,积极开展境外办学和援外培训,"引进来"和"走出去"并举,加强与"一带一路"沿线国家的院校、机构合作,服务航运企业培养本土化人才的需要,建立境外船员培训基地,全面提升国际化与开放办学水平。

3.1.3 世界航运形势动态变化的需要

2020 年新冠肺炎疫情的爆发,对世界航运业产生了不小的冲击。中国作为世界最大的造船国之一,疫情控制得力,国内船厂率先实现复工复产,2020 年前三个季度,造船新接订单量占世界市场份额的 58.3%。据上海国际航运研究中心发布的 2020 年第三季度中国航运景气报告显示,中国航运业已从疫情的影响中全面复苏。

目前,因各国疫情管控需要以及航班限制,外籍船员较难入境,而中国船员安全系数较高,在国际市场需求量大增,使大量的船东、管理公司选用中国船员。受供需关系影响,支持级和操作级船员待遇均有一定上涨,以一位中日韩航线的三副为例,工资约为23000元/月(2020年末数据)。

新冠肺炎疫情下,国际航运线船舶换班困难、船舶管理公司招聘海船船员困难成为常态,不少赋闲在家的船员因经济压力被迫选择了其他职业方向,造成世界船员市场尤其是高级船员市场的人力资源短缺,而这一问题在短期内无法解决。后疫情时代,为节约成本,聘任"一带一路"沿线国家船员必将成为世界各大船东、船舶管理公司的选择。因此,如何提升境外及援外船员培训水平,以高素质的外籍船员填补世界航运市场人力资源的缺口是中国航海类高职院校面临的一项重大课题。

3.2 项目的可行性

3.2.1 技术及政策的可行性

随着全球化的深入发展、"一带一路"建设的不断推进,航运企业对"走出去"的需求日益增加,对船员国际化的要求也进一步提升。由此,航海类院校与"走出去"企业合作,建立援外和境外船员培训项目变得切实可行:企业为项目提供硬件保障,海事类院校为培训提供智力支持,双方协同合作,有针对性地开展船员培训,确保项目可以顺利推进。

除依托"走出去"企业,国家的政策支持更是项目顺利实施的重要保障,为航海类高职院校深入开展境外和援外船员培训提供政策依据。

自2013年,我国国家主席习近平在出访中亚和东南亚国家期间提出"一带一路"倡议后,高等教育机构实现"走出去"、开展境外办学和援外培训成为热点,国家相关部门连打政策"组合拳",高职教育真正迎来了境外办学和援外培训的政策红利期。

2014年6月,国务院在《关于加快发展现代职业教育的决定》(国发〔2014〕19号)中对职业教育"加强国际交流与合作"的路径做出规定,这些规定包括"到国(境)外办学",推动与中国企业和产品"走出去"相配套的职业教育发展模式,注重培养符合中国企业海外生产经营需求的本土化人才等;同一时间,教育部等六部组织编制的《现代职业教育体系建设规划(2014—2020年)》出台,鼓励骨干职业院校走出去,开展国(境)外办学,支持承揽海外大型工程的企业与职业院校联合建立国际化人才培养基地,校企共建、加强合作,这一举措极大地提高了我国教育对周边国家的辐射力和影响力。

2015年7月,教育部在《关于深入推进职业教育集团化办学的意见》中鼓励多元主体组建职业教育集团,服务国家"一带一路"倡议,支持职业教育集团"走出去",加强与跨国企业、国(境)外院校合作;同年10月,《高等职业教育创新发展行动计划(2015—2018年)》中鼓励高等职业院校立足专业优势和特色,扩大与"一带一路"沿线国家的职业教育合作,校企联合办学、共建培养基地,积极配合"走出去"企业拓展国际业务,面向当地员工开展技术、技能培训和学历职业教育。

2016年7月,教育部在发布的《推进共建"一带一路"教育行动》文件中主张实施丝绸之路合作办学推进计划,鼓励中国优质职业教育探索开展多种形式的境外合作办学模式,与"走出去"企业合作设立职业院校、培训中心,合作开发教学资源和项目。

2019 年 2 月,教育部在《2019 年工作要点》中提出要进一步"扩大教育对外开放",深入推进"一带一路"教育行动,促进学生流动、学历学位互认,推进《中华人民共和国中外合作办学条例》及其实施办法的修订,研究出台高等学校境外办学的支持政策,加快中国国际学校和"鲁班工坊"的建设步伐。

3.2.2 组织的可行性

援外及境外船员培训的顺利开展和推进,离不开合理的实施方案、完善的组织机构、良好的协作关系、合适的培训计划等,无论是与"走出去"的企业合作还是承接政府的援外项目,组织保障都是项目顺利运作的前提。

以江苏海院-几内亚韦立船员学院为例,学校为了保障几内亚学院的正常运行,狠抓国际化课程建设,引入了 17 门 IMO 英文示范课程,用以履行《中华人民共和国船员教育与培训质量管理规则》;开发了 16 门双语专业课程,为企业定制了 12 门纯英语课程,系统开发了 54 门项目化课程,建成了包含 950 个纯英文题材的英国唯视导公司网上船员培训系统,在全国率先开展课程认证,28 门课程已获得江苏海事局课程确认证书。

在援外培训方面,江苏海事职业技术学院取得了由巴拿马海事局授权的巴拿马海事培训授权证书,加强了与"走出去"的航运企业的合作,每年重点开展对孟加拉国籍、缅甸籍船员的援外培训。全球每年有近 6% 的贸易运输需通过巴拿马运河,20% 的国际海运船只悬挂巴拿马国旗,取得巴拿马海事培训授权,有助于拓展学校在"一带一路"沿线国家的海事人才培训市场扩大和提升沿线国家海事人才的就业面,是援外船员培训中值得借鉴的一种重要形式。

由此可见,以江苏海事职业技术学院为代表的航海类高职院校已基本具备了深入开展和长期运行援外和境外船员培训项目的条件和实力。

3.2.3 社会的可行性

"一带一路"倡议的实施,促进了沿线国家互联互通的基础设施建设,形成了以中国为中心的航线网络,从而构筑起连接五大洲、畅通三大洋的 21 世纪海上丝绸之路。受国家政策引导和激励,海运企业正逐步开辟新的海上航线,加密航线和班次,完善与沿线国家间海运服务的网络,加大对"一带一路"沿线国家港口码头及物流基础设施项目的投资力度,从而加强了与沿线国家在海运领域的战略合作,这为"一带一路"沿线国家的航运业带来前所未有的发展机遇。

对航海类院校而言,积极开展援外和境外海船船员培训有助于服务国家海运业的发展,推动地方高职教育改革,提升学校的国际声誉和国际影响力。因此,积极探索校行企联合"走出去"的新模式,建立境外职业人才培养培训基地,无论是从国家政策的指引方面,地方高职教育发展的需求方面,抑或是从学校自身办学实力的提升方面,援外和境外海船船员培训都是十分重要且行之有效的方式。

3.3 项目风险

航海类高职院校实现境外和援外船员培训也存在一些现实性的问题,如缺少明确的办学目标与规范的约束机制,国际化师资队伍建设尚显滞后;与我国跨国企业合作的深度不够等。高职院校境外办学和援外培训的进一步发展既受到自身内部因素的影响,也受到国际大环境、各国家政策、海外文化差异等外部因素的影响。

3.3.1 "走出去"政策尚不完备,援外、境外培训在摸索中前进

在加快和扩大教育对外开放的新形势下,各类高职院校坚持"引进来"与"走出去"并举,通过各种形式开展全方位、宽领域的教育国际合作。然而,目前运行的政策制度主要针对中外合作办学"引进来"。

2019 年 9 月,由中国高等教育学会课题组研究并编写的《高等学校境外办学指南(试行)》首次发布,为高校境外办学提供了实操层面的技术指导,这意味着自 2015 年《高等学校境外办学暂行管理办法》废止后高等学校境外办学"无法可依"的局面得到改善,境外办学的规划和筹备有了政策性和专业化的帮助和指导,走上有序竞争的轨道。然而,尽管办学指南较之管理办法,在操作环节方面的规定更为详细,但对航海高职教育这类专业性较强的职教境外办学的指导效用并不明确。面对"走出去"政策尚不完备的现状,如何科学谋划并稳步推进航海高职教育的援外和境外培训需要相关院校的不断摸索、积累经验。

3.3.2 输出小于输入,援外、境外培训条件亟待升级

我国高校境外办学起步于 20 世纪 80 年代,而 2007 年大连海事大学与斯里兰卡科伦坡国际航海工程学院开展合作办学才真正实现了我国高等航海教育的首次输出。航海类高职教育资源境外输出的探索和尝试则以江苏航运职业技术学院和江苏海事职业技术学院[①]为代表。由此可见,我国航海职业院校境外办学起步晚,发展速度和规模均远落后于"引进来"项目,形成航海教育资源输出远小于输入的局面。

不仅如此,航海高职教育若想实施援外和境外培训、办出航海特色、形成教育品牌,离不开合格师资队伍的建设、大量办学经费的投入等条件的一一实现。然而,从师资方面,以航海类高职/高专为例,院校平均师生比达到 i∶30,一般航海类高职院校尚未培育出具备较强实践指导能力、熟练掌握技能、兼备"双师"和"双语"素质、符合境外办学和援外培训要求的师资队伍。

在经费方面,无论是建设教学场地,购置或维护航行实习船、航海模拟器等设备,还是选派、聘用专业教师等都需要大量办学经费的持续投入。政府教育投入和收取的学杂费用是航海高职院校办学资金的主要来源,而根据现行财政规定,政府拨款不得进行对外投资。与此同时,校企合作两张皮、企业办学参与感不强、分担办学成本积极性不高、民间资本吸引力不足等均成为制约航海高职院校多元筹措援外和境外培训资金的现实因素,这导致境外办学和援外培训严重受阻或难以为继,需要协调各方利益主体形成联动机制。

3.3.3 航海教育先行国垄断,存在航海证书的政策壁垒

我国航海职业教育的输出直到 2011 年才真正开始探索和尝试,与西方航海教育发达国家相比,办学经验、社会声誉等方面均不具备优势。

以马来西亚荷兰海事技术学院[②]为例,西方拥有优质航海教育资源的输出者在"一带一路"沿线国家抢占教育市场先机,对当地法律政策、教育制度和经济发展水平的本土化研究和探索早于我国,航海境外办学和援外培训成效显著,这对我国航海高职院校面向"一带一路"沿线国家开展境外和援外船员培训是个不小的冲击。

---

① 2011 年江苏航运职业技术学院成立中新(南通)国际海事培训中心,2016 年江苏海院-几内亚韦立船员学院挂牌成立。

② 荷兰海事技术学院(Netherlands Maritime Institute of Technology, NMIT),2011 年成立,荷兰威列姆·拜伦茨海事研究所(Maritime Institute Willem Barentsz)、荷兰海事情报私人有限公司在马来西亚当地合作办学。

同时,航海证书的政策壁垒也是制约我国航海高职院校境外和援外培训的一大掣肘。尽管"一带一路"沿线的不少国家有接受我国航海职业教育的需求,但是根据国家海事局现行的政策规定,外国籍学员即便经过航海专业化培训或学历教育仍无法取得我国颁发的船员证、船员服务簿等,缺乏航海证书的外国籍毕业生无法直接到中国籍船舶任职或通过当地的船员服务机构实现国际船员的市场就业。仅个别国家①通过特殊政策扶持,认可中国合作院校培养的本国航海类毕业生。由于政策壁垒短期内并无有效解决途径,航海职业院校如何克服垄断优势突出重围、实现航海教育资源"走出去"仍任重而道远。

4 援外及境外船员培训模式

船员培训在航运业中有着举足轻重的地位,进入21世纪以来,引起了各国/地区的高度重视。欧美和日本、新加坡、澳大利亚等航海强国利用其优质的教育资源和丰富的培训经验,在援外和境外船员培训方面积累了大量的成功案例和典型样态,为我国航海高职院校开展援外和境外培训提供了可复制和可推广的成功经验和有推广价值的职教方案。传统航海强国的援外和境外船员培训主要包括以下几种模式:

4.1 上船前的系统教育与培训

随着航运业的快速发展和全球化的进一步深化,航运人才市场对船员的综合素质、系统知识、专业技能、语言能力等方面都提出了新的要求。因此,上船前的系统的海事教育与培训引起了欧美和日本、新加坡、澳大利亚等航海强国的高度重视,它们多采用一贯制式的、由政府办学为主的单职能型培养模式。政府为海事类院校提供强有力的政策和资源支持,配套先进的教学、实习用实训设备和场所,确保国内海事类院校的总体数量、办学规模和办学质量。航海类专业学生在校期间,不仅需要系统学习获取专业证书所需的理论知识,而且需要学习模拟器实操训练以及船艺、值班、英语、安全、团队工作、卫生等各类课程。与此同时,学校每年定期选派教师和学员前往其他国家开展交流、学习、授课、培训等,一方面有效地提高了教师和学员的综合素质,帮助他们更好地适应了全球化市场,另一方面有效地输出了本国的优质教育资源,抢占了国际市场份额,把握了先机。

4.1.1 船上培训

上船实习是进行船上培训的初级形式,欧美和日本、澳大利亚等国通过立法形式切实保障船上实习和培训的正常开展。如美国制定的《1980年海运教育与培训法》,澳大利亚制定的《1978年海运学院法》,日本制定的《学校教育法》等。同时,上述航海强国对于船上的实习时间也有十分严格的规定。中国海事局规定见习期为12个月,见习完成后获得甲板值班驾驶员证书。而上述海洋强国的船上实习期普遍较长,以澳大利亚为例,其航海专业的学生在取得甲板值班驾驶员证书前,需首先经过为期18个月的船上实习,然后返回学校进行航海技术相关理论课程的学习,顺利通过考试后方可取得证书。美国的航海类院校也十分重视学生实操能力的培养,船员资格认证规定的海上实习期不得少于360天,且实习计划需经中美洲教育委员会和工程联合会的批准方可执行。严格规定实习时长、将上船实习前置,能够帮助学生更好地

---

① 孟加拉国政府采取特殊政策扶持本国船员培养,选派优秀高中毕业生前往中国部分航海类高职院校进行学历教育,毕业后可凭毕业证书回国认定相应的船员证书。

理解航海理论知识、积累实操经验、锻炼专业技能。

4.1.2 航运企业的船员培训

STCW 78/10 公约附则第 1 条和第 14 条对航运企业的责任做出了明确规定,即企业负责对雇用船员进行培训,并确保每一名上船船员熟悉个人的具体职责以及职责范围内的相关设施和设备。

欧美和日本、新加坡等国家的大型航运企业为满足自身业务发展需求、通过安全质量管理体系审核,与相关政府部门、海事类院校和机构合作,建立专门的船员培训班或进行"订单式"培训,对上岗前以及在职船员进行有针对性的专项培训,以此提升船员素质,保障公司业务的正常开展。其航运企业内部一般都会设置系统的培训流程,从而确保新聘、新转岗的船员迅速熟悉工作环境,接纳公司文化,充分理解相关的法律规则、操作指南等。培训内容主要分为两大类,即高级船员证书培训和普通船员证书培训。其中,高级船员证书培训又分为高级船员核心证书培训(主要依据 STCW 78/10 公约的规定及附加的强制性行规而设置)和高级船员辅助证书培训(辅助及推荐性培训项目包括:事故调查、师资培训、船上人力资源管理、驾驶台资源管理、内部审核、高压操作等 20 项)。除对船员技术水平、职业能力进行培训外,上述国家的航运企业还十分重视培养船员的创新应变、沟通协调、语言交流、新技术应用等综合能力。

4.2 我国航海类高职院校援外及境外船员培训的主要实践模式

我国航海类院校积极响应国家教育对外开放战略,自 2007 年首次实现了海外输出后,不断整合航海教育资源优势,探索援外和境外船员培训模式,形成了具有航海特色的教育输出方案,在"一带一路"沿线国家注入了鲜明的蓝色基因。

4.2.1 当前我国航海类院校援外和境外船员培训的主要实践模式(见表 1)

表 1　我国部分航海类院校境外及援外船员培训模式及典型案例

类型	培训模式	典型案例
校企合作	境外培训中心/学院	• 江苏海事职业技术学院与新加坡韦立集团在几内亚成立江苏海院-几内亚韦立船员培训学院 • 江苏海事职业技术学院与泰华船舶管理有限公司在缅甸成立江苏海院-泰华(缅甸)船员学院 • 江苏航运职业技术学院与新加坡海船船员联合会、新加坡森海海事服务有限公司合资成立中新(南通)国际海事培训中心 • 浙江交通职业技术学院与浙江交工集团在非洲喀麦隆成立"海外鲁班学校"
政府援外培训项目	船员援外培训项目	江苏海事职业技术学院"中非友谊"交通运输人才短期培训项目
来华留学培训	短期培训	武汉船舶职业技术学院开展短期来华留学培训(中文+航海职业技能培训)

续表

类型	培训模式	典型案例
优质特色教育输出	援外基地/海外分校	• 大连海事大学与斯里兰卡科伦坡国际航海工程学院合作成立大连海事大学斯里兰卡海外校区（2007年,本、硕、博学历教育） • 大连海事大学与厄瓜多尔太平洋大学成立大连海事大学厄瓜多尔校区（2019年） • 江苏航运职业技术学院与缅甸MES海事培训学校在缅甸成立江苏航运职业技术学院缅甸海事培训中心

根据上表分析,我国当前航海类院校援外和境外船员培训的主要实践模式可以归纳为两类:一是依托外部有利条件"走出去"办学;二是立足院校自身优势开展来华留学生教育。

（1）依托外部有利条件"走出去"办学

随着"走出去"航运企业国外业务的不断拓展,本土化航运人才的缺失成为制约公司发展的一大瓶颈,但"一带一路"沿线国家的职业教育总体发展不均衡、水平不高,难以支撑企业对高素质航运人才的需求。2012年6月,中华人民共和国教育部在《关于鼓励和引进民间资金进入教育领域促进民办教育健康发展的实施意见》中明确提出,"鼓励民间资金与我国境内学校合作赴境外办学,增强我国教育的国际竞争力"。在相应政策的支持下,"走出去"的航运企业积极联合国内航海类院校共同设立船员培训中心/基地,立足"一带一路"沿线国家海事教育和海事培训市场,为当地也为企业自身培养认同企业管理文化规范、技术基础厚实、操作技能高超的航运人才(如江苏海事职业技术学院与新加坡韦立国际集团在几内亚成立的船员培训学院)。

（2）立足院校自身优势开展来华留学生教育

长期以来,国家对来华留学生工作有明确的目标和部署,早在2010年由中华人民共和国教育部发布的《留学中国计划》就提出了到2020年我国要发展成为亚洲最大的留学目的国,全年各类来华留学人数达到50万。自20世纪50年代起,国家设立政府奖学金(由中央财政全额出资)、地方奖学金、学校奖学金和专项奖学金等多种形式提供资助,来华留学生规模呈井喷态势,中国成为世界第三、亚洲第一的留学目的国,2018年各类来华留学在学总人数为49.2万,其中攻读学位者为25.8万人,约占留学生总数的52.44%。航海类院校也在国家奖学金政策的支持下招收各类长、短期来华留学生,以大连海事大学为例,学校通过中国政府交通与海事杰出人才培养专项奖学金、优秀来华留学生奖学金等中国政府奖学金、地方政府奖学金、学校奖学金等方式吸引国际优秀青年,80%以上的留学生来自"一带一路"沿线国家。

（3）我国航海类高职院校适用模式

结合国内已有实践和江苏海事职业技术学院自身的成功案例,适合我国航海类高职院校的援外和境外船员培训模式主要有以下两种:

一是立足院校自身优势,联合航运企业,建立境外办学点。如江苏海事职业技术学院已有的江苏海院-几内亚韦立船员学院和江苏海院-泰华(缅甸)船员学院。

江苏海院-几内亚韦立船员学院是由江苏海事职业技术学院、几内亚技术教育和职业培训部和新加坡韦立国际集团三方共同合作在几内亚建立的境外办学点。所有完成学业且考试合格的学员被韦立集团直接录取,派往博凯铝土矿项目从事铝土出口海运服务。该学院的建立既服务了"一带一路"倡议,又紧扣企业实现员工本土化的需求,输出了中国航海职教经验和方案,推进了中几两国在航运和职业教育领域的合作。

江苏海院-泰华(缅甸)船员学院成立于2019年。学校根据泰华船舶管理有限公司对高素质航海类技能人才的需求,制定人才培养方案,拟定具体培训计划,为该学院配备政治素质好、教学水平高、双语教学能力强的师资,严格按照船员学院的要求开展教学工作,保障了培训的质量。

二是利用政府平台,承接援外船员培训项目。2018年9月,借中非合作论坛北京行动计划(2019—2021)的东风,江苏海事职业技术学院顺利承接到中非援外培训项目。北京行动计划(2019—2021)分产业促进、设施联通、贸易便利、绿色发展、能力建设、健康卫生、人文交流、和平安全等"八大行动",该校承接的"中非友谊"交通运输人才短期培训项目隶属交通运输领域,涉及铁路、海运、公路等3个领域,由中华人民共和国交通运输部、中华人民共和国教育部、中华人民共和国留学基金委共同举办,由中国境内具有影响力的交通运输类高等学校承办。

三年来,该校与上海海事大学联合承担了航运领域的短期培训项目,加强了与在非洲设立海外公司的航运企业之间的合作,每年为这类企业提供60个非洲籍船员培训名额及中国政府奖学金。非洲籍船员将由企业选派前往江苏海事职业技术学院学习航海理论知识、了解相关行业标准、接受专业实践培训等。教学标准、教学大纲等均由校企协商制定,有利于输出航海职教经验和方案。

上述借助校企合作实施的境外培训项目和利用政府平台承接的援外培训项目,通过整合海事教育先进资源,为"一带一路"沿线国家的船员制定教育教学标准,为"走出去"的航运企业培养了具有国际化视野、通晓国际规则、认同中国文化的技术技能人才,带动了"一带一路"沿线国家的航海职业教育发展,提升了我国航海职业教育的辐射力和影响力,初步实现了"中国船员职教方案"的输出。

结论

以江苏海事职业技术学院为代表的航海类高职院校通过不断实践,积累了大量的援外和境外船员培训的成功经验,初步形成了依托外部有利条件和立足自身资源优势实现"中国船员职教方案"海外输出的实践样态。然而,由于航海职业教育专业性强、办学要求高、海外办学的前期投入较大,需要的各类资源和资金较多等特点,实施援外和境外船员培训的风险不可忽视,因此航海类高职院校应当紧密结合国家经济发展战略,依托区域特色和优势,进一步明确境外和援外船员培训目标、健全规范机制、打造国际化师资队伍、提升培训水平,加强政行校深度合作,拓展援外和和境外船员培训路径,真正形成可复制、可推广的"中国船员职教方案"。

(于璐 谈颖 谢保峰 王凤霞)

参考文献

[1]黄广茂.美国航海教育的经验对我国航海教育的启示[J].南通航运职业技术学院学报,2007(4):88-92.

[2]倪承世,刘正江.中国高等航海教育率先实现国际输出的因素探析[J].航海教育研

究,2009(2):23-25.

[3]于长江.浅谈当前外派船员市场的可持续发展[J].中国海事,2009(9):52-54.

[4]张世平,文元全.现代移民文化背景下的菲律宾航海教育与培训[J].航海教育研究,
2012(4):19-23.

[5]刘强.澳大利亚航海教育与我国航海教育的比较研究[J].航海教育研究,2013
(1):33-35.

[6]杨雁,刘杰华.航海院校实施校企协同创新的困境与出路[J].航海教育研究,2013
(4):32-34.

[7]李红新,瞿群臻.国外船员培训模式与思考[J].物流工程与管理,2014(4):174-176.

[8]林香红,周通,高健.印度尼西亚海洋经济研究[J].海洋经济,2014(5):46-54.

[9]吴崇伯.印尼新总统佐科的海洋强国梦及其海洋经济发展战略试析[J].南洋问题研
究,2015(4):11-19.

[10]莫玉婉."走出去"办学:告知院校国际化发展路径简论[J].职业技术教育,2016
(1):13-17.

[11]谢保峰.探索在几内亚开展航海教育境外办学研究[J].科技资讯,2018
(30):167-168.

[12]吴雪华,张树奎."一带一路"背景下航海职业教育供给侧改革探索[J].天津航海,
2019(3):42-45.

[13]焦健,魏耘.来华留学生教育面临的问题及对策[J].科教导刊,2019(12):9-11.

[14]杜林海,邢永恒,崔建峰.印度航海教育培训机构"分类分级"管理模式分析与借鉴
[J].航海教育研究,2020(2):46-53.

Ⅱ 现状与对策

B3. 中国船员队伍现状与发展对策研究

【摘要】船员在建设海洋强国和航运强国、推进"一带一路"建设、服务长江经济带等方面发挥着重要作用。项目组通过问卷调查、访谈、查阅资料等方式就船员队伍发展现状、船员队伍发展存在的问题，提出了稳定和壮大中国船员队伍的对策供相关部门参考决策，以期增强船员的从业意愿，扩大船员队伍，实现海洋强国和海运强国之梦。

【关键词】船员队伍发展问题；制约因素；对策

引言

船员在建设海洋强国和航运强国、推进"一带一路"建设、服务长江经济带等方面发挥着重要作用，是国家重要的战略资源。为建设一支满足国家战略需要和适应我国航运未来发展的船员队伍，实现由船员大国向船员强国的转变，项目组对有关稳定和壮大船员队伍的课题展开了深入系统的研究。

近年来我国船员队伍发展出现了重大变化，船员社会地位下降，航海相关职业吸引力下降，船员各层次数量不均衡，船员培养规模和船员队伍结构发生了显著变化。《中国船员发展规划（2016—2020）》（下称《规划》）中提出现代青年群体的择业观念和风险偏好发生了变化，船岸工资收入差距逐年缩小，甚至倒挂，船员职业优势明显降低，我国船员队伍可持续发展动力不足。

随着现代造船技术的发展，越来越多现代新型船舶投入运营，需要大量合格的、高素质的、掌握现代船舶技术的船员。我国是航运大国，也是船员大国，但高素质船员的短缺给我国航运业的健康发展带来了不利的影响。

很多优秀航海人才在不断的改行中流失，多年的航海教育及积累的宝贵的航海经验得不到有效的发挥，很多院校的培训资源也被闲置。

1 中国船员队伍发展现状分析

1.1 问卷调查分析

"一带一路"研究院蓝皮书项目组在 2020 年 6 月 21 日—7 月 20 日通过问卷形式开展了"稳定和壮大船员队伍"的网上问卷调查活动。调查问卷围绕船员基本情况、船员持证情况、船员个人职业规划、船员所在公司队伍变化情况等17个方面进行了调查,共收到1058人次的反馈。

在1058份问卷反馈中,有11人已经退休,19人无有效船员适任证书或者证书已经过期,实际持有有效船员相关证书的有926人。其中高级船员764人,占82.50%;普通船员162人,占17.49%。高级船员中,管理级高级船员572人,操作级高级船员192人,两者之比为2.98(见图1)。

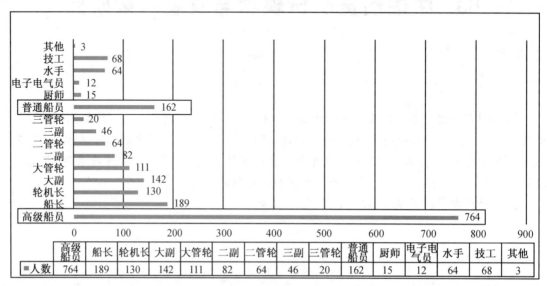

	高级船员	船长	轮机长	大副	大管轮	二副	二管轮	三副	三管轮	普通船员	厨师	电子电气员	水手	技工	其他
人数	764	189	130	142	111	82	64	46	20	162	15	12	64	68	3

图1 参与调研的船员人数和级别人数

通过调查结果分析得出以下结论。

1.1.1 船员从业人员人数不断减少

调查问卷中,67.2%的被调查者认为船员队伍正在缩减。针对调查数据,查询国家统计局公布的2015—2018年全国分行业就业人数(见图2):交通运输、仓储和邮政业就业人数从2015年的854.4万人减少到2018年的819万人,共减少35.4万人,总体降低4.14%。分析中发现,此时虽然全国城镇单位就业人员总量也呈下降趋势,但有7个行业却保持了就业人数的增长。并且同上年相比,交通运输行业就业人数减少幅度呈上升趋势,具体见2015—2018年交通运输、仓储和邮政业城镇就业人员发展趋势(见图3)。

人数降低的原因可能和国内经济发展有关,互联网产业、金融业、房地产业、租赁和商务服务业是从业人数增长幅度比较大的产业。但同时,船员队伍人数下降,也有国内外经济因素之外的原因。有87.71%的被调查者表示:未来将不愿意选择船上工作(见图4)。

被调查者中,对于目前职业现状表示满意的人数占比是13.33%,表示不满意的人数占比是36.29%,不满意人数是满意人数的3倍;对于职业现状表示一般的人数占一半。大部分船员希望回到陆地岗位或者改行从事其他行业工作(见图5)。

那么,船员选择转行的主要原因是什么?调查结果表明,船员与船员岗位渐行渐远的主要原因如下(见图6):

船员职业特点。船员长期在船上工作,和家庭成员长时间分离,再加上船上生活封闭枯燥、与家庭沟通不便,造成船员在心理上产生对职业的排斥感。

（单位：万人）

指标 ⇕	2018年 ⇕	2017年 ⇕	2016年 ⇕	2015年 ⇕
❶ 城镇单位就业人员	17258.2	17643.8	17888.1	18062.5
❶ 农林牧渔业城镇单位就业人员	192.6	255.4	263.2	270.0
❶ 采矿业城镇单位就业人员	414.4	455.4	490.9	545.8
❶ 制造业城镇单位就业人员	4178.3	4635.5	4893.8	5068.7
❶ 电力、热力、燃气及水生产和供应业城镇单位就业人员	369.2	377.0	387.6	396.0
❶ 建筑业城镇单位就业人员	2710.9	2643.2	2724.7	2796.0
❶ 交通运输、仓储和邮政业城镇单位就业人员	819.0	843.9	849.5	854.4
❶ 信息传输、软件和信息技术服务业城镇单位就业人员	424.3	395.4	364.1	349.9
❶ 批发和零售业城镇单位就业人员	823.3	842.8	875.0	883.3
❶ 住宿和餐饮业城镇单位就业人员	269.8	265.9	269.7	276.1
❶ 金融业城镇单位就业人员	699.3	688.8	665.2	606.8
❶ 房地产业城镇单位就业人员	466.0	444.8	431.7	417.3
❶ 租赁和商务服务业城镇单位就业人员	529.5	522.6	488.4	474.0
❶ 科学研究和技术服务业城镇单位就业人员	411.5	420.4	419.6	410.6
❶ 水利、环境和公共设施管理业城镇单位就业人员	260.6	268.5	269.6	273.3
❶ 居民服务、修理和其他服务业城镇单位就业人员	77.4	78.2	75.4	75.2
❶ 教育业城镇单位就业人员	1735.6	1730.4	1729.2	1736.5

图2　国家统计局公布的 2015—2018 年全国分行业就业人数

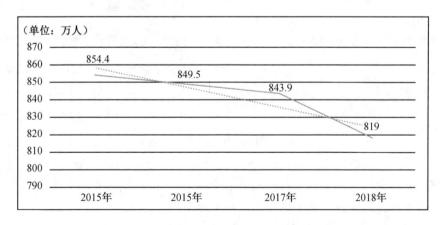

图3　2015—2018 年交通运输、仓储和邮政业城镇就业人员发展趋势

　　社会对航海文化缺乏认识。我国国民绝大多数从事内陆活动,经济和社会活动主要在陆地,大多数民众对航海文化、海上作业知之甚少,船员职业未得到足够的重视和尊重,船员生活得不到应有的关怀。据了解,我国现存法律中就缺乏针对船员的权益保障法,使得船员在遇到

图4 船员继续从事船员职业意愿度调查

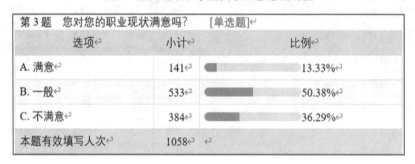

图5 船员对职业现状满意度调查

图6 船员队伍缩减原因调查

权益侵害时,往往只能对照一般的劳动法,船员的权益得不到充分的保障。

职业优势正在衰减。随着我国社会经济的发展,当今的热门行业主要有互联网和房地产等。航海职业和陆地职业在工资上的差距正在迅速缩小。

1.1.2 船员岗位工资优势减弱

中华人民共和国统计局公布的近年来各行业就业人员平均工资数据表明:全国19个行业中,交通运输业名列第8位,平均工资处于中游水平;从工资增长速度来看,2015—2018年,交通运输业的工资增长了28.6%,而全国城镇单位就业人员平均工资增长了32.86%,交通运输业平均工资增长的幅度低于全国平均水平4.26个百分点(见图7)。

1.1.3 证书获取难度大

适任证书不易取得、适任培训时间较长等问题打消了船员获取或者换取证书的热情,挫败了船员的积极性。

1.1.4 船员综合素质和能力有待改进

船员普遍自我认同度不高、法律意识淡薄,需要通过培训,在职业素养、技能、外语方面提高其自身水平。

(单位:人民币元)

指标⇕	2018年⇕	2017年⇕	2016年⇕	2015年⇕
❶ 城镇单位就业人员平均工资	82413	74318	67569	62029
❶ 农、林、牧、渔业城镇单位就业人员平均工资	36466	36504	33612	31947
❶ 采矿业城镇单位就业人员平均工资	81429	69500	60544	59404
❶ 制造业城镇单位就业人员平均工资	72088	64452	59470	55324
❶ 电力、燃气及水的生产和供应业城镇单位就业人员平均工资	100162	90348	83863	78886
❶ 建筑业城镇单位就业人员平均工资	60501	55568	52082	48886
❶ 交通运输、仓储和邮政业城镇单位就业人员平均工资	88508	80225	73650	68822
❶ 信息传输、计算机服务和软件业城镇单位就业人员平均工资	147678	133150	122478	112042
❶ 批发和零售业城镇单位就业人员平均工资	80551	71201	65061	60328
❶ 住宿和餐饮业城镇单位就业人员平均工资	48260	45751	43382	40806
❶ 金融业城镇单位就业人员平均工资	129837	122851	117418	114777
❶ 房地产业城镇单位就业人员平均工资	75281	69277	65497	60244
❶ 租赁和商务服务业城镇单位就业人员平均工资	85147	81393	76782	72489
❶ 科学研究、技术服务和地质勘查业城镇单位就业人员平均工资	123343	107815	96638	89410
❶ 水利、环境和公共设施管理业城镇单位就业人员平均工资	56670	52229	47750	43528
❶ 居民服务和其他服务业城镇单位就业人员平均工资	55343	50552	47577	44802
❶ 教育城镇单位就业人员平均工资	92383	83412	74498	66592
❶ 卫生、社会保障和社会福利业城镇单位就业人员平均工资	98118	89648	80026	71624
❶ 文化、体育和娱乐业城镇单位就业人员平均工资	98621	87803	79875	72764
❶ 公共管理和社会组织城镇单位就业人员平均工资	87932	80372	70959	62323

图7 国家统计局2019年公布的全国城镇单位分行业就业人员平均工资

1.2 文献数据分析

依据《2019年中国船员发展报告》,截至2019年年底,我国共有海船船员784355人,同比增长6.3%;2019年,活跃海船船员377016人,占海船船员总数的48.1%。数据表明:活跃船员占比不到总数的一半,对职业的兴趣度下降。

2019 年新增注册国际航行海船船员 29946 人。截至 2019 年年底,我国共有注册国际航行海船船员 575823 人,同比增加 5.5%。2019 年签发国际航行海船船员证 77365 本。截至 2019 年年底,我国持有国际航行海船适任证书的船员共计 259466 人,同比增长 3.8%。其中,船长 17097 人,轮机长、大副、大管轮、二副、二管轮、三副、三管轮等高级船员 96012 人,值班水手、值班机工、高级值班水手、高级值班机工 146357 人。

2019 年,三副持证人数同比下降 18.0%,三管轮持证人数同比下降 19.0%;三副活跃人数同比下降 20.7%,三管轮活跃人数同比下降 23.3%。

2019 年,持有适任证书的国际航行海船船员平均年龄为 36 岁,与 2018 年持平。船员年龄在 20~30 岁、30~40 岁、40~50 岁、50~60 岁的占比分别为 28.6%、41.3%、19.2%、9.5%,20 至 50 岁的年龄段共占比达 89.0%。

2019 年,持有客船适任证书的船员比 2018 年减少 133 人,同比下降 2.1%。液货船船员比 2018 年增加 3530 人,同比增长 4.5%。持有特殊类型船舶适任证书的高级船员比 2018 年减少 992 人,同比减少 3.5%;持有特殊类型船舶适任证书的普通船员比去年增加 4389 人,同比增长 7.8%。2019 年,我国共有船员外派机构 242 家,外派船员共计 155449 人次,同比增长 6.5%,高级船员外派数量同比增长 2.7%。

截至 2019 年年底,我国持有沿海航行海船适任证书的船员共计 159041 人,同比增长 8.0%。其中船长 17658 人,轮机长、大副、大管轮、二副、二管轮、三副、三管轮等高级船员 66437 人,值班水手和值班机工 74946 人。2019 年活跃沿海航行海船船员 133006 人,占沿海航行海船船员的 83.6%。沿海航行船舶三副持证人数同比下降 13.8%,三管轮持证人数同比下降 14.4%,三副活跃人数同比下降 14.1%,三管轮活跃人数同比下降 15.0%。

2019 年,持有适任证书的沿海航行海船船员平均年龄为 43 岁,与 2018 年持平。沿海航行船舶船员年龄在 20~30 岁、30~40 岁、40~50 岁、50~60 岁占比分别为 16.1%、27.4%、25.1%、24.4%,20 至 60 岁的年龄段共占比达 93.0%。

截至 2019 年年底,我国共有沿海航行船舶客船船长 1652 人,轮机长、大副、大管轮、二副、二管轮、三副、三管轮等高级船员 4748 人;油船船长 3628 人,轮机长、大副、大管轮、二副、二管轮、三副、三管轮等高级船员 12123 人;化学品船船长 658 人,轮机长、大副、大管轮、二副、二管轮、三副、三管轮等高级船员 2375 人;液化气船船长 114 人,轮机长、大副、大管轮、二副、二管轮、三副、三管轮等高级船员 589 人。

截至 2019 年年底,持有客船适任证书的船员比 2018 年增加 498 人,同比增长 4.6%;持有液货船适任证书的船员比 2018 年增加 1541 人,同比增长 3.0%;持有特殊类型船舶适任证书的高级船员比 2018 年减少 1447 人,同比下降 1.1%;持有特殊类型船舶适任证书的普通船员比 2018 年增加 3486 人,同比增长 10.2%。持证的沿海航行海船船员所有职务船员全年活跃度基本保持在 80%~90%。

2 中国船员队伍发展存在的问题

项目组通过问卷调查、文献调查,以及走访调研,收集了大量的数据和信息,对这些数据和信息进行分析,发现中国船员队伍发展存在如下问题:

2.1 船员工资收入偏低

船员的工资收入水平直接体现了船员的职业地位和服务价值。航运信息网会定期发布"船员工资行情参考",统计数据包括远洋、近洋和沿海散货船、集装箱船和油船等各级职务船员的工资水平。对比各年工资行情可发现,远洋船舶管理级和支持级船员工资水平在2010—2019年有所增长,而操作级船员工资同期有所下降。沿海船员工资变化趋势与远洋的类似。管理级工资水平仍十分具有吸引力,但操作级工资水平与陆地相比已毫无优势。

供需决定价格,工资大幅下降,说明供需严重失衡。

2.2 船员供求关系动态平衡难

《中国船员发展规划(2016—2020)》指出船员培养周期与船舶建造周期的差异化,导致船员供求关系难以保持动态平衡。船员培养与使用的协同度还不够,面向不同市场的多元化培养体系尚未形成;船员劳务市场信息的公开透明度还不高,市场机制仍需完善,市场自身功能有待进一步发挥。典型现象是:目前航运市场水手、机工严重短缺,国内人力资源不能满足市场的急迫需求。

全国航海类院校和船员培训机构航海类专业招生人数在2006—2010年逐年大幅度增长,在2010年达到顶峰,在2010—2019年逐年下降。交通运输部在《中国船员发展规划(2016—2020)》中提出:"以市场为导向,改革完善船员发展的体制机制,创新船员培养和管理模式,充分发挥市场在资源配置中的决定性作用。"

从国内船员劳务需求方面看,虽然我国船队规模扩大,远洋船队对高级船员数量的需求实际上略有减少;沿海船队对船员数量的需求虽有所增长,但增长量远低于全国航海类专业招生数量的增长;船员培养数量与行业实际需求完全不对接。

2.3 船员培训与发证模式不尽合理

比较分析我国船员培训、考试与发证制度和其他主要航海国家的做法,可以发现目前中国船员培训与发证制度存在一些明显不合理处。

2.3.1 适任考试模式不合理

对船员申请适任证书,STCW 78/10公约规定申请人须"已通过使主管机关满意的相应考试"或"达到STCW 78/10公约规定的适任标准"(通过考试和评估来表明适任),包括英国、挪威、韩国、新加坡等在内的一些航海发达国家对航海院校毕业生申请初级适任证书,采取认可航海院校培训和考试成绩、主管机关只进行口试或对课程进行认证和评估的模式。而我国的实际做法是:航海院校学生必须参加国家统一考试。近年来虽开始认可部分院校部分科目的自行考试成绩,但所认可的院校和科目长期固定不变,这种模式并不是一种奖优罚劣的机制,显然不利于促进航海院校提高教学质量。

为了追求通过率,航海院校不得不重视应试教育,弱化素质教育,在教学上也多采取讲解题库、充灌知识点的方法,导致学生死记硬背,对核心内涵似懂非懂,使学生的创新能力和综合素质得不到提高。

航海院校毕业生在未完成船上见习之前参加主管机关组织的考试,这种模式难以考核学员综合运用所学知识解决船上实际问题的能力,也无法考核毕业生参加海上见习或船上培训的效果。

考证题以客观题为主,考试内容和形式侧重于考核知识和技能的直接表述,且重书面考试轻综合评估,这种形式难以考查船员的综合素质和能力。

2.3.2 前瞻性和开放性不够

目前智能船舶技术发展迅速,驾机合一、无人驾驶成为未来航海技术发展的趋势,国外早已开展驾机合一人才的培养。目前,我国船员培训和发证制度还没有为驾机合一、无人驾驶培训等提供便利条件。

2.3.3 培训与实际需求不尽吻合

船员职业的实践性很强,目前的培训更注重理论方面的检验(只需要通过考试即可),缺少实践方面的检验(培训效果的验证),存在着供需脱节(行业组织和船上实际需要的人才培训单位不能提供)的现象。

2.4 相关船员的权益保障机制不够健全

目前我国主要依据《中华人民共和国劳动法》《中华人民共和国劳动合同法》和《中华人民共和国社会保险法》管理船员,但调整船员劳动关系、保障船员权益的专项法律几乎没有,无法充分体现船员劳动特点和国际行业惯例。

现行相关规定主要为行政法规,并非国家层面上的法律,且侧重于对船员的行政管理,无法满足新时代航运强国战略下船员队伍建设的实际需求。例如,2007年出台的《中华人民共和国船员条例》体现了部分船员的职业保障特点,但在船员劳动管理特殊性方面仍体现得不够充分;《对外劳务合作管理条例》和《劳务派遣暂行规定》等规章对船员群体做出的特殊规定,仅限于解决相关管理要求在船员群体中难以实施的问题。

3 中国船员队伍发展的对策

基于对1000多名船员的问卷调查,企业和一线航海人士的走访调研及文献研究,笔者分析了船员队伍的发展现状,探索了制约中国船员队伍发展和壮大的原因,并提出了以下对策供决策者参考:

3.1 提高船员经济地位

3.1.1 提高加薪幅度

英国、印度、澳大利亚、塞浦路斯等国的船员从出国之日起计算,若年在海航行天数超过183天是无须纳税的,中国也应借鉴此政策。由于这个职业的流动性、工种的特殊性、工作的不连续性,相关部门应考虑到起征点的提高及汇算时长,在出台细则时,对于承载重要使命的航海行业应予以政策性的倾斜。

2019年12月10日,全国海上劳动关系三方协调机制第四次工作会议召开,会议通过了新修订的《中国船员集体协议》。根据协议,自2020年1月1日起,远洋船员最低基薪标准提高4%;自2021年1月1日起,伙食标准每人每天增加1美元;增加远洋船员工伤赔付额度。

这是一个良好的开端,笔者建议:最低基薪标准应在4%的基础上每年有所提高;伙食标准应随物价动态浮动;沿海船员的薪资待遇也应有相应的提高。

3.1.2 收入免税

从 2019 年 1 月 1 日起到 2023 年年底,我国对一年内在海航行超过 183 天的远洋船员,其工资薪金收入按 50% 计入个税应纳税所得额。

目前的个税优惠政策只局限于远洋船员,笔者建议应扩大到沿海船员;目前的远洋船员个税优惠政策只是减税,笔者建议应该扩大到免税。

3.2 提高船员社会地位

船员实际上相当于海军预备役,也是国家的海防力量,有位航海界知名人士曾经提出:海运即国运。所以,国家层面应该给予船员准军人的待遇,立法保护、关怀、激励和留住航海人才,保护其家庭婚姻,提高其就医优待,优先为其提供公共服务(如购票、入场优先等),优待其子女的入园、入学、升学和就业等。

3.3 改善船员的工作和生活环境

3.3.1 主管机关应避免对船舶做不必要的检查

国家相关部门出台的任何政策都是希望能够促进行业的发展,所有的检查监督都是为规范从业者的行为,减少安全隐患,而不是为了彰显权力的本身。现代船舶运营速度在提高,码头作业周期在缩短,船员应对的不仅是航海技术方面的工作,还要处理很多履约性的文件。因此,政府主管机关、行业部门及船公司的岸基团队都应该从服务、帮助的角度和立场协助船员做好工作,完成工作任务,而不能增加其阻力,或者过多给船员带来精神及体力方面的压力。创建良好的行业环境才是关键,也是留住人才的重要措施。让船员体面的工作,政府责无旁贷。

笔者建议:海事主管机关应合并检查项目、减少检查频次,或者开展联合检查,减少工作过程中面对的不同部门的重复检查工作而给船员造成的无形压力,以减轻船员工作压力;将行业进行垂直化管理,统一不同法规下的执法标准。

3.3.2 改善生活环境

企业、船东在力所能及的前提下,应持续改善船员的休闲娱乐环境、精神文化环境、健身环境,完善居室设施设备。

3.4 优化船员教育与培训

3.4.1 建立健全船员教育培训规范标准

按照 IMO 示范课程和船员不同职务资格的适任能力要求,结合各地实际,梳理船员培训的知识要点,细化培训内容、方式、时间和评价要求,形成系统的船员培训知识体系。编制船员培训模拟器性能标准,明确可以用模拟器替代实船训练的科目、内容和具体要求。制定船员远程教育培训管理办法,编制船员远程教育培训平台建设和培训课件制作规范。

3.4.2 强化船员实际操作能力和综合素质教育培训

以应用为导向,改革船员教育培训方式。调整实际操作和理论培训的权重和结构,加强实际操作能力训练,鼓励航运企业根据需要与教育培训机构合作,实行订单式和模块化分段式培训,建立船上培训师队伍,探索"师带徒"培训模式,研究案例教学等有效的船员培训和教学方式。线上和线下教学相结合,优化教学资源,形成线上和线下现场相结合的船员教育培训体系,促进船员教育培训优质资源的均等化。

（1）注重动手实操能力

航海教育以职业教育为主,注重培养学生的动手实操能力。学员需要到海上进行为期12个月的在船实习,在船上掌握实践技能,以便在求学期间完成海事局规定的考证海龄要求,从而毕业后能立刻担任干部船员职务。在航海学院学习期间,学院都会给学员安排一定数量的模拟器操纵实验课时,操纵模拟器可以考察学员独立的值班能力,为考核其能否成为一名合格的驾驶员提供依据。

（2）校企联合办学模式

航运企业参与航海高职院校的管理和重大事项的决策,共同制定培养模式和办学方针,参与制订教学计划和培养方案。这种校企合作能使教学迅速适应航运新技术和市场需求的变化,让学生在学习期间和毕业后立即融入企业,学习先进的航海技术、理论知识和实践技能,以便让他们尽早地满足岗位需求。

（3）借鉴其他国家英语学习经验

在菲律宾、印度、马来西亚等国家,英语是较为通用的工作语言,在这些国家的课堂上都是用英语教学,这样做的好处是使学生在课堂上就能熟悉并掌握部分专业英语,再加之学员间的相互交流也促进了语言的提高,为以后船上工作铺平道路。这些国家的经验十分值得我们借鉴。

3.4.3 拓宽和优化船员成长通道

推进实施海船船员船上培训,强化船员实操能力,提升船员培训质量;启动提升船员综合素质"五进"工程,制作船员安全警示教育片,编制进江海轮典型事故案例,提升船员安全责任意识和职业操守;继续落实船员考试设施设备改造工程,稳步推进船员评估示范中心的建设,强化对计算机终端考试考场的技术检测,提升船员考试能力;改进船员考试模式。

4 提高船员适任证书考试的科学性

4.1 调整优化船员考试内容

《规划》中提出船员适任理论考试注重考核船员对应知应会知识的了解和掌握,实操考试注重对船员实操能力的评价和考核,强化对船员日常操作、应急应变等方面的技能评价。建立船员考试社会命题和题库维护机制,逐步加大情景模拟试题的应用,制定完善的船员理论考试、模拟器及实船考试等的规范标准。

4.2 创新船员考试方式方法

4.2.1 探索"实船一站式"船上培训和实操考试模式

建设船员远程考试平台,实现理论考试远程化,推行船员预约考试。根据需要,在船员流动量大或偏远地区的海事站点、教育培训机构等设立船员远程考试考场。在船员远程培训和远程考试的基础上,结合船员分段培训的需要,实现船员理论考试分段化。制定船员远程考试考场建设标准和远程考试管理办法,规范船员远程考试行为。推进船员实操考试电子化,开发应用船员实操考试管理系统,根据各地实际情况,针对不同科目研究开发符合本地需要的船员实操考试智能化系统,逐步推进船员实操考试智能化。

4.2.2 采用先上船后考试的评估考核顺序

采用先上船后考试的评估和发证模式促使航运企业参与到航海人才的选拔和培养过程中,同时可实现院校人才培养与行业实际需求的良好对接。重点强化对是否满足适任标准的控制,淡化对理论培训过程和教学内容与课时的控制,给予航海院校充分的自主办学权力。

4.2.3 改革适任考试模式

从制度层面促进建立良好的航海人才培养、选拔和用人机制,建议将适任考试和评估分为两个步骤:第一步为基础知识考试,认可航海院校或培训机构的考试成绩,即航海院校毕业(或考试合格)就相当于完成认可的培训;第二步为综合考试,由主管机关组织实施,可包括书面考试、实操与口头考试(或称"评估")两个部分,学员在完成认可的培训且完成一年海上见习后方可报考。对于已具有规定海上资历的学员,在完成认可的岗位适任培训并考核合格后可直接报名参加综合考试。

5 提高船员公共管理与服务水平

5.1 服务国家重大战略

支持航海院校实施航海类高职扩招,包括退役军人;支持延安西部船员培养基地建设,实施"东西协作蓝海扶贫计划",支持开展甘肃省六盘山片区船员职业技能培训,推行"校企合作、订单培养"的船员培养精准扶贫模式,实现船员培训与就业结合;推动签署《京津冀区域内河船员管理协同发展框架协议》,全力支持雄安新区建设;修订《特定航线江海直达船舶船员培训、考试和发证办法》《江海直达船舶最低安全配员标准》,支持江海联运服务长江经济带的发展。

5.2 建设船员公共服务平台

探索搭建由政府牵头,企业、工会、社会组织等各方参与的共享平台,融合服务资源和服务能力,为船员提供职业规划、就业指导、法律援助、信息咨询等公共服务产品,促进船员成长和职业发展。充分发挥上海国际航运中心的作用,推动成立中国船员公共服务中心,为船员提供公共服务,受理船员投诉,协调处置船员突发事件,宣传推介船员职业,研究促进船员发展的政策建议。推动建立船员人身伤亡诉讼案件司法联动机制,切实保障船员合法权益。

5.3 创新船员服务方式

转变船员服务理念,创新船员服务方式,充分运用现代信息技术,推出适合船员职业特点的服务产品。全面推进政务公开,提供船员证书信息、机构信息、考试办证信息等各类查询和提醒服务。编制船员发展相关职业指南,为船员提供专业指导。推行以无纸化和智能化为标志的"互联网+船员"电子政务模式,构建一站式电子政务窗口,实现船员业务全流程电子化。建设服务船员"口袋工程",开发应用船员移动服务平台、自助服务平台、远程培训平台和远程考试平台,推进远程培训和远程考试,实现船员业务网上申办、移动申办和自助申办,将电子化、智能化、便捷化的服务装进船员的口袋里。推行"互联网+船员"服务模式,打造"幸福船员"服务品牌,为船员提供全方位、多层次、一体化的高品质服务。

5.4 构建服务型船员管理模式

深化服务改革,坚持依法行政、坚持有效监管、坚持服务发展,改变以考试发证为主体内容、源头控制为主要形态的传统管理模式,将船员管理融入交通行业发展的大环境中,构建服务型船员管理模式,推动船员管理转型升级。

积极推进简政放权政策,全面梳理船员管理职能,明确船员培训管理、服务外派管理、船员市场管理和权益保障等职责的边界,精简行政审批事项,完善"权力清单"。理顺管理关系,优化职能结构,减少审批环节,实施分级管理,实现船员管理职能的合理配置。建立船员管理执法监督检查制度,强化执法监督,探索建立"责任清单",做到放管结合,有效履行船员管理职责。转变服务理念,提升服务层次,在信息公开、业务无纸化、打破管辖、"口袋工程"四个板块,推出便利船员的"服务清单"。

强力实施船员"口袋工程",完善"幸福船员"微信公众号应用功能,优化查询和办理两个通道,为更多船员提供便利服务;加大船员自助服务终端建设,打造无人值守政务服务窗口样板;取消船员服务簿签发行政许可制度;扩大船员远程考场试点应用,实现部分内河船舶船员理论考试随到随考。

5.5 改进船员证书签发模式

完善船员考试发证机构资质条件,实行船员考试和发证分离。修订船员技术档案管理办法,规范船员电子档案管理要求,取消船员考试发证调档,实现船员异地申请办证。合并简化船员证书格式,推广应用船员证书电子印章、电子签名,实行电子格式船员证书,实现船员证书远程自助查询和打印。进一步完善海船船员和内河船员以及运输船舶船员和军事船舶船员、渔船船员之间的任职通道,促进船员的有序流动。

6 健全船员权益保障机制

现有的涉及船员的法律确实有与国际公约及国际行业惯例不相符的地方,应结合国家海洋战略,建立一套法律体系规范业内劳动关系,保障战略的实施。

6.1 全面履行《2006 年海事劳工公约》

《中国船员发展规划(2016—2020)》提出全面履行《2006 年海事劳工公约》,建议中华人民共和国交通运输部与人力资源社会保障部共同建立履约合作机制和船员投诉受理处置机制。研究完善船员境外突发事件处置机制。开展船员权益保障立法研究,改善船员发展的法治环境,保障船员合法权益。完善全国海上劳动关系三方协调机制,推动省级海上劳动关系三方协调机制的建立和运行,在海上劳动关系三方协调机制框架下,完善船员劳动合同范本,研究建立船员工资统一指导标准,加快建立企业薪酬调查和信息发布制度。健全集体协商争议和船员投诉处理机制。

6.2 为船员立法

为保障船员权益,相关部门应立法保护、监管船员职业招募、培训、就业流程的公平、公正、公开、合理、合规,必要时设立国际公约下免费的招募机构,建立并完善相应的垂直管理体系,制定从业标准,设立信用评估系统,规范从业者的行为,提高从业人员的素质,做到凡事有法可依。

6.3 实现船员法规系统化

《中华人民共和国船员条例》的位阶比较低,不能有效解决船员劳动以及行业过程中遇到的特殊问题。有些事务牵涉的部门或行业比较多,需要更多的社会资源,因此必须上升到更高的法律层面才能解决。此外,现有的有关法律规定比较零碎,不成体系,没有系统的法律条文来解决船员的招募、注册、培训、考试、发证、就业、晋升、休假等劳动中可能遇到的权益方面的特殊问题。

7 加强国际交流与合作

7.1 加强国际交流

扩大船员劳务市场开放,深化国际交流合作,提高我国船员的国际竞争力,服务国家战略和航运发展。持续严格履行 STCW 78/10 公约和 MLC 2006,积极参与 IMO、ILO 事务,加强国际交流与合作。

重视与其他国家和地区联合举办"'一带一路'高级海事管理人员培训暨海事劳工师资培训研讨班",继续与日本、韩国和中国香港地区以及与马来西亚、泰国、柬埔寨、越南、缅甸、老挝等东盟国家的海事人员一道参加培训和研讨;强化应急事件处置海事劳工履约的国际交流。

7.2 推进船员证书认可

以中国与泰国海事主管机关签署的《关于相互承认海船船员适任证书协议》为样板,在与26 个国家(地区)签署互认或单边承认海船船员适任证书协议的基础上,又增加了双边的证书协议,从而不断拓宽了我国船员的国际就业渠道。

7.3 吸纳外籍船员进入中国船员队伍

未来船员队伍一定会多元化,吸纳优秀外籍船员补充到国家海运队伍将是一个必然趋势。

8 普及航海文化、提升全民海洋意识

政府、航运企业、航海院校、行业组织等各方应共同加强船员职业宣传,运用多种手段宣传船员的价值和贡献,提升船员职业的吸引力。

提升全民海洋意识。比如通过电影、电视剧等大力宣传郑和七次下西洋的精神,宣传航海文化和船员工作和生活情况以及他们的勇敢无畏精神;建立校外海洋实践基地和航海博物馆,建立定期的航海文化日,对外开放航海学校等,普及民众的航海知识。积极参与中国船员建设工会中国船员技能大比武活动,举办"世界船员日"系列庆祝活动,开展"寻找最美船员"主题宣传活动;举办船员职业技能大赛,提升船员职业社会认可度。

结论

笔者通过走访、问卷调查企业及船员,查阅大量的文献等方式对中国船员队伍发展现状进

行了深入调研与分析,挖掘出了中国船员队伍发展存在的问题,如船员职务层次比例失调、船员职务晋升过于缓慢、从事船员职业的人数下降、适任考试难以考查船员的综合素质和能力等,提出了稳定和壮大中国船员队伍的对策,如提高船员的经济地位、社会地位,改善船员的工作和生活环境,优化培训和考证环节及考评模式,建立和健全船员服务体系,加强对外交流与合作,普及航海文化等,让更多的人了解船员这支物流和海防生力军。

通过对本课题的研究,寻求出稳定和壮大中国船员队伍的策略,找到解决问题的方案具有重要的实用价值。我们应呼吁社会给予船员更多的关怀,多宣传航海文化,让社会尊重和理解这个职业,认可从业者的付出,提高船员职业的荣誉感,帮助船员树立正确的职业价值观,对船员的职业规划做出相对合理的引导,创造船员退役上岸的就业空间,发挥好船员服务协会或工会的作用,对于船员家庭、婚姻予以关心和帮助,从而扩大招募力度,增长从业人员的基数,延长从业者的职业寿命,打造一支强大的深蓝队伍。

(吴雪花　陈进涛　王梅　代其兵)

参考文献

[1]孙培廷,姚文兵.中国海员培训和发证制度改革建议[J].航海教育研究,2017
　　(2):1-11.

[2]孙培廷,姚文兵.中国船员队伍发展现状、问题与对策[R].厦门:中国交通教育研究
　　会航海教育研究分会,2017.

[3]交通运输部.交通运输部关于印发中国船员发展规划(2016—2020)的通知[J].中华
　　人民共和国国务院公报,2017(15):85-93.

[4]中华人民共和国海事局.2019年中国船员发展报告[R].北京:交通运输部,2019.

[5]彭妍.海事局公务船船员管理法律相关问题研究[D].兰州:兰州大学,2020.

[6]郑国平,李翔,苏作靖.高级船员后继匮乏,航运如何留住人才[J].中国航务周刊,
　　2020(12):36-38.

B4. 海船船员经济收入现状及其对
海员职业发展的影响

【摘要】海船船员经济收入直接影响着其职业吸引力和幸福感。从海船船员实际收入、最低工资、税收优惠政策等方面展开调研，将我国海船船员经济收入与陆上普通职工收入、其他国家（地区）海船船员收入进行比较，分析经济收入差异的原因，并提出相应的建议，供船员、船东、船员招募机构及相关方参考。

【关键词】海船船员；最低工资；税收优惠；收入水平；职业发展

引言

建设海洋强国是新时代中国特色社会主义事业的重要组成部分。海船船员（以下简称海员）是建设海洋强国、推进"一带一路"建设的重要保障力量。然而有关调研显示海员的职业吸引力正逐步下降，《2020 年中国船员发展报告》显示国际航行海船船员注册人数逐年增加，但持有效适任证书中的船员活跃人数却在逐年下降，以国际航行海船（无限航区）3000 总吨及以上为例，持有效适任证书的船长数为 16761 人，2015—2019 年船长活跃人数为 15284 人，2017—2019 年活跃人数为 14565 人，2019 年为 13098 人，持有效适任证书的轮机长数为 16304 人，2015—2019 年轮机长活跃人数为 14835 人，2017—2019 年活跃人数为 14049 人，2019 年为 12529 人。相关调研显示，海员经济收入优势不明显，社会对海员的整体认知和认可度不高等问题持续存在。新冠肺炎疫情下，海员在保障世界基本物资、能源、药品、食品及其他生活必需品的流通方面做出了巨大贡献，同时我们看到海员换班难、超期服务问题很严重。据估计，截至 2020 年 8 月，有 30 多万海员和海事人员被困在海上，尽管合同期满，仍无法返回。甚至一些海员已经在船上待了 17 个月以上，海员的权利受到了严重的侵犯。这不仅影响了海员的健康和福祉，而且也严重影响了航运的安全。过度疲劳和精神疲惫的海员被要求继续操作船只，这增加了船舶发生事故的风险。

经济收入与职业发展密切相关，收入提高有助于提高职业吸引力，同时也有助于提升个人的主观获得感。如何提高我国海员经济收入，促进海员职业发展是亟待解决的问题。本课题通过调研将我国海员经济收入与陆上普通职工收入、其他国家（地区）经济收入相比较，立足于我国的经济政策和制度，分析了海员经济收入差异背后的深层次原因，探讨了提高我国海员经济收入的办法，力求为建设海洋强国和推进"一带一路"建设贡献一份力量。

1 海员实际收入现状

1.1 海员收入与陆上普通职工收入相比较

近年来,海陆收入差距继续缩小。2000 年,中远集运一类船舶船长的月工资为 9600 元左右,年收入为 115200 元;一等水手月工资为 1750 元,年收入为 21000 元;同期我国城镇非私营单位就业人员平均年收入为 9333 元,高级海员工资水平是城镇普通职工工资水平的 10 倍以上,普通海员工资水平是普通城镇职工工资水平的 2 倍左右。

2010 年,散货船船长月工资为 5600 美元左右,折合人民币 38248 元,以上船工作 8 个月计算,不计算休假期间岸上工资,年收入为 305984 元;一等水手月工资为 700 美元左右,折合人民币 4781 元,年收入为 38248 元;同期我国城镇非私营单位就业人员平均年收入为 36539 元,高级海员工资水平是城镇普通职工的 8 倍左右,普通海员工资水平与城镇普通职工相当。

2019 年,散货船船长月工资为 7500 美元左右,年收入约 413400 元人民币;一等水手月工资为 1300 美元,年收入约 71656 元人民币;同期我国城镇非私营单位就业人员平均年收入为 90501 元,高级海员工资水平是城镇普通职工工资的 4.6 倍,普通海员工资水平低于城镇普通职工工资,海陆工资出现倒挂现象。城镇非私营单位就业人员、海员年收入比较,如表 1 所示。

表 1 城镇非私营单位就业人员、海员年收入比较 （单位:人民币元）

年份	城镇非私营单位就业人员平均年收入	海员年收入	
		船长	一等水手
2000	9333	115200	21000
2010	36539	305984	38248
2019	90501	413400	71656

注:2000 年海员数据为中远集运船员业绩工资;2010、2019 年海员数据为散货船船员工资;海员工资按当年平均汇率折算成人民币元。

数据来源:《中国统计年鉴》、上海航运交易所海员薪酬统计、其他调研获得数据。

海陆收入差距缩小使得海员职业的吸引力下降,特别是普通海员收入较低,不利于海员队伍的长期稳定发展。

另一方面,海员工资年增长率低于城镇职工。2019 年我国城镇非私营单位就业人员年平均工资比上年增长率为 9.8%;全国城镇私营单位就业人员年平均工资为 53604 元,增长率为 8.1%;全国规模以上企业就业人员年平均工资为 75229 元,增长率为 10%。而 2019 年我国海员收入增幅并不明显,达不到全国其他行业平均水平。中国国际海员薪酬变动,如表 2 所示。以表 2 数据为例,2019 年船长月平均工资为 8563.75 美元。根据上海航运交易所 2018 年数据显示,2018 年船长月平均工资为 8563.25 美元,2019 年比 2018 年略有上涨。

由表 2、图 1 可见,相比全国职工平均工资的较明显增长态势而言,中国国际海员(高级船员)的平均工资 2019 年度较 2018 年度基本没有增长,且部分工种甚至出现负增长的状况。中国国际海员(普通船员)的平均工资有一定的增长。

表 2　中国国际海员薪酬变动表　　　　　　　　（单位：美元/月）

职务	2019 年月平均工资	2018 年月平均工资	增减额	增减率%
船长	8563.75	8563.25	0.5	0
大副	7082	7165.25	−83.25	−1.16
轮机长	8223.25	8253	−29.75	−0.35
水手长	1651.25	1554.5	96.75	6.22
机工长	1651.75	1555.75	96	6.17
水手	1398.75	1288	110.75	8.60

数据来源：根据上海航运交易所 2019 年和 2018 年发布的中国（上海）国际海员薪酬表计算得出。

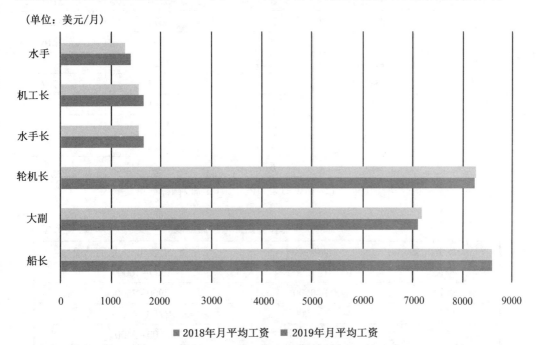

图 1　中国国际海员 2018—2019 年薪酬变动情况

1.2　海员收入与其他国家（地区）海员收入相比较

近几年中国国际海员薪酬水平小幅增长，但总体低于国际水平。表 3 为中国国际海员薪酬表，表 4 为 2019 年菲律宾国际海员薪酬表。据统计，2019 年全球海员约 120 万，菲律宾海员占全球海员总数的 1/3 左右。菲律宾海员每年给菲律宾带来超过 60 亿美元的收入，这些收入主要来自美国、新加坡、德国、日本和英国等发达国家。菲律宾海外就业局的数据显示，约 65%的日本海事人员为菲律宾人，欧洲航运公司 Hellespont 一直在为其油轮船队雇用菲律宾船员。

SAFETY4SEA 组织通过调查总结出船东喜欢雇用菲律宾海员的 14 个原因，包括灵活、可靠和忠诚、低工资、英语流利、耐心和宽容等。在工资方面，据 SAFETY4SEA 调查，菲律宾人的工资往往低于承诺给他们的工资。从 2019 年菲律宾国际海员薪酬看，菲律宾国际海员薪酬规模低于欧美发达国家海员的薪酬水平，油船海员的薪酬水平要比干散货船、集装箱船和大宗商品船海员的薪酬高出很多。

表 3　中国国际海员薪酬表　　　　　　　　（单位：美元/月）

职务	集装箱船	干散货船	油轮	化学品船
船长	7804	7556	9922	8973
大副	6481	6220	7998	7629
二副	3509	2686	3560	3224
三副	2725	1918	2854	2291
轮机长	7538	7304	9581	8470
大管轮	6481	6217	7956	7399
二管轮	3509	2679	3560	3198
电机员	3559	2891	3674	3258
三管轮	2725	1918	2837	2216
水手长	1581	1524	1728	1772
机工长	1581	1531	1728	1767
水手	1341	1333	1461	1460
机工	1341	1333	1461	1460
大厨	1581	1474	1676	1634
服务生	856	670	912	835

数据来源：上海航运交易所 2019 年 12 月 31 日发布的中国（上海）国际海员薪酬表。

表 4　2019 年菲律宾国际海员薪酬表　　　　　　（单位：美元/月）

职务	油船	干散货/集装箱/大宗商品船
船长	10000～14000	8500～10000
大副	8000～9500	6900～7500
二副	4000～6000	3200～4200
三副	3000～4000	2500～3100
轮机长	9000～12000	8500～9500
大管轮	7500～8800	6900～7500
二管轮	4000～6000	3200～4200
电机员	4000～6000	3800～4800
三管轮	3000～3800	2500～3000
水手长	2400～2800	1900～2200
钳工	2400～2800	1900～2200
水手	1800～2200	1400～1900
机工	1800～2200	1400～1900
大厨	2400～2800	1900～2200
服务生	1400～1800	900～1300

数据来源：根据此网站数据整理（https：//merchantsealife.com）。

表 5 为不同国家干散货船海员的工资。2019 年《乌克兰海员未来发展机会》报告显示,乌克兰干散货船海员整体薪酬水平与菲律宾、印度海员薪酬水平基本接近。2017 年,由于乌克兰海员输出减少,乌克兰海员国家海事工会平台主动在海员集体谈判协议中降低了海员最低工资标准,借此阻击菲律宾、印度等传统海员输出大国在国际海员市场上的统治地位。由此可见,最低工资标准在一定程度上影响了海员的供给水平。

表 5　不同国家干散货船海员的工资　　　　　　　（单位:美元/月）

国家	船长	轮机长	航程周期（月）
乌克兰	8200~9500	7800~9300	3~6
印度	8500~10100	8200~9900	3~6
中国	7500~8800	7200~8600	3~8
菲律宾	8100~9400	8000~8800	3~6

数据来源:根据 2019 年《乌克兰海员未来发展机会》报告整理。

各国海员薪酬水平存在差距,一方面与海员集体谈判协议有关,另一方面与各国船员雇用偏好有关。从船员等级看,中国高级海员的薪酬水平与主要船员输出国的差距不大,而支持级海员的薪酬水平与主要船员输出国差距很大,以一等水手为例,菲律宾的平均薪酬在 1800~2200 美元,中国的平均薪酬为 1399 美元。

2　海员收入保障政策比较

2.1　海员最低工资国际比较

2.1.1　国际劳工组织规定的最低工资

经修正的《2006 年海事劳工公约》(国际劳工组织制定的合并文本,包括 2014 年和 2016 年对公约守则的修正案)规则 2.2 规定,所有海员均应根据其就业协议定期获得全额工资报酬。各成员方在通过管理海员工资的国家法律或条例时,应充分考虑到守则 B 部分提供的指导。根据标准 A2.2 和导则 B2.2 的要求,海员每月工资至少包括基本工资、加班工资和休假工资三个部分。

国际劳工组织(ILO)联合海事委员会海员工资分委会定期召开会议确定一等水手(Able Seamen,简称 AB)的最低月基本工资。从 2016 年 1 月 1 日起 AB 的最低月基薪为 614 美元,2018 年 ILO 联合海事委员会重新审议了海员最低工资标准,在 2016 年 614 美元的基础上增长了 4.5%;从 2019 年 7 月 1 日起,AB 最低月基薪为 618 美元(见表 6,图 2),从 2020 年 1 月 1 日起 AB 最低月基薪为 625 美元,从 2021 年 1 月 1 日起 AB 的最低月基薪为 641 美元。基于 ILO 最低工资标准,国际运输工人联盟(ITF)和国际航运联合会(ISF)联合发布了各级别海员的估算工资。根据经修正的《2006 年海事劳工公约》规定,ITF/ISF 计算出基薪覆盖的每月正常工作时间不得超过 208 小时(48×4.33),每月加班保底时长为 104 小时,ITF/ISF 估算的 2021 年 1 月 1 日及以后的最低工资额如表 7、图 3 所示。

表6 ITF/ISF 估算的海员月最低工资额(从 2019 年 7 月 1 日起) (单位:美元)

级别	系数	每月基薪	休假工资 (2.5 天/月, 不含公休假期)	公休假期工资 (8 小时/月)	加班工资 (104 小时)	月工资总额
船长	3.3697	2082	173.5	100.1	1301	3657
轮机长	3.0624	1892	157.69	90.98	1183	3324
大副、大管轮	2.1747	1344	112.01	64.62	840	2361
二副、二管轮、 报务员、电机员、大厨	1.7426	1077	89.71	51.76	673	1891
三副、三管轮	1.6786	1038	86.47	49.89	649	1822
水手长	1.1170	690	57.53	33.19	431	1212
一水、一机	1.0000	618	51.5	29.71	386	1085
二水、二机	0.7441	460	38.32	22.11	287	808
厨工	0.8518	527	43.88	25.31	329	925

注:数据来源于 ITF 官网。

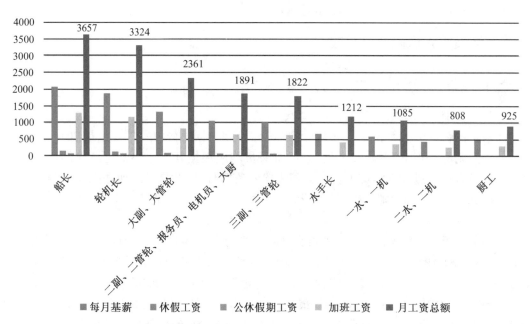

图2 ITF/ISF 估算的海员月最低工资额(从 2019 年 7 月 1 日起)(单位:美元)

表 7　ITF/ISF 估算的海员月最低工资额(从 2021 年 1 月 1 日起) 　　(单位:美元)

级别	系数	每月基薪	休假工资 (2.5 天/月, 不含公休假期)	公休假期工资 (8 小时/月)	加班工资 (104 小时)	月工资总额
船长	3.3697	2160	179.96	103.82	1350	3793
轮机长	3.0624	1963	163.56	94.36	1227	3447
大副、大管轮	2.1747	1394	116.18	67.03	871	2449
二副、二管轮、 报务员、电机员、大厨	1.7426	1117	93.05	53.68	698	1961
三副、三管轮	1.6786	1076	89.69	51.74	673	1890
水手长	1.1170	716	59.67	34.42	447	1258
一水、一机	1.0000	641	53.42	30.82	401	1126
二水、二机	0.7441	477	39.74	22.93	298	838
厨工	0.8518	546	45.51	26.26	341	959
休假工资(不含公休假期) = 2.5 天×(641 美元/30 天) = 53.42 美元; 公休假期工资 = 8 小时×(641 美元/208 小时) ×1.25 = 30.82 美元,其中(641 美元/208 小时) ×1.25 为 每小时加班工资率; 加班工资 = 104 小时×(641 美元/208 小时) ×1.25 = 401 美元						

注:数据来源于 ITF 官网。

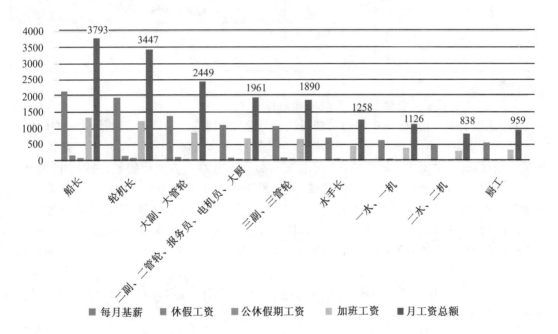

图 3　ITF/ISF 估算的海员月最低工资额(从 2021 年 1 月 1 日起) (单位:美元)

2.1.2 ITF海员集体协议中规定的最低工资

海员集体协议有三种类型,分别是ITF标准协议、ITF TCC协议和IBF协议。ITF标准协议成本最高,通常在发现船东明显违反先前协议或发生劳工运动后签订,ITF标准协议CBA 2015中的基薪为1563美元。IBF协议成本最低,只适用于ITF国际协商论坛的会员船东,IBF CBA 2019—2022中的AB基薪为703美元,月工资总额为1602美元。ITF TCC协议是最常见的协议类型,ITF TCC 2015—2017中的AB基薪为850美元,月工资总额为1806美元,如表8、图4所示。

表8 ITF TCC 2015—2017工资标准(单位:美元)

级别	系数	每月基薪	休假工资 (7天)	休假津贴 (18美元/天)	加班工资 (103小时)	月工资总额
船长	3.3697	2864	668	126	2127	5785
轮机长	3.0624	2603	607	126	1933	5269
大副、大管轮	2.1747	1849	431	126	1373	3779
二副、二管轮、报务员、电机员	1.7426	1481	345	126	1100	3052
三副、三管轮	1.6786	1427	333	126	1060	2946
水手长、机工长、木匠、大厨	1.1170	949	222	126	705	2002
一水、一机	1.0000	850	198	126	631	1806
二水、二机	0.7441	632	148	126	470	1376
厨工	0.8518	724	169	126	538	1557

注:数据来源于ITF官网。

2.1.3 《中国船员集体协议》中规定的最低工资

《中国船员集体协议》由中国海员建设工会代表中国船员、中国船东协会代表中国船东,双方经平等协商后达成,适用于中国籍船员、中国船东协会的会员单位及其所拥有和(或)管理的中国籍船舶,中国船东协会的会员单位拥有和(或)管理的方便旗船舶,雇用中国船员的,可选择使用本协议。《中国船员集体协议》在附件1中规定了各类职务船员的最低基薪。中国船员工资结构包括基薪、固定加班工资(保底54小时,1.5倍基薪)、法定节假日加班报酬(不低于基薪的300%,每年共11天)、带薪年休假工资(每个月2.5天,1倍基薪)及社会保险(养老保险20%、医疗保险8%、失业保险2%、工伤保险1%、生育保险1%)。其中日薪按照基薪标准/30天计算。

根据2019年《中国船员集体协议》关于船员最低工资的规定,项目组计算出中国船员月工资总额如表9、图5所示。

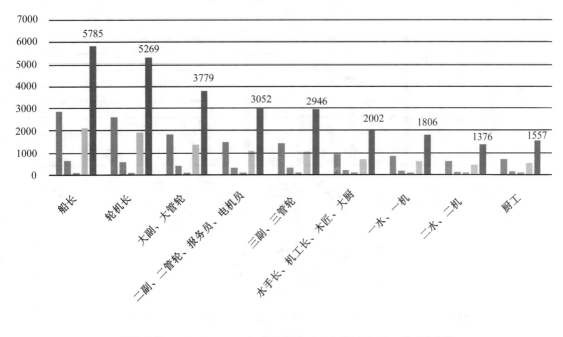

■ 每月基薪   ■ 休假工资   ■ 休假津贴   ■ 加班工资   ■ 月工资总额

图4　ITF TCC 2015—2017 工资标准　　　（单位：美元）

表9　根据 2019 年《中国船员集体协议》估算的最低工资额　　　（单位：美元）

职务	系数	每月基薪	固定加班工资	休假工资（2.5 天/月，不含公休假期）	公休假期工资（按天计算）	月工资总额
船长	3.3364	2152	1001.79	179.33	197.27	3530
轮机长	3.0341	1957	911.02	163.08	179.39	3210
大副、大管轮	2.1535	1389	646.60	115.75	127.33	2279
二副、二管轮、电子电气员、电机员	1.7225	1111	517.19	92.58	101.84	1823
三副、三管轮	1.6620	1072	499.03	89.33	98.27	1759
水手长、机工长、大厨、木匠、船医	1.1070	714	332.38	59.50	65.45	1171
一水、一机	1.00	645	300.26	53.75	59.13	1058
服务员、二水、二机	0.7349	474	220.66	39.50	43.45	778
厨工	0.8434	544	253.24	45.33	49.87	892

固定加班工资=54 小时×1.5×（645 美元/174 小时）= 300.26 美元，其中 174 小时=4.33×40 小时；
休假工资（不含公休假期）= 2.5 天×（645 美元/30 天）= 53.75 美元；
公休假期工资=（11 天/12）×3×（645 美元/30 天）= 59.13 美元。

注：数据来源于中国海员建设工会全国委员会网站。

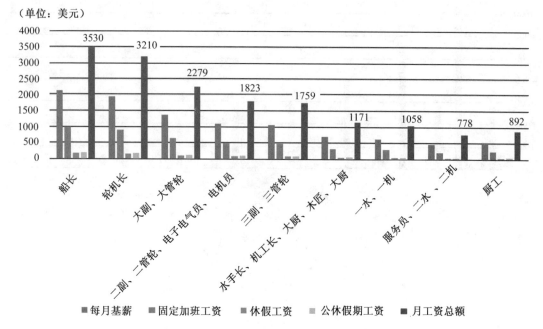

（单位：美元）

■ 每月基薪　■ 固定加班工资　■ 休假工资　■ 公休假期工资　■ 月工资总额

图 5　根据 2019 年《中国船员集体协议》估算的最低工资额

2.1.4　其他国家关于海员最低工资的规定

（1）英国

2020 年 10 月 1 日,英国通过了新工资法,确保了英国全国 1 万多名海员的公平薪酬,保证了海事人员的最低工资。英国最低工资率每年 4 月更新一次,其最新的标准如表 10、图 6 所示。

表 10　英国国内最低工资标准　　（单位:英镑/小时）

工资率时间节点	25 岁及以上	21~24 岁	18~20 岁	18 岁以下	学徒
2020 年 4 月（现有最低工资率）	8.72	8.2	6.45	4.55	4.15
2019 年 4 月—2020 年 3 月	8.21	7.70	6.15	4.35	3.90

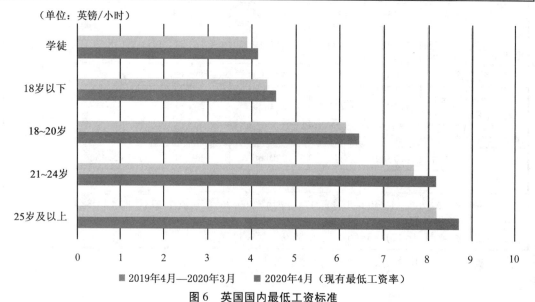

（单位：英镑/小时）

■ 2019年4月—2020年3月　■ 2020年4月（现有最低工资率）

图 6　英国国内最低工资标准

（2）乌克兰

2017 年以前乌克兰工会与 ITF 商定的 AB 的月最低工资为 1806 美元,2017 年新成立的乌克兰国家海事工会平台制定了新的集体谈判协议,试图将最低工资削减为 1085 美元,遭到了 IFT 和乌克兰海上运输工人工会的强烈谴责。目前乌克兰国家海事工会平台乌克兰海员集体谈判框架协议(适用在外国船东的船只上雇用的乌克兰海员)的 AB2020 年最低基薪下降至 625 美元,与 ILO 最低基薪完全一致,分析人士称乌克兰此举是通过降薪争夺海外劳务市场。

（3）俄罗斯

俄罗斯海员工会 TCC CBA 2019—2020 规定的海员工资标准与 ITF TCC 2015—2017 的基本一致,AB 基薪为 850 美元,加上加班工资(103 小时)、休假工资和休假津贴,合计为 1806 美元,船长的基薪为 2864 美元,加上加班工资、休假工资和休假津贴,合计 5786 美元。

（4）菲律宾

菲律宾是全球海员输出最大的国家,表 11 为 NIS-AMOSUP（挪威国际船舶登记-菲律宾海员联合会）CBA 工资标准表。海员月工资包括每月基薪、固定加班工资和休假工资三部分(见图 7)。集体协议还对海员最低社会保障做了具体规定,船长、轮机长、大副、大管轮、二副、二管轮、三副、三管轮、报务员、电机员等 AMOSUP 公积金(退休金计划)为每月 80 美元,还有菲律宾社会保障体系医疗保险、国际海事组织要求的保障、失业补助、遗属养老金、家庭共同发展基金及培训基金等计 273 美元,最低社会保障合计 353 美元(折合人民币约 2360 元)。水手长、大厨、泵匠、木匠、一水、机工、二水等 AMOSUP 公积金(退休金计划)为每月 50 美元,其余保障相同,合计 273 美元,最低社会保障合计 322 美元(折合人民币约 2153 元)。

表 11　NIS-AMOSUP CBA 工资标准(从 2019 年 1 月 1 日起)　（单位:美元）

级别	系数	每月基薪	固定加班工资	休假工资	月工资总额
船长（第一年）	3.2284	2440	1473	895	4808
轮机长（第一年）	3.1011	2301	1398	844	4533
大副、大管轮（第一年）	2.0296	1506	1076	552	3134
二副、二管轮、（第一年）	1.6604	1232	812	452	2496
三副、三管轮（第一年）	1.5270	1133	747	415	2295
报务员、电机员	1.7534	1301	856	434	2591
水手长、大厨、泵匠、木匠	1.1792	875	487	292	1654
一水、机工	1.0000	742	413	247	1402
二水	0.7588	563	313	188	1063
油船、化学品船、OBO 船运输油品时,油船奖金为基薪的 10%;加班保底时长 85 小时					

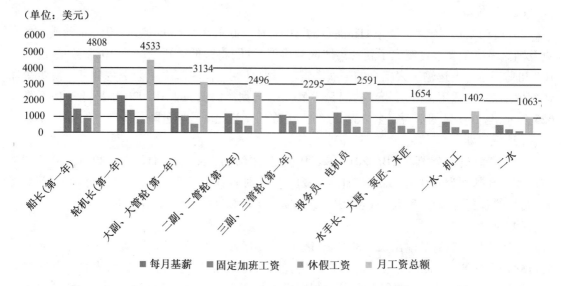

图 7 NIS-AMOSUP CBA 工资标准(从 2019 年 1 月 1 日起)

2.1.5 分析比较

(1)《中国船员集体协议》中规定的最低基薪略高于 ILO 最低基薪,但显著低于英国法定最低工资标准、俄罗斯海员集体协议和菲律宾海员集体协议中的最低基薪标准。依据 2019 年《中国船员集体协议》,2019 年中国船员 AB 的基薪比 2019 年 ILO 的 AB 最低基薪高 27 美元,每一级别船员最低基薪均高于 ITF/ISF 依据 2019 年 ILO 最低基薪乘以差别系数估算出来的结果,中国船员最低基薪差别系数略低于 ITF/ISF 海员最低基薪差别系数,但总体差别不大。根据 2019 年《中国船员集体协议》中的基薪标准,以每月标准工资时间 174 小时为例计算,AB 的最低时薪为 3.71 美元,远远低于英国的最低工资标准。数据显示,俄罗斯海员集体协议 2019 年 AB 的最低基薪比中国海员集体协议的最低基薪高 205 美元,菲律宾海员集体协议 2019 年 AB 的最低基薪比中国海员集体协议最低基薪高 97 美元。

(2)根据《中国船员集体协议》估算的加班工资明显低于 ITF 协议、乌克兰、俄罗斯、菲律宾等国家的海员集体协议中的标准。中国各级别船员的固定加班工资均低于 ITF/ISF 估算的结果,其原因在于《中国船员集体协议》规定的保底加班时长为最低 54 小时,这与依据《2006 年海事劳工公约》规定计算出的每月加班保底时长为 104 小时有很大差距。乌克兰和俄罗斯海员集体协议中的保底加班时长为 103 小时,菲律宾海员集体协议中的保底加班时长为 85 小时。

可见保底固定加班计算时长对海员最低工资的影响较大,不少船东按照最低 54 小时计算加班工资,而船员实际在海上加班时间远远超过这个数字,按照中国旗海事劳工符合声明第 I 部分,标准工作时间每天 8 小时,每周 40 小时,则所有值班海员仅双休日每月加班至少应为 69 小时,这还不包括各国际公约或规则所要求的各类检查、维护和保养工作所产生的额外加班时间。因此,在后续的协商谈判中应充分考虑并计算超过法定标准工资时间的部分。

(3)根据《中国海员集体协议》估算的休假工资略高于 ILO,但显著低于俄罗斯和菲律宾的休假工资。2019 年《中国船员集体协议》中国海员月带薪休假天数为 2.5 天,按 1 倍基薪计算,与《2006 年海事劳工公约》规定一致,因此计算出的带薪休假工资均高于 ITF/ISF 依据

2019 年 ILO 最低基薪估算出的结果。由于中国公休假期加班工资倍数为基薪的 300%,因此公休假期工资显著高于 ILO 公休假期最低工资标准。俄罗斯海员集体协议(2019—2020)中的休假工资和津贴合计 324 美元,菲律宾海员集体协议中的休假工资为 247 美元,而中国两项合计仅为 112 美元。

(4)海员社会保障还有待进一步提升。2019 年《中国船员集体协议》对待派船员的工作也做了规定:待派船员的工资不低于用人单位所在地的最低工资标准。由此可见,海员行使休息权期间的薪资普遍较低,远低于当地陆上平均工资水平。另外,尽管协议规定了船东支付社会保险的比例,但基数方面仅仅规定依法缴纳,在实践中很多船东按照所在地最低标准缴纳,这在很大程度上影响了海员的工资福利水平。《中国船员集体协议》没有关于住房公积金的相关规定,很多船东未依法为海员缴纳住房公积金,加上用人单位所在地与海员户籍所在地往往不一致,很多海员觉得不会在用人单位所在地购房,因此对于未缴纳住房公积金予以默认,这在一定程度上也损害了海员的经济利益。

2.2 海员税收政策国际比较

我国居民个税政策历经多次修改,政策越来越趋于向劳动者和中低收入人群倾斜,《中华人民共和国个人所得税法》(以下简称《个人所得税法》)从 1980 年到 2019 年历经了七次修改,普通公民个税起征点从最初的 800 元提高到目前的 5000 元。但是,就海员个人所得税起征点而言,2001 年开始执行的国税发〔1999〕202 号文件,其中规定海员每月的工资、薪金收入在统一扣除起征点 800 元基础上,额外再扣除税法规定的附加减除费用 3200 元,合计 4000 元;与此同期的普通陆地劳动者个税免征额为 800 元。2011 年 8 月《中华人民共和国个人所得税法实施条例》规定,海员起征点在统一扣除起征点 3500 元基础上附加减除费用从 3200 元减少至 1300 元,合计减免 4800 元。与此同期的普通陆地劳动者个税免征额为 3500 元。剔除收入和物价涨幅因素影响,海员个税负担反而有加重趋势,海员较陆地劳动者的税收优惠大幅度减少。2018 年 10 月 1 日后修订的《个人所得税法》新增的专项扣除费用的规定,无论对海员还是普通的陆地工作者来说,都加大了税收优惠力度,减轻了劳动者的税负。修改后的《个人所得税法》规定海员个税起征点提高至 5000 元,除此以外,劳动者还可以享受子女教育、继续教育、大病医疗、住房贷款利息、住房租金和赡养老人等六项专项附加费用扣除。虽然在新税法的实行下,海员个税不再享有起征点的 1300 元的附加减除的税收优惠,但当海员在计算个税有多个符合条件的专项扣除费用时,极有可能超过原本规定的 1300 元的附加减除费用,由此看来新税法的实行对海员税收的缴纳也颇有益处。从 2020 年 1 月 1 日起到 2023 年年年底,对一年在船航行超过 183 天的远洋船员,其工资薪金收入减按 50%计入个人所得税应纳税所得额,这一最新出台的政策缩短了我国与国外航运发达国家政策的差距,但是与世界其他国家比较(见表 12),我国对于海员的税收优惠政策仍然处于较低水平,很多国家完全免除海员个人所得税或附条件免除个人所得税,还有的国家给予海员税收补贴。

表 12　世界各国海员税收优惠政策

国家	政策内容
新加坡	国际航线海员所获的境外收入全额免税
菲律宾	国际航线海员所获的境外收入全额免税
英国	国际航行工作满 183 天,所获收入全额免税
印度	国际航行工作满 182 天,所获收入全额免税
澳大利亚	国际航行工作满 90 天,所获收入全额免税
芬兰	税收补贴 18000 欧元
爱尔兰	国际航行工作满 162 天,所获收入税收补贴 6350 欧元
挪威	航行工作满 130 天,所获收入税收补贴 8953 欧元

3　海员经济收入差距原因分析

3.1　海员供求关系结构性分化

劳动力供需状态决定了劳动力供给价格,目前就海员人才储备来说,我国海员人才储备并不存在极端紧缺的局面。中华人民共和国交通运输部发布的《2019 年中国船员发展报告》显示,我国海员注册人数呈逐年上升趋势。特别是国际航行海船船员,2019 年比 2015 年注册人数增加了 10 余万人(表 13)。

表 13　2015—2019 海员注册人数　　　　　　　　(单位:人)

类型	2015 年	2016 年	2017 年	2018 年	2019 年
国际航行海船船员	470512	497197	524498	545877	575823
沿海航行海船船员	168478	175764	184524	191780	208532

2020 年 6 月,上海海事大学、上海海事局、上海航运交易所联合发布了《2020 年中国海员供求指数研究报告》(CSSDI),报告指出截至 2019 年 12 月 31 日,我国共有注册船员 165.9 万人,同比增长 5.3%,其中海员 78.4 万人,同比增长 6.3%。CSSDI 显示,2019 年我国海员富余比例为 5.43%,供求尚处于均衡状态。海员供求关系结构性分化现象严重,2019 年无限航区海员富余人数比例为 28.38%,较 2018 年度提升 1.17%,仍然富余严重,无限航区海员在船工作海员人数连续 6 年下降。沿海航区海员整体供求关系则依然延续较为紧缺的状态,紧缺度为 9.89%,与 2018 年的紧缺度 10.08%基本持平,沿海航区海员市场需求不断加大。总体看来,受国际因素影响,国际航行海船船员需求近年来呈下降趋势,注册海员的人数超过市场需求必然造成海员工资的增幅达不到预期。

3.2　国际市场雇用偏好

近些年,随着中国海员教育程度、知识结构的改变,中国外派海员的英语能力,特别是高级船舶的口语交流能力有所提高,我国船员的国际竞争力不断增强,外派海员数量和高级船员的比例逐年增长。在中国海事主管部门注册近 58 万的国际海员中,近几年里每年只有大约 25 万人上船工作,活跃船员(每年在船时间为 3 个月以上)稳定在大约 22 万人,2018 年占比约

40%。这 22 万人可能比菲律宾活跃海员人数要少,比印度活跃海员稍多。如果按目前外派定义,中国国际海员外派到外籍船舶上工作,2019 年外派海员实时在船人数为 73291 人,比菲律宾和印度外派海员人数都要少。很多欧美船东偏向于雇用菲律宾、英国、乌克兰等国海员,他们普遍觉得菲律宾海员可靠忠诚、合作意思强、英语较流利,而我国外派海员语言能力、跨文化工作能力等方面与之相比还有一定差距,因此国际市场上菲律宾海员工资水平总体高于中国海员工资水平。

3.3 技术进步因素

资本技能互补性假说认为,设备资本与低技能劳动者的替代弹性要大于其与高技能劳动者的替代弹性,技能偏向型技术进步表现为设备资本的快速积累,会拉大高技能劳动者与低技能劳动者之间的工资差距。20 世纪 90 年代初,中国制造业主要以劳动密集型生产方式开展,劳动力成本相对较低,相对于陆上普通工人,海员职业技能要求较高,因此当时海陆收入差距很大。进入 21 世纪,技术进步加快,特别是信息、通信、网络等与数字相关的技术发展尤为迅速,从而引起了生产、流通、分配和就业等各领域的连锁反应。制造业的自动化或流水线创造了大量全新的就业岗位(比如工程师),社会对技能人才的要求普遍提高,发展到现今大数据、人工智能时代,海员与陆上中、高技能劳动者相比,在技术技能上的优势已经不再突出,这导致海陆收入差距不断缩小,甚至出现海陆倒挂的现象。

3.4 社会认可度不够

近年来国际劳工组织致力于维护海员基本权利,改进海员工作、生活和福利水平,取得了显著的成绩。中华人民共和国交通运输部及其所属海事局、中国海员建设工会等部门、机构在海员相关法律法规、政策、船员集体协议等方面做出了很大努力,提高了海员的社会认同感,但同时某些方面的问题也反映了对海员的社会认可度仍然不够。海员是促进国民经济发展的特殊群体,海员的贡献度极高。作为全球第一大进出口贸易国,我国每年进出口贸易货物总量的90% 以上通过海上运输,尤其是涉及国家安全的能源、粮食、基础生产资料的安全运输。作为海运的实施者,海员做出的贡献远比陆地同等职工做出的贡献大得多。以前文提到的最低工资为例,《中国船员集体协议》中的固定加班工资,最低 54 小时,据此计算的中国各级别海员加班工资明显低于 ITF 协议及俄罗斯、菲律宾等国家的标准,而固定加班工资在海员总体工资中的占比较大,这在一定程度上反映了工会、船公司对海员工作的认可度不够。海员在陆上休假期间的工资很低,他们的社会保险缴存基数偏低、他们的住房公积金未被依法缴存等现象也反映了行业对海员的社会认可度不足。另一方面,我国海员税赋未完全与国际接轨,这也影响了海员的实际工资水平。

4 海员经济收入与职业发展的关系

4.1 海员经济收入影响其职业吸引力

薪资水平是影响职业选择的重要因素。发达国家一项调查显示,当人均国民收入超过1500 美元之后,海员的职业吸引力正逐渐降低。当前,我国海员的收入与陆上普通职工的收入的差距正逐渐缩小,相反海员所承受的责任、压力和风险并没有减少,因此海员职业的吸引力正日益下降。从航海类院校毕业生的上船比例来看,2017 年航海类招生人数最多的十所院校毕业生总数为 7193 人,上船比例为 34.31%,2019 年毕业生总数为 8660 人,上船比例下降为 27.98%。航海类院校的生源已经从东部地区快速转向中西部地区,生源质量下滑堪忧。船员收入没有明显优势,船员职业的流动性、艰苦性、风险性,船员缺乏职业自豪感和优越感,是导致船员职业吸引力降低的主要原因。

4.2 海员经济收入影响其职业幸福感

2018 年《中国船员发展报告》显示:20~30 岁的海员约占中国海员队伍总数量的 38.6%,这一年龄段的海员大多数出生于 20 世纪 80 年代末至 90 年代,属于海员队伍的新生力量。如今,新生代海员已成为海员队伍中年富力强的中坚力量,与老一代海员相比,新生代海员具有时代性、发展性等特征。课题组研究了新生代海员的经济收入与幸福感之间的关系,结果发现,新生代海员的经济收入与幸福感显著正相关。这与以往的研究结果一致,即海员收入、工资待遇、体面的劳动和职业尊严是获得幸福感的重要来源。受访者表示,尽管海员在船期间背井离乡、条件艰苦、心理压力大,但是想到自己辛苦挣到的钱能够负担起家庭,觉得再苦都值得。较低的经济收入、教育水平、职业地位等因素使得个体更容易感受到生活压力,对未来缺乏安全感,容易因为社会比较而导致心理不平衡,这也是导致了一部分海员中途离职、弃船登陆。

5 提升海员经济收入,促进海员职业发展的对策建议

5.1 加强政策引导,提高海员专业水平

5.1.1 加强政策支持和鼓励

2019 年,全国 68 家海船船员教育培训机构的航海类专业毕业生的人数只有 18864 人,毕业生从事船员工作的约 30%,即 0.54 万人,其中从事海船船员工作的比例更低。即我国每年新增海船船员中的绝大部分都是非专业院校毕业的大学生,是专业知识和技能都较为匮乏的人员。人员素质水平的低下必然造成这部分海员在劳动力市场上缺乏竞争力,缺乏薪资洽谈的资本。因此,政府应加大对航海类专业学生的政策支持和鼓励力度,通过发放奖(助)学金、提供无息助学贷款、海员培训考试补贴、扩大对院校的经费支持等方法,引导毕业生积极从事船上工作,同时鼓励船东招募高素质的大中专毕业生进入企业工作,稳步提升海员薪酬水平,使得海员培养就业走上良性发展的道路。

5.1.2 建立海员供需预测机制

开展人才预测与规划有利于把握航运业对海员的需求情况。人才预测和规划是人才资源开发的依据和基础。要充分发挥人才预测与规划的宏观调控和市场导向作用。政府、高校或行业协会可以针对不同类型的海员,每年编制海员需求报告,以此预测和规划海员的需求总量、专业、素质等,从而为政行企校协同培育海员提供依据。

5.1.3 培养新型海员

新型海员的待遇往往高于传统海员。人工智能、大数据等新技术的广泛应用,对海员的专业知识和能力结构提出了新的要求。新形势下海员培养要符合管理和驾驶智能船舶的要求,同时也要符合国际公约的新要求。随着邮轮、海上风电、深海养殖等产业的发展,出现了一些

新的海员岗位,航海类院校应结合这些新型岗位的需求,开发人才培养方案,根据市场进行定制化培养。这样做既解决了学生的就业问题、相关产业的人才需求问题,也提高了这部分海员的薪资预期。

5.2 提高最低工资标准,加强海员社会保障

5.2.1 提高海员最低工资标准

《中国船员集体协议》最低基薪略高于 ILO 最低基薪要求,但显著低于俄罗斯、菲律宾等国海员集体协议中的最低基薪标准。建议结合主要海员输出国的 CBA 标准,适当提高中国船员集体协议中的最低基薪标准。除 ITF 外,普遍认为 CBA 和 ILO 设定的一等水手最低工资标准并不是强制的,仍有不少船舶未签署各类 CBA 协议,业内不少船东雇用的海员特别是普通海员的基薪标准远远低于 ILO 和各类 CBA 中的标准,他们也常常面临被 ITF 检查的风险。因此,船东应每年跟踪 ILO 最低工资标准变化及世界市场各类 CBA 变化情况,在本身工资总额并不低时,参照国际市场,满足最新工资标准要求,与海员签订更具竞争力的就业协议。

5.2.2 提高固定加班工资

中国船员集体协议中的保底加班计算时长(最低 54 小时)远远低于 ILO 规定以及菲律宾、俄罗斯等 CBA 中的标准,这显然不利于我国海员队伍的稳定发展。建议在制定新的《中国船员集体协议》时提高固定加班工资保底计算时长,与国际接轨。同时,船东应当按要求记录海员每天在船的作息时间,足额支付海员固定加班的工资。

5.2.3 提高社会保险缴费基数

在现行的社会保险制度下,海员社会保险参照陆地劳动者标准执行,无法体现海员职业的高风险性。政府职能机构可借鉴其他航运强国的相关立法,形成我国专门的海员社会保障体系,以促进海员队伍的持久发展。通过立法,对海员的社会保险、社会福利和社会救济等做出明确的规定,建议将海员船上工资的月平均值作为养老保险、医疗保险、失业保险、工伤保险、生育保险的缴费基数,同时规定住房公积金的缴存标准和比例。

5.3 探讨多种方案,降低海员税收负担

5.3.1 免税方案

(1)在自贸区(港)先行试点免税政策

海员是自由贸易区、自由贸易港建设中的重要的、基础性的要素。以海南自由贸易港为例,其建设总体方案中提出"以特殊的税收制度安排、高效的社会治理体系和完备的法治体系为保障""形成具有国际竞争力的税收制度""优化税收政策安排"等内容。因此,建议考虑在上海、海南自贸区(港)新片区,尝试对一年在船航行超过 183 天的远洋船员完全免征个人所得税,以提高海员工资待遇,并逐渐向其他地区推广。

(2)通过立法形式落实海员免税政策

海员税收减免是国际惯例。2019 年 11 月,国务院常务会议决定,从 2020 年 1 月 1 日起到 2023 年年底,对一年在船航行超过 183 天的远洋船员,其工资薪金收入减按 50% 计入个人所得税法应纳税所得额。这一规定没有写进《个人所得税法》,且只试行 3 年,沿海航区海员不能享用该优惠政策。我国现行纳税年度主要采用公历年度,即公历 1 月 1 日至 12 月 31 日,而海员的实际上船时间不固定,如 9 月上船,第二年 4 月下船,则享受不到税收减征优惠。因此,

建议修订《个人所得税法》,针对海员这一特殊情况允许个人申请将纳税年度调整为任何连续12个月,并完全免除一年在船航行超过183天的远洋船员的个人所得税;应考虑到沿海航区海员的贡献,加快论证调研,适当减征其个人所得税。

5.3.2 减税方案

(1)提高海员个人所得减除费用标准

建议在完全免除海员个人所得税政策制定前,考虑提高海员个人所得税起征点。我国海员个人所得税总额占国家个人所得税收入的比重微乎其微。海员上船工作期间无法使用社会公共资源或公共设施福利,如果与陆地劳动者承担同样的税负有些不公平。目前,计算每一纳税年度的应纳税所得额时,应当减除费用6万元,相当于月个人所得税起征点为5000元。建议按照2006年海员与陆地劳动者个人所得税起征点的倍率(3倍),将海员一个纳税年度可减除费用提高到18万元,相当于月个人所得税起征点为15000元。

(2)增加家庭综合申报方式

海员长期上船工作,工作期间无法照顾家庭,往往要依赖在陆地上的配偶赡养老人和抚养子女,这会在很大程度上影响其配偶的收入和其晋升的机会。调查显示,不少海员表示主要是自己扛起了家庭的经济重担,配偶的收入很微薄。因此,夫妻双方分别申报个人所得,无形中对海员造成了不公平的待遇。建议在条件具备时,增加家庭综合申报方式,兼顾每个家庭的具体情况,从而平衡同等纳税能力但不同收入来源的家庭的税收负担。

5.4 宣传航海文化,提高海员职业认同感

社会上普遍存在对海员职业认识不充分的情况,还需要进一步宣传航海文化、海员职业。疫情期间,广大海员为全球物资流通做出了巨大的贡献。借此机会应通过多种媒介和载体进行宣传,让公众对海员的工作性质、海员对经济社会发展的贡献、海员的基本权益等有更深入的认识,营造尊重海员的社会环境,以提高海员职业的社会认同感。同时,应通过世界海洋日、世界海员日等主题活动,中国航海史、郑和文化教育活动等,使社会认识海洋、认识航海、认识海员。新的形势下,海员不仅仅是一支重要的经济推动力量,更是海军的一支重要的后备力量。

航运的工作条件艰苦、环境枯燥、压力大,这些制约了海员队伍的发展。政府、行业、院校等各部门应相互协调,切实保障海员收入,提高海员社会认同感,使得海员职业具有较强的吸引力,从而吸引更多的高素质人才投身海员职业,实现我国的强海战略。

结论

在建设海洋强国的时代背景下,航运在我国未来的发展中将起到举足轻重的作用,海员是航运发展中不可或缺的人力资源,理应得到更多的关注与重视。海员的经济收入将直接影响其职业的吸引力和幸福感。研究显示无论在国内还是国际上,我国海员经济收入的优势都不太明显,这会在一定程度上影响海员队伍的发展。政府、行业、院校等各部门应相互协调,切实保障海员的收入,提高海员的社会认同感,使得海员职业具有更强的吸引力,从而吸引更多高素质人才投身于海员职业,实现我国的强海战略。

(郭云丽 吴蓉蓉 薛芳)

参考文献

［1］王祖温.抓住水运发展机遇,提升海员的社会地位和福利待遇［J］.世界海运,2011（5）:1-2.

［2］赵志葳,刘正江,王焕新.BIMCO/ICS 2015海员人力资源报告分析及对中国海员队伍未来发展的思考［J］.航海教育研究,2016(4):1-4.

［3］罗林军,项登峰.海员劳工工资标准问题分析［J］.世界海运,2016(7):7-11.

［4］卢晶亮.资本积累与技能工资差距:来自中国的经验证据［J］.经济学（季刊）,2017（1）:577-598.

［5］袁梦莹,曹艳春.海员工资免税问题研究［R］.上海:上海市法学会,2019.

B5. 新冠肺炎疫情对中国船员发展的影响及应对策略研究

【摘要】2019 年年底爆发的全球性新型冠状病毒疫情对国际船员的个人发展、身心健康、经济待遇、职业认同感等都产生了深刻影响。为更好地服务船员、及时全面地了解疫情对船员的影响及后期对职业的规划,本研究基于对中国船员队伍现状、疫情防控管理的相关规定、疫情对船员产生的影响及中国船员劳务市场的发展趋势等分析,从心理素质、行为规范、管理服务、社会综合等方面为相关机构、院校、航运企业提出了相关对策,从而为提高海船船员队伍管理水平及做好船员换班等相关服务提供了决策建议。

【关键词】新冠肺炎疫情;海船船员;发展对策

引言

随着中国"一带一路"倡议的推行及国际贸易的发展,海运对国际经济发展的作用日益突出,海船船员队伍的需求也日益扩大,但自 2019 年年底开始爆发的全球性新型冠状病毒疫情对海船船员的发展、身心健康、经济待遇、职业认同感等都产生了深刻影响。为更好地服务海船船员、及时全面地了解疫情对海船船员的影响及后期对职业的规划,为相关部门及航运公司提高疫情后海船船员队伍管理水平及船员换班等做好相关服务提供决策建议,特开展了本项目的研究。本项目组自 2020 年 5 月开始,历时 9 个多月通过查阅大量文献,分析了中国海船船员队伍变化的趋势,走访了江苏远洋等相关航运公司并获取了一手资料,了解了相关的海船船员日常状况,特别是疫情对海船船员有哪些影响。现将研究成果总结如下:

1 海船船员队伍变化趋势分析

1.1 海船船员总量分析

据中华人民共和国交通运输部海事局发布的 2019 年《中国船员发展报告》,截至 2019 年底,我国共有注册船员 1659188 人,同比增长 5.3%,其中女性 250706 人。海船船员 784355 人,同比增长 6.3%;内河船舶船员 874833 人,同比增长 4.4%。2019 年,我国活跃海船船员 377016 人,占海船船员总数的 48.1%。其中内河航行船舶船员 874833 人,占比 52.7%;国际航行海船船员 575823 人,占比 34.7%;沿海航行海船船员 208532 人,占比 12.6%。我国各类别注册船员数量示意图如图 1 所示。

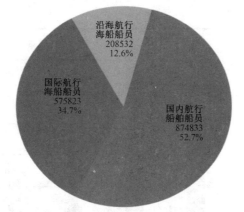

■内河航行船舶船员　■国际航行海船船员　■沿海航行海船船员

图 1　各类别注册船员数量示意图

1.2　持有国际航线海船适任证书船员发展趋势的分析

截至 2019 年年底,我国持有国际航行海船适任证书的船员共 259466 人,如图 2a 所示,同比增长 3.8%,活跃人数 187861 人,同比下降 27.6%。图 2b 为变化趋势分析图。其中管理级船员(含船长、大副、轮机长和大管轮)合计 56096 人,2019 年活跃人数 46179 人,同比下降 17.7%;操作级海船船员(含二副、三副、二管轮及三管轮)合计 57013 人,2019 年活跃人数 42583 人,同比下降 25.3%;支持级海船船员(含水手、机工)合计 146357 人,2019 年活跃人数 99099 人,同比下降 32.3%。

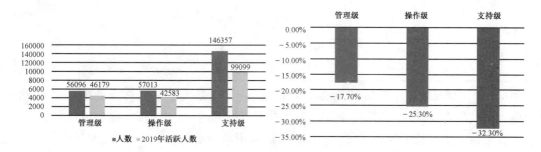

图 2a　中国持有国际航行海船适任证书船员人数及活跃人数分布　　图 2b　变化趋势分析

备注:(1)持有三副以上高级海船船员适任证书并且同时持有值班水手、值班机工证书的,统计时仅统计为三副以上相应等级高级海船船员。

(2)仅统计参加航行值班和轮机值班船员的适任证书。

截至 2019 年,持有适任证书的国际航行海船船员平均年龄为 36 岁,与 2018 年持平。持有国际航行海船适任证书的海船船员年龄分布如图 3 所示。其中船员年龄在 18~20 岁的仅有 599 人,占比 0.2%;20~30 岁的共 74251 人,占比为 28.6%;30~40 岁的共 107031 人,占比为 41.3%;40~50 的岁共 49900 人,占比 19.2%;50~60 岁的共 24705 人,占比为 9.5%;60~65 岁的共 2980 人,占比 1.1%。

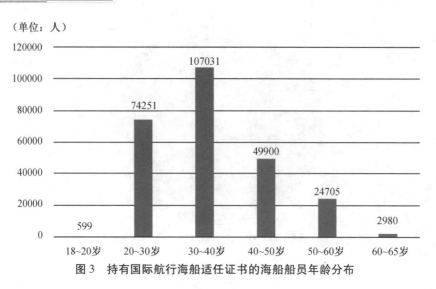

（单位：人）

图3 持有国际航行海船适任证书的海船船员年龄分布

1.3 国际航行海船船员供需状况趋势分析

调研发现中国籍国际航行海船船员活跃人数自2015年以来呈逐年下降趋势,特别是对英语要求较高的中国籍国际海船船员的配备,管理级船员仅为4189人,操作级船员仅为2630人,支持级船员仅为4522人。国际航行的海船船员供需状况分析如表1所示。

表1 国际航行的海船船员供需状况分析 （单位：人）

职务	持有效适任证书人数	2015—2019年活跃人数	2017—2019年活跃人数	2018—2019年活跃人数	2019年活跃人数	2019年外派海员人数	中国籍国际海船最低安全配员
管理级	56096	52682	50636	49118	46179	26776	4189
操作级	57013	55289	49995	46634	42583	23437	2630
支持级	146357	132920	117678	109416	99099	36321	4522

根据CTS数据,通过梳理2020年航运物流市场,马士基大中华区总裁吴冰青表示,由于新冠肺炎疫情的爆发,2020年第一季度和第二季度市场低迷,但中国疫情防控成效显著,自第二季度以来国内全面复工复产,生产迅速恢复,运输市场需求逐渐发生变化,大量中国生产的防疫物资需要被运往世界各国。另外,各国运输禁令、大量空运航班的取消,使得大量货物转向海运,导致船员需求呈上升趋势。

据BIMCO/ICS预测,到2025年,世界或存在15万名海船船员数量的短缺,不论是高级船员还是普通海船船员都将供不应求,海船船员对船舶状况、工资、航线等选择有了更大的余地。总之,目前中国海船船员市场供给量缺口较大,加之疫情影响,更是加重了船员市场供应不足的问题。据南京某航运公司的船员管理负责人介绍,该公司有2名实习生在船工作6个月,且合同期届满,公司刚为其换证,但由于疫情影响,他们对上船工作产生了抵触情绪,坚决要求离船回家。为此公司管理人员及船长、大副等多次做他们的思想工作,劝他们继续留在船工作。但他们的态度坚决,不愿继续留在船上工作。同时该负责人表示这种现象现在越来越普遍,由于海船船员的态度问题也导致了船舶工作隐患的加大,然而产生这些问题的原因可能包括但不局限于,工资水平、社会地位、职业认可度、海船船员入职培训、疫情等。

2 疫情对海船船员影响调查分析

为全面了解疫情对海船船员的影响,系统分析疫情对海船船员工作所造成的负面影响因素,便于相关主管机关和航运公司掌握一手资料,为海船船员的管理效率和服务质量提供参考,本项目组通过中国海船船员之家网站发布了调查问卷,从疫情期间的海船船员的工作状态、疫情对船员的心理影响、换船困难、下船隔离措施及后疫情职业认同等角度进行了调查。

调查对象为江苏远洋运输股份公司、长航南京油运有限公司、南京远腾船务有限公司、南京弘兆船务有限公司、南京德运船务有限公司等相关航运公司海船船员及公司管理人员。调查内容涵盖船员的船龄、婚姻状况、疫情影响、心理因素等。调查形式为实地走访、网络访谈及问卷调查(共收回有效答卷 1798 份)。

本次调查的船员涵盖远洋航线、东南亚航线、沿海航线及内河航线,其中远洋和东南亚航线占比达到 71%,已婚船员占比为 75%;年龄主要是 30~50 岁,船龄分布较均匀,其中管理级和操作级船员分别达到 36.1% 和 35.1%,调研对象覆盖面较具代表性。其中有不少国际航线的海船船员反映,疫情之后,他们也想转到沿海航线或岸上工作,不想跑大远洋航线了,特别是中青年船员。

2.1 疫情对在船工作时间及船员上下船的影响

为了了解疫情发生后海船船员在船工作的时间情况,项目组将海船船员在船工作时间设置为 3 个月以下、3~6 个月、6~9 个月及 9 个月以上四个阶段。随着在船工作时间的变化,船员心理承受能力也发生了相应的变化,其中在船 6~9 个月以上的船员极度敏感、焦虑,承受能力最弱,在船 3~6 个月的次之,图 4 为疫情期间船员心理状态分析;同时发现在船工作 6~9 个月的海船船员的压力最大,船期 3~6 个月的压力感逐渐下降,船期 3 个月以下的压力感最弱。

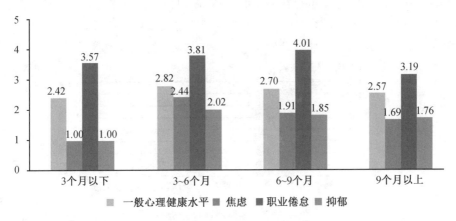

图 4 疫情期间船员心理状态分析

疫情期间由于各国分别采取相应的禁令,导致船员下船换班难,部分船员在船工作时间超过了 9 个月,甚至还有一部分海船船员在船时间超过了 12 个月。调查发现 55% 的海船船员表示会对下次上船产生很大的影响,并且家人由于担心也变得不太支持他们继续上船工作。受访的 1798 名海船船员中有 841 人明确表示家人不再支持他们继续上船工作,而支持的仅为 301 人,其他 656 人表示由船员自己决定。图 5 是家人对船员在船工作支持度的分析。

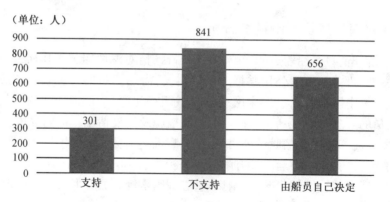

图 5　家人对船员在船工作支持度的分析

项目组针对船员隔离期间所产生的额外费用到底是由船员个人、船舶租赁公司还是船东承担进行了调研,发现高达 90%的人认为应该由船东承担,不到 10%的人认为应该由船舶租赁公司承担,仅有 0.2%的人认为应该由船员个人承担。图 6 是隔离费用承担分析。

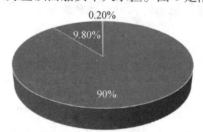

·船东 ·船舶租赁公司 ·船员自己

图 6　隔离费用承担分析

对于隔离开始时间的计算也存在一定的分歧,调研发现高达 82.5%的受调查人员认为从最后出发港出发日期计算比较合理,只有不到 17.5%的人员认为应该以目的港到港日期开始计算比较合理。图 7 是隔离期计算分析。

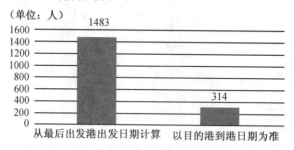

图 7　隔离期计算分析

总之,疫情前由于各种航线的海船船员均能正常下船休假,在船时间一般为 6~8 个月,最多不超过 10~12 个月。船上工作虽然辛劳,但船员也能认可。但疫情发生后,各国政府采取相应的隔离政策,对船员上下船影响很大,特别是各国政府对不同国籍船员的离岸限制、隔离起始时期的计算及隔离费用的承担等隔离政策,致使无限航区的海船船员基本无法下船。即使在后期可以下船,也要进行一定时间的隔离,并且对于不菲的隔离费用及隔离期的计算又存在诸多的争议,船员下船时间一延再延,不能按期休假,常常令船员对船上工作感到疲惫,同时家人的担心也导致船员的心里发生变化,产生厌倦情绪。目前有相当一部分海船船员家属不支持他们继续上船工作。

2.2 疫情对船员的心理状态的影响

由于各国的隔离政策导致船员下船困难,船员心理负面影响很大,主要体现为情绪暴躁和行为怪异等,如情绪低落、抑郁、焦虑、容易发脾气、容易被激惹、心情烦躁、内疚、工作懈怠、与人交流障碍、抱怨、失眠等。如果长期得不到有效的引导和梳理,会引发疾病甚至抑郁自杀等严重后果。

调查中发现1798位受访者中只有160位受访者和212位受访者认为心理状态很好或较好,占比分别不到8.8%和11.7%;高达428位受访者和418位受访者表示心理状态较差或很差,图8a是心理状态分析;并且受访的海船船员或多或少都存在一定的焦躁抑郁状态,图8b是抑郁状态分析;其中轻度抑郁的有860人,中度抑郁的有715人,重度抑郁的有223人,而无抑郁的则为0人。

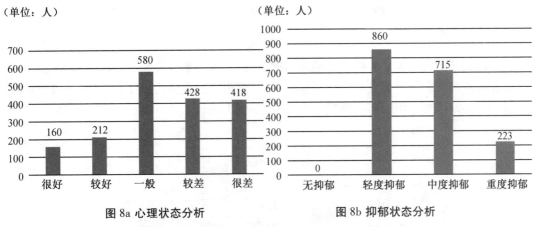

图 8a 心理状态分析　　图 8b 抑郁状态分析

随着年龄的增加和职务的升高,船员心理承受能力和调节能力相对较强,调研中发现15年及以上海龄的船员特别是管理级的海船船员心理状态相对正常、焦虑感和抑郁感最低、职业倦怠感最弱。图9是不同职务、年龄船员的心理分析情况。

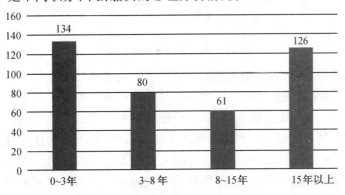

图 9　不同职务、年龄船员的心理分析情况

720位受访者中渴望得到专业人士的心理援助的占比达到40%,其中以30岁以内的年轻

海船船员为主,特别是未婚、新婚不久和家里孩子较小的船员需求尤为突出,他们渴望得到相关的指导和疏导。图10为心理援助分析。受访的管理级船员表示能自我调节,绝大多数表示不需要心理援助。

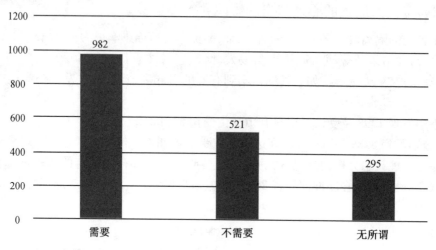

图10 心理援助分析

但随着疫情的发展和海船船员在船时间的延长,相当一部分海船船员特别是35岁以内的支持级和操作级海船船员感觉心情越来越低落,甚至沮丧或绝望,并且随着时间的增长其心理状态影响会逐渐增加。海龄与心理状态的关系,如图11所示。

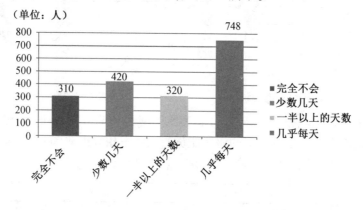

图11 海龄与心理状态的关系

调研发现,疫情发生前,由于船员靠港能正常下船购物或参加相关港口组织的活动,船在停靠自己国内港口时家属或女友均可以到码头与船员相聚。但疫情发生后,各国港口的禁令使船员靠港无法上岸,家属也无法探望,从而导致船员有远离亲人的孤独感、职业本身的倦怠感,同时遭遇恶劣天气导致船舶剧烈摇摆而产生的紧张感、航行途中存在各种风险的焦虑感、面对港口国监督(PSC)等检查遇到缺陷应对的无力感等都使船员的心理波动很大,特别是年轻人更容易焦虑、情绪低落,有的人甚至抑郁,感觉怀疑人生。如,调研中有一名28岁的年轻二副本来定在过年期间结婚,因疫情期间不能下船休假,导致他在船工作已经超过13个月,不能如期结婚,女友及家人意见很大。他自己也情绪低落,精神恍惚,做事总是心不在焉,有一次做船体保养作业时,差点发生事故。调研中还发现已婚的船员特别是有了孩子的船员容易因无法参与孩子的成长和关心他们的学业而引起家庭矛盾。另外,很多船员管理公司或航运公司不能及时发放工资,甚至随意克扣工资,也给船员心理上造成了一定影响。在这次疫情中,某些公司的应对措施和态度也让海船船员感到心寒,其对海船船员逃避责任、不重视且不管不问的行为,也导致了大量海船船员的改行并退出航运业。

2.3 疫情对船员的工作状态的影响

由于疫情,船员靠泊期间不得离船,处于一种完全与世隔绝的状态。船员还会受到港口相关单位的一些歧视,再加上对家人的思念,都会令他们对工作懈怠,甚至厌恶在船上工作。调研发现高达73%的海船船员认为自己的压力较大,其主要原因有无法照顾家庭而产生的愧疚感和对疫情的担心,加之工作氛围单调,工资收入与岸上工作的收入相比没有优势,与社会严重脱节,职业生涯发展受到严重限制等,图12是影响职业的因素分析。

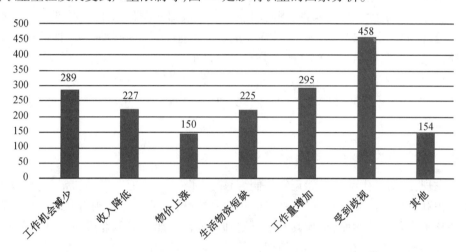

图12 影响职业的因素分析

调研时还发现,只有不到2.7%的受访人员认为疫情不会影响自己的工作态度;绝大多数受访人员表示他们存在对工作或多或少提不起劲或没有兴趣的现象,其中有36.6%的受访人员表示有一半以上时间会无精打采,20.5%的受访人员表示几乎每天都无精打采。船员在船工作状态分析如图13所示。

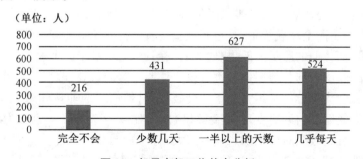

图13 船员在船工作状态分析

另外,疫情期间各国港口禁令,特别是欧美某些国家的管理机构对中国籍船舶上的海船船员的态度及在港口检查时的防范措施,都会令他们担心,并且会影响他们的工作情绪。外界对船员工作的影响分析如图 14 所示。

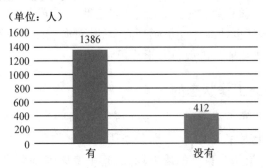

（单位：人）

图 14 外界对船员工作的影响分析

调研中很多海船船员对疫情的相关信息非常敏感,如南京某航运公司一条船在美洲时发现船上 3 名海船船员感染新冠病毒,当时船舶停靠的港口国家所采取的隔离措施对他们的影响很大,导致他们非常悲观。另外,受访海船船员表示他们对下船后的隔离期的计算及费用的承担也存在想法。因为相当一部分航运公司对船员下船后的关心不够,有的公司甚至漠不关心并且不承担任何隔离期的费用,船员只能个人承担所有因隔离所产生的费用,但隔离期间他们没有任何收入,又不能陪伴家人孩子。因此,他们殷切希望公司能给隔离期间船员一定的经济补贴或减免相关的费用。

2.4 后疫情的职业认同的影响

调研发现,疫情发生前船员能正常休假、与家人团聚,靠港能上岸参加相关活动,并且在船工作期间福利待遇还能支持家庭,虽然有时也会受到歧视,但仍然有相当一部分海船船员认为还能坚持从事该职业。然而,突如其来的新冠肺炎疫情让船员的职业风险充分暴露出来,船员普遍反映社会地位较低,整个社会对海船船员的认同感低,并且因为长期离岸导致职业被边缘化;船员认为他们不被重视,在岸上处理检疫、证书到期的更新或再有效等相关业务经常遇到各种困难、四处碰壁,使得他们的人格和尊严也受到了很大的打击,这让原本对航海事业兴趣不浓的新生派海船船员更加不愿意从事该行业。另外,职业的吸引力不强、家属的不理解等现状也让船员更为担忧。特别是发生疫情以来,船员担心在船期间或换班期间感染病毒而不想上船;在船工作很久的船员无法进行换班,船员之间的相处也出现摩擦,工作压力长期累积得不到排解也导致部分海船船员逐步丧失了信心,甚至考虑转行。如,大部分国际航线上的海船船员表示以后不想再跑全球航线了,甚至有人直接表示打算脱离船舶一线工作。另外,由于在船的船员下船难,而休假的船员上船也难,有的人超过 12 个月未能上船,对家庭收入产生了严重影响。综上所述,绝大部分海船船员都有改变就业方向的打算,改变职业分析如图 15 所示。

调研中还发现,大部分船员坦言由于社会歧视等,他们对职业认同感也出现了一些变化。通过对 1798 位海船船员的调研发现,高达 748 位、占比 41.6% 的受访者认为社会歧视对他们的影响很大,认为社会歧视对他们的影响有点大、有点影响及没影响的分别为 461 位、450 位、139 位,占比分别为 25.6%、25% 及 7.7%。社会歧视与船员职业认同度分析如图 16 所示。

由于船舶工作的特殊性,船员在船如出现问题,特别是出现心理问题时,根本不知道怎样可以获得及时的帮助。他们希望能得到社会及公司相关专业人士的及时疏通,获得更多的社会支持,特别是公司及相关亲属的支持、理解与关心。

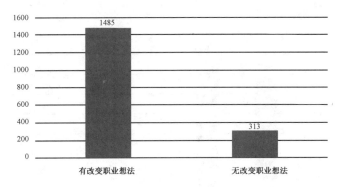

图15　改变职业分析

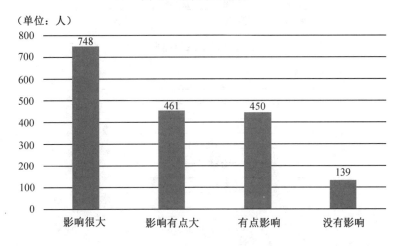

图16　社会歧视与船员职业认同度分析

受各国疫情隔离禁令以及油价大幅下跌影响,某些大国的霸权主义导致国际贸易出现了一些问题,很多航运公司相继出现债务危机。如,新加坡油王林恩强旗下的兴隆集团以及多家姊妹公司遭遇40.5亿美元债务危机,兴隆石油帝国在短时间内轰然倒塌,在全球范围内掀起轩然大波。因此,大宗商品贸易商可能会收紧资金链,势必会影响粮食、石油、矿石、金属等大宗商品的进出口,然而航运业作为世界贸易的重要一环,支撑起了全球各种大宗商品的贸易。航运业在货源、租金谈判、船舶燃油加注等方面都受到了影响,海船船员的心理也受到了一定的影响。图17为疫情、行业波动对海船船员心理影响的分析。

由于目前航运市场的复苏似乎还遥遥无期,除了油运市场这个唯一亮点之外,船东及相关人士对集运业和散运业在未来几年的走势似乎也不看好。中远海运财务总监张马文指出,航运在未来一至两年内将会继续面临着艰难的运营环境。他说:"我希望近期行业的兼并和组建新联盟等一系列变化,能让整个航运重回可持续发展轨道。"但由于消费者的需求不断增长,全球整体贸易需求仍然增长,然而过多的运力又导致目前运价根本没有上涨的空间。同时由于疫情,中国经济增速放缓,进口贸易减少,海船船员对未来的航运市场持不乐观的看法,其中724人,占比为40%的受访者认为只能缓慢恢复,575人没有给出任何看法,198人认为会一蹶不振。图18是对航运业的预期分析。

总之,由于目前航运市场的一些不确定因素,特别是新冠肺炎疫情以来各国的相关禁令及某些大国的霸权主义做法,世界贸易不够顺畅,航运市场困难,海船船员对国际海运市场产生

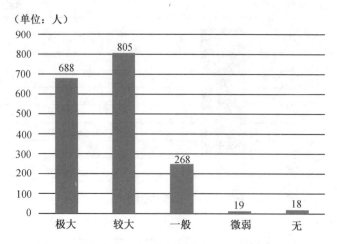

（单位：人）

图17 疫情、行业波动对海船船员心理影响的分析

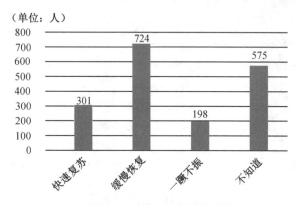

（单位：人）

图18 对航运业的预期分析

了悲观的想法，而对职业认同度也在逐渐降低。

3 船员队伍发展应对策略研究

船员队伍发展是保障海运健康有序发展及建设海洋强国的重要支撑。但随着疫情的变化和防控的常态化，如何消除海船船员对自身职业社会认同感的不满，摆脱后疫情航海职业"留不住人"的困境。相当一部分航海人士认为短期内可以通过提薪及完善相关福利来吸引一部分海船船员，但这也不是长久之计。因此，航海各界，特别是相关主管机构、学校、行业企业，应根据我国海船船员队伍现状，特别是疫情所产生的诸多不利影响，依据相关疫情防控措施，从心理干预、行为规范、船员管理及社会服务等方面采取切实有效的对策，帮助海船船员在心理疏导和风险应对、工作保障体制、航海文化传承、行业组织管理和服务、国际合作及智慧航运等方面应对各种困境，完善政策法规，提高船员的职业认同、社会认同、家庭认同，做好疫情防控及船员换班隔离服务等，并提供相应的政策支持。

3.1 海事院校相关行为对策研究

3.1.1 改变培训杂乱现象，强化风险应对等心理素质的培养

目前我国船员培训机构比较混乱，相当一部分培训机构纯粹是以盈利为目的，培训条件过

于简陋和不足,硬件配备、师资、教材、实训资源等水平相当低下,根本谈不上对海船船员进行系统的专业知识和技能培训,更无法实现针对疫情应急等风险意识的培养。由于各种因素及经济利益的驱使,不少海事院校把航海技术、轮机工程及电气等专业边缘化,规模严重缩减,重心偏离。因此,相关的行业主管机关应采取一定的措施整合相关海船船员培训机构,强化支持优质海事院校建设,并要求该类院校充分进行航海技术等相关海上专业建设,以其他涉及海事的非航海类专业为辅,在专业建设中强化因疫情影响等采取紧急应对措施的课程设置,逐步提高该类院校的社会知名度,提高学员的专业热情。

3.1.2　模块化培训体系,加强应急课程建设和契约意识培养

在海事院校,特别是本科学校培养高级船员的体系,可以参照国际一些知名海事院校的经验,在各等级船员培养中增强相应的风险预防及应急课程建设。例如,英国就实行在相关的二/三副课程中设置相应的应急课程培训,学生毕业后可以拿到相应的文凭和相关的船舶适任证书,这和中国目前的状况基本类似。但针对船长、大副、轮机长和大管轮等高级船员的培训,中国和英国存在很大的差异。中国海事院校及培训机构将学历教育与船员证书考试培训分开,船员在考证书前需要被培训 4 个月,学习结束后参加对应的大证考试,可以获得相应的适任证书;英国船长和大副的相关课程是合并在一起需要全日制学习一年的,船员毕业后既能拿到国家统一颁发的本科或相应的文凭,也能拿到相应的船舶适任证书,并且学费及其他相关费用基本由船东和国家负担。中国的海船船员学历比较复杂,包括各种学历等级,如研究生文凭、本科文凭、大专文凭或中专文凭,而且学员的学习费用完全自己承担。如果能借鉴国外的培训模式,高级船员在拿到船长或大副等适任证书的同时还能获授颁发本科或相应的文凭,他们在个人、家庭和社会的认同感方面会得到增强。

在教材、师资、理论和实践分配方面,海事院校也要进行改革,增加应对风险意识的培养,如疫情应对等,建议将相关课程按照不同航区及职务进行项目化和模块化设计。基于目前中国各等级船员教材理论过于深奥,应优化相关教材内容,做到以"适用为本、够用为度"进行模块化设置,特别要考虑将深奥的理论尤其是相关等级船员日常工作很少涉及的作业模块进行相应的优化,从而改变目前教材理论过于深奥、严重打击学员学习兴趣和积极性的现状。在师资方面,提高教师待遇,放宽政策条件,招聘更多的具有相关实际经验的船长、轮机长及教授;借鉴英国的 BP 船员学院、瓦尔萨什海事中心船员学院、新加坡理工学院等相关师资管理措施,航海技术和机电专业的教职工可以由具有 5 年以上真正有远洋资历的船长、轮机长等船员来担任,而且年龄也可以适度放宽。在理论和实践分配方面,中国相关文件规定它们的比例是1∶1,但由于实训时投入的资金更大、需要有实践经验的教师更多,实训的班级学生体量要小等,实际上无法达到要求。因此,各海事院校要努力研究,尝试做出一些改革。

另外,调研时发现,很多船员管理公司反馈最近几年新上船的中国船员,特别是新上船的年轻海船船员的契约和敬业精神欠缺。国外船东认为中国船员虽然技术不错,但缺乏契约精神,从而慎重雇用中国籍船员。因此,必须加强学员契约精神的培养。

但由于海运行业的特殊性,建议结合中华人民共和国海事局出台的 2020 培训大纲,鼓励各海事院校可以参考新加坡等国的经验,选拔优秀的船长、轮机长进入教学一线,并强化英语教学。

3.2 企业单位行为对策研究

3.2.1 依据疫情发展趋势,规范海船船员及港口相关人员的行为,强化心理疏导

总部位于伦敦的英国海员协会发现,由于新冠肺炎疫情,全球大约有40万海船船员在船上停留时间过长,这导致船员心理发生变化,自杀人数有所上升。该协会针对船员难以获得相关可靠的疫情信息及海船船员自杀等情况对船东进行了强烈的抨击。该协会还指出可能会因为是自杀事件,所以不会为大多数船东提供保赔协会处理的索赔。

中国的航运公司固定船员比例太小,自由船员的比例太大,导致公司在船员日常管理、入职、换船,在船工作效率等方面出现问题,特别是疫情发生后这些问题更加突出。一些航运公司借鉴社会力量已经成立了相应的船员心理咨询服务队伍,并采取了相应的措施来稳定船员队伍,如反流奖、假期生活补贴等。最好的办法还是要探索建立一套系统完整的制度来吸引船员,使他们有归属感,避免更多的船员沦为自由船员,以保证船员队伍的稳定。

相关公司或行业组织要基于疫情的发展,系统分析疫情对船员的心理影响,采取有效措施对船员进行相关服务。

(1)借鉴一些知名航运公司,如马士基、达飞、地中海海运集团等一些国际大公司的经验,有针对性地改善目前船员现状。

(2)大力加强船员工会的作用,切实为一线船员服务,解决船员上船工作的后顾之忧,保障船员的利益,监管船员雇用合同,使船员雇用合同合理、合法地得到执行。如新加坡船员工会(SMOU)就采取了有效的措施监管每一位在本国船上工作的船员,并与船员联名签署劳动合同,当船员利益受到侵害时,积极参与、协调维护船员的利益。

(3)加强酬薪协调机制,力争和国际接轨。目前中国船员的工资严重偏低,船-岸工资差异较小。应改变目前在船有工资、休假零工资或薪资很低的现象,同时完善船员交纳个人所得税制度。另外,应完善船员雇用合同,如新加坡的航运公司采用双合同制,一个是框架性长期合同,一个是单船合同。长期合同可以让船员长期受到合同保护,享受合同的一些福利和待遇。单船合同规定船员在船的工作时间通常应该是4~6个月。

(4)完善船员俱乐部的功能。国外一些较大港口基本都有海船船员俱乐部免费提供交通等相应服务,让船员靠泊时能放松一下因长时间在船上而产生的疲劳心情,为他们提供舒适的场所、便宜的吃住、免费的网络、公平的汇率等。

(5)加强船员心理健康及心理导向建设。由于生活节奏较快,人心浮躁,船员认为自己的职业艰辛、危险、枯燥,不认同船员职业的现状。提高社会对船员职业的认同度,改变船员职业被边缘化的现状,提高相关机构的服务效率。

3.2.2 疫情防控常态化下,船员换班服务及保障措施

虽然国内对疫情防控较好,目前形势平稳向好发展,但国际疫情形势不容乐观,特别是传染力更强的变异病毒的出现,令全球新冠肺炎疫情的形势更加严峻。船员的工作性质决定了他们常年累月需要穿梭于不同国家的港口之间,对他们来讲面对的风险更多。因此,要健全相关防疫措施,加强船员个人及船舶的防疫措施,强化信息报送制度,依据相关规定,如中华人民共和国交通运输部《港口及其一线人员新冠肺炎疫情防控工作指南(第四版)》的通知,规范船员换班程序,做好船员上船前疫苗接种、下船隔离等相关服务及后续保障工作。

3.2.3 完善船员福利及休假制度,有效服务船员家庭

船员常年漂泊在外,默默忍受着必须面对的职业之苦、风浪的颠簸、背井离乡的折磨、生活的枯燥无味,特别是疫情期间各国的隔离禁令,与外界的隔绝、越来越繁重的工作、安全的压力、疫情传染的担忧,令航海人员的心理十分倦怠。而在目前的情况下,船员在休假、培训及对其家庭的服务等方面都面临一些问题,特别是新冠肺炎疫情对船员的休假产生了很大的影响。因此,借鉴国际上很多国家已立法保护海船船员权益的经验,建立心理疏导机制,为船员提供多方面的法律保障和优待的措施,结合中国实际,制定一部系统的船员法或船员权益保护法规来保护船员依法享有的权益,为船员们提供基本的权益保护依据已成为需要解决的首要问题。

这里可以借鉴国外一些航运公司的管理经验。在船员休假时,相关机构或航运公司依据船员自己的意愿及实际能力,安排到公司或相关单位做一些有偿工作,如:海运公司的安全部、人事部、培训部、物料部、燃油部、气象导航部等,还可以到其他如与港口相关的合适的岗位、引航站、交管站等,给船员提供陆地工作的机会;也可以利用休假时间,由公司出资,安排有意愿的船员到国内外接受专业培训,提高业务水平。这样既能改变船员休假无事可做的现状,又能提高船员在社会生活中的存在感,从而有效化解他们的心理问题;同时也要完善船员的医疗保障体系,提供医疗报销等福利。

3.3 政府管理服务行为对策研究

3.3.1 建立服务一线船员中心理念,健全船员管理制度、优化船员服务程序

针对船员心理现状,特别是随着疫情发展所产生的新问题,各海事局、港口及移民主管机构、行业组织及航运公司应该树立以服务船员为中心,建立一套心理健康引导及干预机制,特别是航运公司应根据疫情实际建立船员的心理档案,重点关注一些特殊的船员。做好服务船员聘用期间的监督,有效保障一线船员的权益,通过聘请心理咨询专家,采用各种形式向一线船员传授如何应对突发事件、减少心理压力,正确应对挫折、管控情绪,系统谋划职业生涯。

各主管机构应强化相关处理船员事务部门和人员的服务意识,应善待、支持与理解船员。

3.3.2 贯彻落实相关法规政策,切实提高一线船员社会地位

由于行业性质,船员常年在海上工作,没有网络信号,也没有电视信号,信息闭塞,与社会接触较少,特别是疫情期间由于各国实施的港口禁令,令船舶靠港船员无法上岸,对船员心理造成了一定影响。因此要强化落实既有的船员权益法规政策的执行,切实关心船员的实际生活。

特别是相关主管机构应按《国际海上劳工公约》监督航运公司规范船上的作息时间。调研发现,船舶靠港,特别是停靠国内港口,正常在港装卸为2~3天,船员做好本职工作的同时应当获得足够的休息。有时事实却不是这样,船员不仅要协助码头和装卸公司卸货,做好物料、伙食的补充及航修,还要应对一些检查,因而极度疲惫。建议相关机构合理安排检查的时间,给予船员在港充足的休息时间,以确保航行安全。

对比国际运输工人联合会发布的国际劳工组织最低工资标准(见表2)和2020年12月国内海船船员薪酬情况(见表3),合理制定国内海船船员薪酬标准,确保航运业可持续发展。

表2　国际劳工组织最低工资标准　　　　　　　　　　　　　　　（单位：美元）

职务	基本工资	日工资	假期工资	公众假期休假工资
船长	2160	72.0	179.96	103.82
轮机长	1963	65.4	163.56	94.36
大副	1394	46.5	116.18	67.03
大管轮	1394	46.5	116.18	67.03
二副	1117	37.2	93.05	53.68
二管轮	1117	37.2	93.05	53.68
三副	1076	35.9	89.69	51.73
三管轮	1076	35.9	89.69	51.73
水手长	1117	37.2	93.05	53.68
电机员	1117	37.2	93.05	53.68
大厨	1117	37.2	93.05	53.68
一水	641	21.4	53.42	30.82
机工长	641	21.4	53.42	30.82
机工	477	15.9	39.74	22.93
二水	477	15.9	39.74	22.93
服务员	546	18.2	45.51	26.26

表3　2020年12月国内海船船员薪酬情况

航区 职务	远洋（美元/月）			近洋（美元/月）			沿海丙一 （人民币/月）		沿海丙二 （人民币/月）	
	散杂货船	集装箱船	油化船	散杂货船	集装箱船	油化船	散杂货船	油化船	散杂货船	油化船
船长	8200	8300	11000	6600	6700	9000	37000	38000	33000	34000
大副	6500	6500	8500	5500	5800	8000	27000	28000	27000	27000
二副	3600	3600	3900	3400	3550	3600	24000	24000	24000	24000
三副	3100	3100	3300	2500	2500	2600	23000	23000		
轮机长	7800	7800	10000	6400	6500	8600	30000	30000	30000	30000
大管轮	6400	6400	8500	5400	5600	7800	28000	28000	27000	27000
二管轮	3600	3600	3900	3400	3450	3500	19000	19000	19000	19000
电机员	3600	3600	4000	3300	3450	3500	19000	19000	20000	20000
三管轮	3100	3100	3300	2500	2500	2600	17500	17500		
水手长	2000	2100	2300	1700	1750	1900	10500	11000	10500	11000
机工长	2000	2100	2300	1700	1750	1900	10500	11000	10500	11000
水手	1900	1900	2000	1600	1600	1700	9000	9000	9200	9500
机工	1900	1900	2000	1600	1600	1700	9000	9000	9200	9500
电工	2200	2300	2400	1800	1900	2100	13000	13000	12000	
大厨	1600	1700	1800	1400	1500	1550	8800	8800	9000	
服务员	800	800	900	800	800	900	5000	5000	5500	5500

3.3.3 建议国家税务机构改变船员薪酬所得税计收方式

建议国家税务机构改变船员薪酬所得税计收方式,是因为船员在船薪酬较高,下船薪酬较低甚至零酬,如按实际获得的月份计税明显存在不足,因此根据船员的工作实际综合计算的纳税方式才会更加合理。如船员一般是工作接近一年,休息半年多。如果不巧你在税收年工作了,当年税收要多缴不少。曾有位船长恰巧在税收计算年工作了一年,当年仅个人所得税就缴了 7 万多元,第二年他在家休假则一分钱工资没有。笔者建议船员缴税若按两年一个周期计算,对船员应该更加合理。

3.4 行业组织行为对策研究

由于海船船员行业的特殊性,并且其直接影响国际贸易和全球化发展。因此,应以国家总体发展战略及"一带一路"倡议为主轴,根据疫情对航运业和海船船员职业的影响,以培养不畏艰险锲而不舍的航海精神为基础,提高海船船员职业的自豪感,从而铸就新时代海船船员的使命感,同时结合社会发展,特别是智慧航运的发展,做好航海教育的顶层设计以促进海船船员个人的可持续发展。

3.4.1 加强海洋及航海文化传承,提高船员航海职业使命感

文化是灵魂,一个国家、一个民族、一个行业乃至一个单位都应该有自己的核心文化。习近平总书记指出,一个国家、一个民族的强盛总是以文化兴盛为支撑的,没有文明的继承和发展,没有文化的弘扬和繁荣,就没有中国梦的实现。继承和发扬传统文化,并建立"文化自信",尊重并吸收优秀的外来文化,与时俱进;只有"文化自信",才能"文化兴国、文化兴业"。早在 600 年前,"云帆高张,昼夜星驰",中国伟大的航海家郑和率领庞大船队七下西洋,建立了和平友好互惠的古代海上丝绸之路,并将中国古代航海事业推向一个巅峰。

新冠肺炎疫情的影响使得许多国家口岸禁止中国籍船舶船员及中国船员上岸,许多船员放弃航海事业而改行,使得大量航海人才流失。中国航海界应采取切实有效的措施,以不同时代的航海楷模为榜样,在海员中大力弘扬不畏艰辛寂寞,敢于应对突发疫情、海盗和海难风险的百折不挠、爱国敬业、乐于奉献的航海精神及"和平合作、开放包容、互学互鉴、互利共赢"的丝路精神。

(1)精心梳理航海文化,弘扬航海精神

通过编纂航海系列文化丛书,深度剖析航海文化,大力宣传践行航海精神的时代楷模,服务国家海洋强国战略;通过举办国内学术交流活动,营造航海文化发展氛围;着力培育"蓝色基因"助力海洋强国。组织青少年参加航海夏令营,在全国建立更多航海科普教育基地,形成航海科普格局;全国各海事院校应该致力于"以物化文、以文化人"的校园文化载体建设,坚持"弘扬航海文化,建设文化航海",构建具有时代特征,内涵丰富、航海特色鲜明的校园文化体系。2019 年 7 月 11 日第 15 届中国航海日当日,由惠州海事局主办的中国航海日主题活动暨海事开放日活动中,有 30 多名经征集选拔的志愿者、评论员、中小学生以及媒体记者来到位于大亚湾的惠州海事监管基地码头,了解水上交通安全知识,体验使用救生灭火设备,随后登上"海巡 0938"船,实地了解了船体设备、结构,并随船巡查了荃湾航道、东联航道、马鞭洲航道,现场观摩了惠州港海域整体发展情况。

(2)积极搭建交流平台,着力办好相关"航海论坛"

各相关海事机构及海事院校应构建跨领域、跨部门、多层次、多渠道的学术交流平台,如上

海海事大学主办的中国国际海船船员论坛、LNG 论坛等,江苏海事职业技术学院每两年举办一次的"'一带一路'海事人才论坛"。各类人员能针对航海文化及其相关问题提供建议,并加强自身建设,增强服务意识,做到科技服务出成果,行业服务出标准,系统服务出效率;加快推进各类智库建设,研究并提出海运业高质量发展的新技术、新举措、新路径。

充分利用中国航海日或其他重要的与海洋或航海相关的节日主办各种论坛。目前,北京、上海、舟山、南京等数城举办过航海日主题活动,仅各主会场活动所影响的人口就已高达 7600 万人,并且每次都是根据国家海洋、航海发展等大环境的变化不断调整主题和深化活动的意义。自 2005 年开始,航海日活动的主题分别为"热爱祖国、睦邻友好、科学航海""爱我蓝色国土·发展航海事业""落实科学发展观·构建和谐海洋""中国航海·改革开放 30 年暨国际海事组织·为海运服务的 60 年""庆祝新中国 60 周年·迎接航海新挑战""海洋·海峡·海船船员""兴海护海·舟行天下""感知郑和·拥抱海洋"等。这些活动使社会各界了解航海、尊重航海,从而推动对航海领域工作人员的认同。

3.4.2 发挥主管机构及行业组织的作用,做好后疫情海船船员发展的顶层设计

做好后疫情海船船员发展的顶层设计关乎着中国由海运大国向海运强国的发展。中华人民共和国交通运输部部长在向全社会发布的"致全国海船船员的一封信"中指出,通过行动形成共识,推动全社会对海船船员职业的尊重,使船员对未来充满信心。并且要让各项配套政策能够支撑海运事业,让海船船员体会到社会的尊重,成为真正的"幸福海船船员"。因此,受疫情的影响,各主管机构及行业组织要研究目前航运行业及海船船员发展所面临的各种问题,进一步破除制约、确保船员职业可持续发展。发挥主导作用,做到有效布局并有序促进海船船员队伍发展及管控各种可能存在的风险;合理解决疫情所导致的船员生活、家庭、个人发展等问题;建立统一的、科学合理的培养和评价体系,特别是面对突发情况的应急培训;各海事院校应根据 2020 培训大纲,设置科学合理的课程体系,做到循序渐进,确保船员职业可持续发展;基于国家海洋及海运战略和"一带一路"倡议,有效加强国际海事教育及相关适任证书认可合作;强化服务一线海船船员意识等。

3.4.3 结合"一带一路"倡议和各国疫情政策,加强国际海事教育合作

随着经济的发展,人们的精神需求和物质需求亦在同步发展。目前水陆薪资差异不是太大。调研中发现,有些船员不愿意继续从事海船船员的工作,最根本的原因是薪酬太低。虽然受疫情的影响,今年船员的工资有了较大幅度的上涨,很多船东仍然招不到中国船员。也有一些船东雇用外籍船员,但由于证书认可及相关政策的限制,导致雇用外籍船员也存在一些问题。某些外籍海船船员的薪酬相对较低,海船船员的市场转移也是不可避免的,特别是低级船员市场可以大量雇用外籍船员。中国国家移民局制定的政策规定自 2020 年 9 月 28 日起对持有三类签证的外国人允许入境;但没有船员所持的 C 字签证,外籍船员更换还是无从谈起。虽然针对外籍船员更换暂时仍无消息,但此次放宽外国人入境无疑是一个开放的信号,今后将会一步步地放开更多的限制,外籍船员更换或指日可待。

航海界人士应该依据我国目前船员市场的现状,仔细研判各国颁布的相关法律法规,在条件许可的地区加强国际海事教育合作,推行"一带一路"倡议成员方证书互认制度;各海事院校可以走出去合作办学或招收相关专业的留学生等。

3.4.4 跟踪智慧航运发展趋势,做好船员可持续发展策略

随着人口红利的逐步消失,人员成本日益增加,航运在海洋开发、军民融合及物质运输等

领域占据重要地位。基于本次疫情对航海职业人员的影响,为切实保障船舶运输的正常运行,应充分利用 5G 技术、物联网、大数据、现代信息、人工智能等高新技术与航运实践相融合,促进航运新业态快速发展。虽然目前许多国际及国内研究机构投入了大量的人员、资金及精力对无人驾驶船舶进行了诸多理论研究、技术研发和试验,获得了一定的进展,但距离大规模投入商业使用尚需一段时日,可以从智慧船舶、智慧港口、智慧航保、智慧监管和智慧服务等开始,逐步实现智慧航运。

相关的国家行业机构应从做好顶层设计,引导航运业的健康发展。各学校应根据自身实际状况、结合无人驾驶船舶概念设计指南和船员培训相关公约的要求,按照行业要求和船员适任标准等设计人才培养方案,优化培养目标及调整相关的教学大纲,从学校层面给予航海类专业足够的政策、资金和理念的支持,以促进教师和学生的素质提升。基于海船船员职业本身的特点,寻找相应的对策,使海船船员能内外兼修,全面提高自身素质,努力成为新常态下综合素质航海类专门人才,满足船舶智能化对海船船员素质的要求。

结论

新冠肺炎疫情对国际海船船员市场乃至整个航运业影响深远,同时也给后疫情的国际海运发展提供了更多的机遇。基于现实状况,如何精准把握国际海船船员市场的发展趋势,规避各种不利因素的影响,结合海船船员职业的社会认同度、教育及市场因素,特别是新冠肺炎疫情所产生的身心压力、换班困难等,采取切实有效的措施提升海船船员职业社会认同感、促进国际海船船员队伍健康有序发展等已迫在眉睫。这是一个全方位的系统工程,是实现中国梦,成为航海强国的基础。因此,借助当前国家正倡导"一带一路"倡议及海洋强国建设的东风,呼吁相关机构完善国际海船船员权益法规的制定,从国家层面继续给予政策上的倾斜;依据疫情发展趋势,健全防疫制度,做到常态化防疫,健全心理干预机制、提高船员的薪资待遇及社会地位,加强媒体宣传,吸引更多的有志之士投身于国际航海事业。

(丁自华　陈大伟　刘永泽　谢保峰　张羽翔)

参考文献

[1]严新平,黄明.新技术对船员培训提出的挑战[J].航海教育研究,2009(1):12-15.

[2]王祖温.创新模式,滴水成海[J].科学新闻,2014(6):50-51.

[3]孙培廷,姚文兵.中国海员培训和发证制度改革建议[J].航海教育研究,2017(2):1-11.

[4]孙培廷,姚文兵.中国船员队伍发展现状、问题与对策[R].厦门:中国交通教育研究会航海教育研究分会,2017.

[5]梁民仓,刘虎,艾万政,等.船舶智能化背景下的高素质船员发展对策[J].水运管理,2018(12):26-30.

[6]中华人民共和国海事局.2019 年中国船员发展报告[R].北京:交通运输部,2019.

[7]赵肖峰.未来智慧航运发展图景如何?5G 提供新动能[N].中国水运报,2020-04-13.

B6. 船员心理健康状况调查及对策研究

【摘要】根据船员常见的心理问题，项目组运用压力、抑郁、工作倦怠、幸福感、一般心理问题等信效度较高的测量量表对 480 名船员心理健康状况进行了调查，探讨了船员心理健康问题的影响因素及心理健康水平提升的对策建议。船员心理健康素养缺失，服务需求较为迫切。对此，项目组对政府和企业在船员心理健康教育培训体系方面提出了一些建议。

【关键词】船员心理健康；压力；幸福感；抑郁；职业倦怠

引言

随着我国经济的快速发展，社会的巨大变化对国民心理健康产生了一些影响。同时，国民心理健康状况也深刻影响着经济发展与社会和谐。船员是一个特殊的职业群体，船员的心理健康问题是近几年备受业内关注的问题。船员的心理健康状况不仅直接关系到船舶的航行安全，也关系到企业、社会的和谐与稳定。

2016 年国际海员研究中心（SIRC）报告指出，船员所承受的心理问题在一定程度上有所上升。2019 年英国卡迪夫大学的一项研究表明，船员在海上很少能感到快乐，船员具有较高的焦虑和抑郁的风险，改善船员心理健康十分重要。新冠肺炎疫情爆发，船员群体遭遇了近十年来最严重的职业困境，由此引发的船员心理健康问题愈加突出。关注船员心理健康问题并采取相关措施已迫在眉睫。

1 船员心理健康问题与现状调查

1.1 船员心理健康问题

1946 年第三届国际心理卫生大会指出心理健康需具有四个特征："身体、智力、情绪十分协调；适应环境，人际交往中彼此能谦让；有幸福感；在工作中，能充分发挥自己的能力，过有效率的生活。"这些特征既强调个体内部的适应性，既强调有积极的主观体验，同时也强调适应环境、适应人际交往、适应工作等个体与外部世界之间的适应。西方人本主义心理学流派对心理健康的界定也是既强调个体与外部的适应，也强调人与自己的关系。我国学者对心理健康的标准也进行了大量探讨和研究，倾向于心理健康包含两大方面，即内部适应和外部适应。国内专家经过文献梳理，认为心理健康包含五个测量维度：情绪体验、自我认识、人际交往、认知效能和适应能力。船员心理健康是指船员在从事船员职业过程中表现出的认识、情感、意志等相对稳定的心理倾向或个性特征。心理健康的船员应该具备良好的情绪体验和情绪控制能力,能够正确地认知自我、悦纳自我,具有良好的人际交往能力,与人相处融洽,能够较好地适应船员生活,既有积极的自我体验,同时也能够适应船员的职业环境和适合船员职业。

船员管理者、高校航海研究人员从船员心理不适的表现、成因和对策等方面进行了探讨。大部分的研究结论较为一致,认为船员在心理上存在较大的问题,其主要表现在精神孤独、压力大、抑郁和焦虑等方面。这些研究以船员心理现状的定量调查为主,深入访谈较少,且对问题的解读没有体现出新形势下船员心理发展的新特点;对心理问题成因的解释较为广泛但稍欠深入。

1.2 船员心理健康现状调查

根据船员常见的心理问题,本次调查运用压力、抑郁、工作倦怠、幸福感、一般心理问题等信效度较高的测量量表对船员心理健康状况进行定量分析。在定量研究的基础上,调查还采用了质性研究的方法,深入访谈 30 名船员,了解船员的职业心理感受与看法。在得到船员心理现象的平均情况和研究结果的基础上,通过质性研究关注船员群体,关注他们如何理解和看待自身。具体问题如下:为何选择这份职业,在航行过程中有着怎样的经历,是否遭受了心理创伤,如何看待自身的心理波动与变化,自身的态度又如何建构了现实。此次访谈还考虑了航线、职务、入职时间等因素,以获取相对丰富信息量为目标,从而获得对船员心理发展的深度理解。

本次调查得到了中远海运集团、江苏海院继续教育学院高级船员班等单位的大力支持,大学生心理健康中心负责进行访谈,问卷的调研、设计与发放和撰写报告。此次调查采用访谈与问卷相结合的方式进行。

访谈:本次访谈分别针对不同企业性质、不同航线的船员进行,共计 30 人。根据访谈提纲,进行线上线下相结合的半结构化访谈,访谈时间平均 30~40 分钟,以探求船员心理健康现状、问题存在的原因以及可能的解决途径,从而对船员心理健康状况进行性质分析。访谈转录完成后,由课题组成员对访谈文本进行整理编码。编码过程包括三个步骤:首先确定编码框架,然后再逐段细读原始文本,依据编码框架提取与研究目的相关的文本信息,最好对提取出来的文本信息进行归纳总结,经过筛选精炼之后获得信息条目。

测评:向中远海运集团、江苏海院继续教育学院高级船员班共计 500 名船员推送问卷星调查问卷,进行在线问卷测评,其中有效问卷 480 份,样本具有代表性。图 1 为参加问卷调研人员的基本情况。

测量工具:调查问卷、一般心理健康量表、PHQ9 抑郁量表。

压力与压力源:让参加调查的船员对自己当前的压力状况进行 0~10 分的主观评分,0 表示没有感受到任何压力,5 表示压力感觉中等,10 表示感受到极大压力,濒临崩溃。同时包括压力来源的多选题。

压力反应:根据过去一周的情况,在每个条目中选择适用于自身情况程度的选项。

一般心理健康:选用 GHQ12 问卷,包含"做事能否集中注意力、能够享受日常生活……"等 12 个问题,采用 4 点李克特计分。

抑郁:选用 PHQ9 抑郁量表,包括"做事时提不起劲或没有兴趣……"等 9 个问题,采用 5

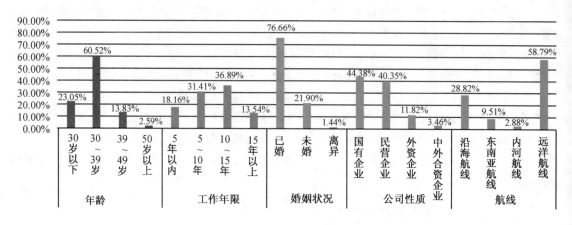

图1 参加问卷调研人员的基本情况

点李克特计分。

工作倦怠:选用 MBI-GS 问卷,有 16 个题目,包括情绪衰竭、成就感等方面的题目,采用 7 点李克特计分。

幸福感:让参加调查的船员对自己当前的幸福感进行 0~10 分的主观评分。

组织氛围:让参加调查的船员对自己当前工作单位的组织氛围进行 0~10 分的主观评分。

数据处理:使用 SPSS21 对数据进行统计分析,主要运用的统计方法有描述性统计和方差分析等。

2 船员心理健康状况分析

通过访谈,船员心理困扰主要表现为情绪类和行为类两大类型。情绪类主要表现为情绪低落、抑郁、焦虑、容易发脾气、容易被激惹、心情烦躁、内疚等方面。行为类主要表现为工作没有积极性、与上级顶撞、抱怨、失眠、嗜睡、食欲不振等方面。引起这些心理困扰的原因主要是船员工作的特点,也有船员认为是新一代船员的性格与人际交往特性。情绪类的困扰如果长期得不到有效的梳理和排解,便会引发行为上的问题以及一些慢性疾病。

通过问卷测评,心理健康水平处于健康状态的船员占比为 6.34%,心理健康水平处于亚健康状态的船员占比为 83%,心理健康水平不佳的占比为 10.66%(见图2)。焦虑是指由于情

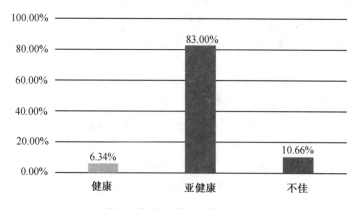

图2 船员总体心理健康水平

绪或心理上产生内在冲突,进而引发非理性的忧虑或恐惧感受。此次调研中,无焦虑倾向的占比为73.2%,有焦虑倾向的占比为26.8%,而全国有焦虑倾向的平均水平为16.4%,船员有焦虑倾向的平均水平高于全国有焦虑倾向的平均水平(见图3)。抑郁是以兴趣降低、心境低落为主要特征的情绪状态,长期处于抑郁倾向状态的人,容易患抑郁症,影响日常工作和生活,极端情况下会导致自杀。此次调研中,中重度及以上抑郁倾向人数比例为12.39%,此量表的全国平均水平为17.4%,稍低于全国平均水平。调研中显示船员轻中度抑郁的比例较高,约占87.61%(见图4)。

职业倦怠是指个体工作压力下产生的身心疲劳和耗竭的状态,职业倦怠越高,工作效率越低,离职意愿越强。此次调研中职业倦怠水平较高的人数占比为30.26%,全国平均水平为25.9%,高于全国平均水平(见图5)。具有很低或较低幸福感船员的比例占23%(见图6)。

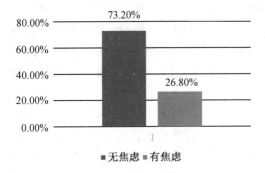

图3 船员焦虑状况

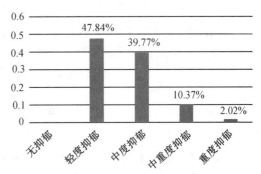

图4 船员抑郁倾向占比

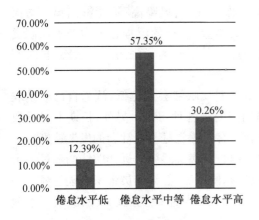

图5 船员工作倦怠水平状况

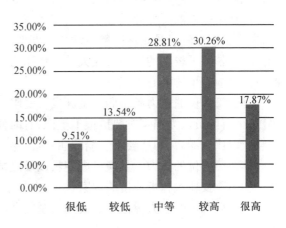

图6 船员幸福感水平状况

2.1 船员的压力水平、压力感与应对方式

调查结果显示,参加调研的船员有52.21%感到压力较大或很大,压力感自我评价达到或超过7分,需要及时疏导;31.62%的船员感受到中等压力,压力感自我评价达到5分(见图7)。在工作压力源方面,72.79%的船员认为压力来源最大的是无法照顾家庭,50.74%的船员认为是工资收入低,紧接着是船上工作负荷大、职业生涯发展受限、换班周期长、担心被感染新冠病毒等(见图8),这与船员工作特点有关。

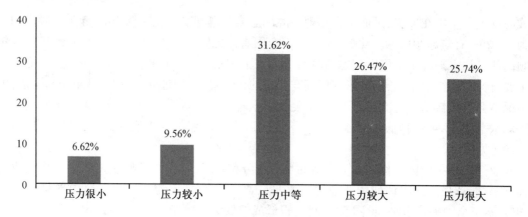

图 7　船员压力水平状况

排在第一位的压力源是船员因职业无法照顾家庭。船员工作特点影响未婚船员恋爱关系的稳定性,已婚船员对无法照顾孩子的成长和学业感到愧疚,有的船员说"船员就是个边缘职业,只要亲人在家好好的,我们的心理也就阳光了"。可以看出,无法照顾家庭是船员航行期间最大的压力来源。

排在第二位的压力源是工资收入低。访谈中所有船员对此均表示认同,有的船员表示已经十多年没有涨过工资,有的船员觉得收入不如农民工,有的船员反映公司为了应付检查,船员实际工资与账面工资水平相差较大。对于受访的远洋航线的船员来说,几乎没有船员表示他们是长期合同雇员。绝大部分的船员签订的是临时合同,这导致他们收入的不稳定性。另外,大部分的远洋船员表示所在企业不提供五险一金等福利待遇。

排在第三位的压力源是船上工作负荷大。船员工作责任大,风险高,不能够出错。访谈中,电机员岗位的船员表示船舶自动化程度增加、频繁的检查、严格的流程管理增加工作职责的同时也带来了较大的压力。较大的工作压力会使得船员处于较为紧张的应激状态,长时间的应激会损害个体的心理健康。

排在第四位的压力源是职业生涯发展受限。船员普遍反映社会地位低,认为自己就是农民工,也有船员认为国家对船员很不重视,有时候回到国内被各种刁难。另外,长期上船导致信息获取比较滞后,和社会不上船的朋友会产生疏离感,有时感觉赶不上社会的发展速度。

排在第五位的压力源是换班周期长以及疫情期间担心被病毒感染。远洋航线的船员表示在一些不重视新冠肺炎疫情的国家,检查人员不佩戴口罩便登船,会给船员带来心理恐慌。

排在后几位的压力源分别是人际关系复杂、知识技术更新与组织变更以及团队氛围不理想等。

可以看出,船员的压力源来自工作压力、生活压力、社会支持与个人发展等四个类别,船员面临较大压力(超过 5 分)的因素主要是社会支持度不够、生活压力较大、工作负荷大、个人发展受限等。

在面对这些压力源时,被调查船员报告产生的压力反应主要有:"自己感觉消耗了很多精力""很难放松自己""自己很容易被激怒"(见图 9)。面对这些压力,超一半的船员表示需要通过自我调节来缓解压力。通过访谈,总结出船员自述的应对策略大概有 5 种(见表 1)。大部分船员表示存在求助障碍,大部分的船员认为当自己有心理问题时,可以自己来解决。有近八成的船员表示当遇到心理问题时,只能靠自己调节,有些问题忍一忍就过去了,也有的船表示会找关系较好的同事交流倾诉以缓解问题。大部分船员认为当出现心理问题时并不了解什么时候应该求助,表示几乎没有专业的心理服务和帮助能够提供,也谈不上对专业心理工作的预期。在出现心理问题时,社会支持,特别是像家人和朋友等亲近社会关系的陪伴、理解、关心和支持是十分重要的,然而等面临相对严重的心理问题时,尽管专业的心理评估、干预和治疗是降低风险的有效途径,而专业的船员心理干预方式十分缺失。超一半的船员认为解决了一些实际问题之后,心理问题就自然能够解决了。

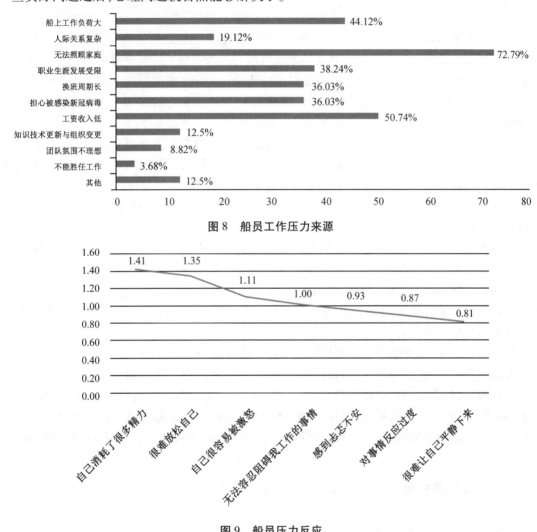

图8　船员工作压力来源

图9　船员压力反应

表1　访谈到的应对资源

序号	应对策略	频次
1	自己听音乐、看电影	28
2	和领导、同事聊天沟通	20
3	睡觉、发呆	18
4	读书学习	8
5	憋在心里,自己忍一忍	24

2.2 船员焦虑与抑郁状况

焦虑是一种不良的心理状态、情绪体验和生理反应,是一种由紧张、不安、担心和恐惧复合而成的情绪。适度的焦虑具有重要的生存意义,但过度、不当的焦虑则会严重干扰个人的社会生活。

测评结果显示 83% 的船员心理健康状况不佳,抑郁倾向检出率为 100%,其中超过 12.39% 的船员存在重度抑郁的倾向,需要重点关注和有效干预。另外,有 23% 的船员存在焦虑情绪,有 36.89% 的船员表示有时会由于焦虑而失眠,15.27% 的船员表示经常会由于焦虑而失眠,15.27% 的船员经常会感觉到自己是个没有用的人,29.68% 的船员感到自己不能克服一些困难,25.65% 的船员表示很少能够享受日常的活动,10.66% 的船员表示经常会感受到不高兴和忧虑,5.19% 的船员认为自己是一个没有价值的人。所采用的抑郁与焦虑量表的全国常模分别为 17.4% 与 16.4%,表明船员的平均抑郁水平和平均焦虑水平高于全国平均水平。

引起焦虑的事件主要有远离亲人的孤独感,职业本身的无价值感以及航行途中危险货物保管发生问题引起的紧张,遭遇恶劣天气、船舶剧烈摇摆而引起的紧张,靠港时担心各项检查出缺陷而引起的紧张等。按照船员提及的次数,将焦虑感来源进行排序,分别是牵挂家人:"想家,孩子出生、家人生病,自己一点忙都帮不上""船舶的活动空间狭小加上思念家乡亲人,心情容易出现低沉失落,工作注意力无法集中导致严重事故,这是很常见的问题""情绪低落,与家人团聚时间少""对家人感到愧疚";社会地位低:"社会地位不高造成我们这个群体被遗忘,烦躁、易怒、注意力不集中""对待船员不平等""焦虑、暴躁""工作任务繁重,检查多,休息得不是很好""性健康""人烦气躁,精神恍惚""遇到困难感觉孤立无助,生病难以及时就医"等。船员焦虑的表现因人而异,不同个性特征的船员表现也不相同,有的表现为自闭倾向,有的表现为容易发怒或莫名发怒,易激惹,破坏性强。

根据访谈结果,引发船员焦虑的原因除了船员的特殊职业环境和职业特性之外,访谈中的船员大都提及收入、社会地位、社会认可度等问题,社会地位和生活境遇对焦虑的产生也具有明显的影响,船员群体的社会地位低,从事船员工作的人大都经济生活条件一般,生活境遇中更容易遭受不公正对待,这样就更易产生焦虑。这些由社会地位和生活境遇等因素导致的焦虑对于船员的影响是偏向消极的;焦虑有可能从个体的心理问题转化为船员群体的社会心理问题。

3 不同船员群体心理健康状况的比较

3.1 企业性质对船员心理状况的影响

考察影响身心健康、压力、幸福感的人口学因素发现,企业性质对心理健康水平、焦虑水平、职业倦怠、抑郁的影响不大(分别见图 10a、图 10b、图 10c)。

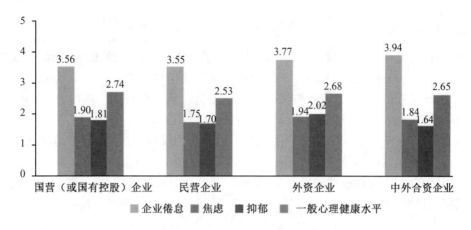

图 10a 不同企业性质船员的心理健康水平差异

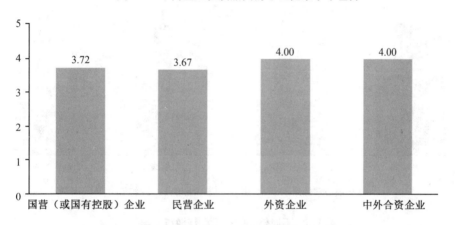

图 10b 不同企业性质船员的压力感差异

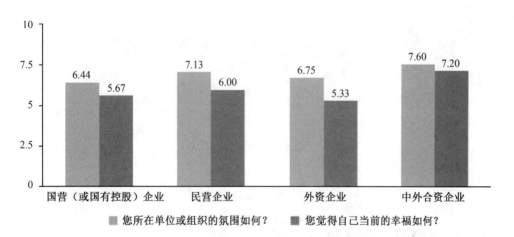

图 10c 不同企业性质船员对单位满意度及幸福感差异

3.2 航线对船员心理状况的影响

在航线方面,远洋航线的船员一般心理健康水平最低,其次是内河航线、沿海航线的船员,东南亚航线的船员心理健康水平较高。最容易产生职业倦怠感的是沿海航线的船员,其次是内河航线、远洋航线的船员,东南亚航线的船员职业倦怠感相对较弱。同时,内河和远洋航线的船员的焦虑感更强。沿海航线的船员抑郁感更强(见图11a)。

在压力感方面,沿海航线的船员感受到的压力和压力反应更大,其次是远洋航线、内河航线的船员,东南亚航线的船员的压力感和压力反应相对较小(见图11b)。

在幸福感方面,东南亚航线的船员幸福感更强,其次是远洋航线、内河航线,沿海航线的船员幸福感相对最弱(见图11c)。

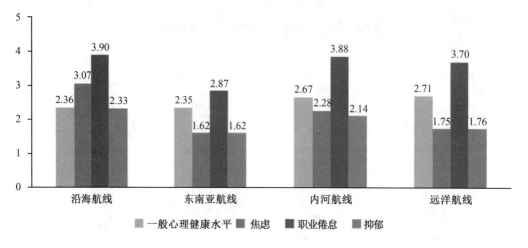

图 11a　不同航线的船员心理健康差异

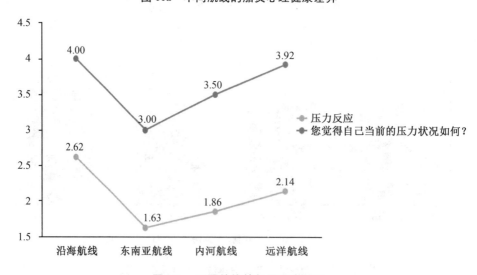

图 11b　不同航线的船员压力差异

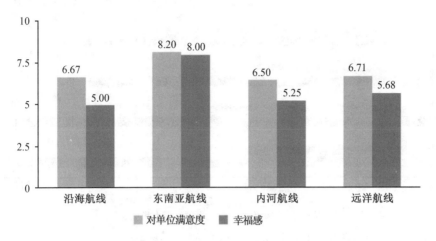

图 11c　不同航线的船员对单位满意度及幸福感差异

3.3　工作年限对船员心理状况的影响

从不同工作年限对船员心理健康水平的影响看,工作 5 年以内的船员一般心理健康水平最弱,存在较强职业倦怠感,焦虑感和抑郁感最强。工作年限在 5~10 年的船员职业倦怠感最强,心理健康水平较低,焦虑感和抑郁感较强。工作 15 年以上的船员一般心理健康水平相对最高,焦虑感和抑郁感最低、职业倦怠感最弱(见图 12a)。能够看出,随着工作年限的增长,船员的一般心理健康水平、焦虑感、抑郁感以及职业倦怠感呈下降趋势,需要重点关注的是工作 5 年以内以及工作 5~10 年的船员心理健康状况。

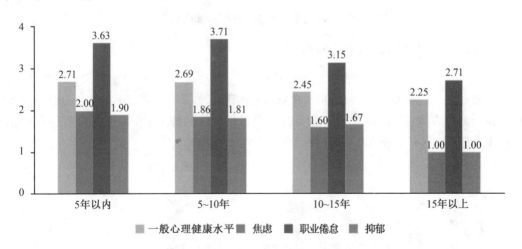

图 12a　不同工作年限的船员心理健康水平差异

在压力感方面,工作 10~15 年的船员感受到的压力相对最强,其次是工作 15 年以上的船员感受到较强的压力,工作 5~10 年的船员压力感相对较弱(见图 12b)。

在幸福感方面,工作 5~10 年、10~15 年的船员幸福感相对较高。工作 5 年以内的船员幸福感最低(见图 12c)。

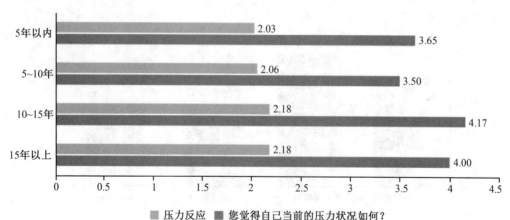

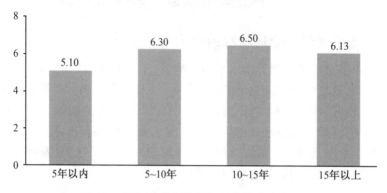

图 12b　不同工作年限的船员压力感差异

图 12c　不同工作年限的船员幸福感差异

3.4　年龄对船员心理状况的影响

40~49 岁年龄段的船员心理健康水平相对较差,其次是 30~39 岁年龄段、30 岁以下,50 岁以上的船员心理健康水平相对最高。50 岁以上的船员幸福感最强,30 岁以下的船员幸福感最低。在压力感方面,除了 30 岁以下船员的压力感相对较低外,30 岁以上的年龄段有着相似水平的压力感(见图 13a,图 13b 和图 13c)。

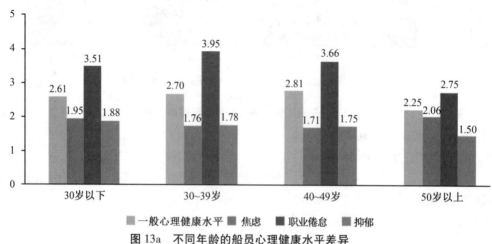

图 13a　不同年龄的船员心理健康水平差异

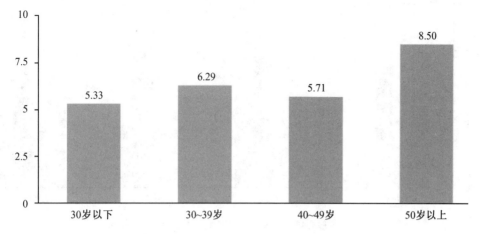

图 13b　不同年龄的船员幸福感差异

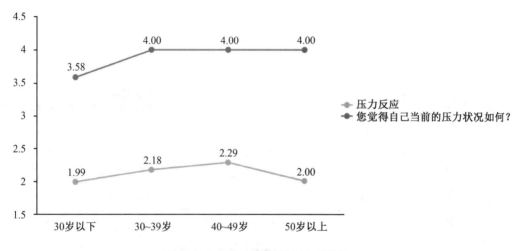

图 13c　不同年龄的船员压力感差异

3.5　不同船期对船员心理状况的影响

随着船期时间的增长,船员一般心理健康水平也在不断减弱,其中船期在 3~6 个月、6~9 个月的时间里心理健康水平呈现最弱,9 个月以上的船期船员心理健康水平相对较高(见图 14a)。调查显示,船期 3~6 个月时船员的压力感最强,之后压力感逐渐下降,船期 3 个月以下时压力感最弱(见图 14b)。船期 6~9 个月的幸福指数最高,其次是 9 个月以上的幸福指数,3 个月以下船员的幸福指数最低(见图 14c)。

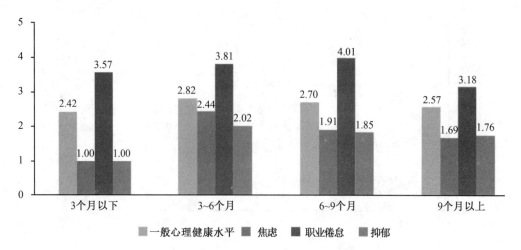

图 14a　不同船期的船员心理健康水平的差异

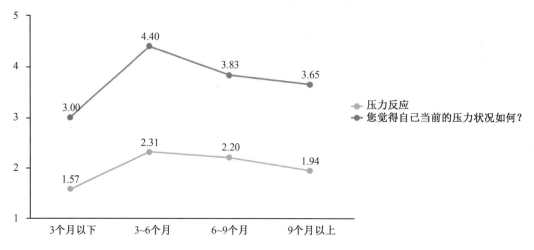

图 14b　不同船期的船员压力感差异

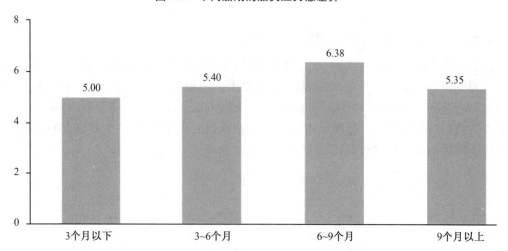

图 14c　不同船期的船员幸福感差异

3.6 不同职务对船员心理状况的影响

船长、轮机长以及电子电气员显示了较高水平的压力感。轮机部及甲板部普通船员的压力感最低(见图 15c)。相对于其他职务,大管轮、二管轮幸福感指数相对较高(见图 15b),轮机长的幸福指数最低。船长、轮机长、大管轮、二管轮的焦虑值较高,职业倦怠感也较强,轮机长的抑郁值也较高(见图 15a)。

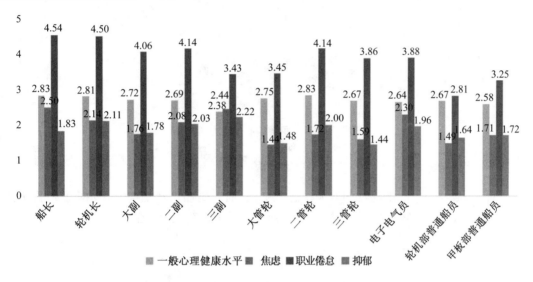

图 15a 不同职务的船员心理健康水平差异

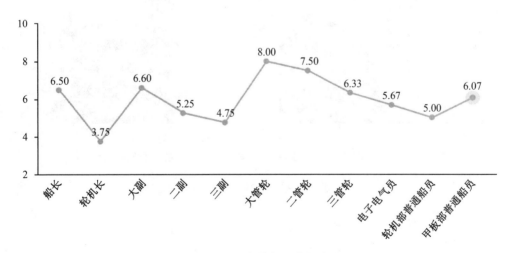

图 15b 不同职务的船员幸福感差异

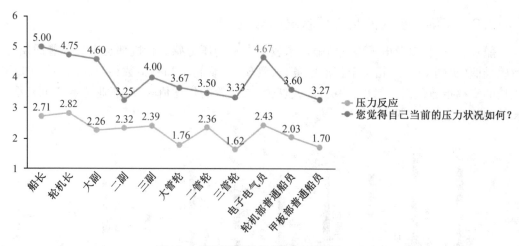

图 15c　不同职务的船员压力感差异

3.7　婚姻状况对船员心理状况的影响

相对于未婚船员,已婚船员的职业倦怠感更强,而未婚船员在焦虑水平、抑郁水平方面均高于已婚船员(见图 16a)。已婚船员的压力感要高于未婚船员(见图 16b)。

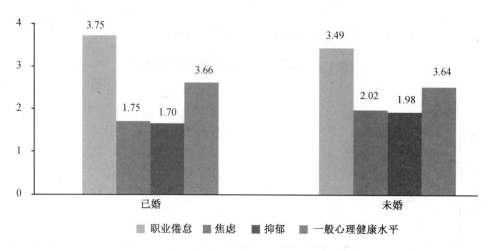

图 16a　不同婚姻状况的船员心理健康水平差异

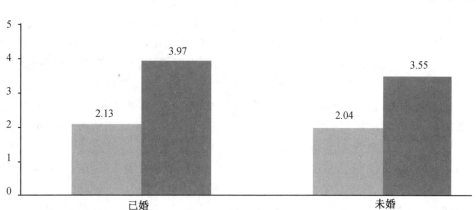

图 16b　不同婚姻状况的船员压力感差异

4　船员心理健康状况与影响分析

4.1　船员总体心理健康水平不高

4.1.1　总体呈现出压力高、易抑郁、高倦怠、低幸福的状况

通过调查研究发现,船员与其他行业员工在职业心理发展方面具有一定的共通性,但仍具有较为鲜明的特点,呈现出压力大、易抑郁、高倦怠、低幸福的状况。与其他行业的员工相比,船员群体的心理健康水平和幸福感相对更低,压力感、职业倦怠感更强,且寻求心理援助的渠道更窄。船员属于压力风险最高的职业群体。虽然压力和焦虑会影响很多人,但由于工作性质的不同,它们对船员的影响可能会更严重。超过半数(83%)的船员心理健康状况不佳,可能引发心理问题;抑郁倾向检出率为100%,其中超过12.39%的船员存在重度抑郁的倾向,需要重点关注和有效干预;有23%的船员存在焦虑情绪,需要公司高度重视。在压力感方面,有83.83%的船员报告压力较大,其中更有25.74%的船员感受到很大压力,需要及时疏导。此外,有30.26%的船员表示有很高程度的职业倦怠。

4.1.2　特殊船员群体需要重点关注

在各影响因素中,船员年龄以及婚姻状况对总体心理健康水平有影响,50岁以上的船员心理健康水平相对最高。30岁以下船员的压力感相对最低,但幸福感也最低(这可能与00后船员的身心特点有关)。30~39岁的船员压力感最高。40~49岁的船员一般心理健康水平最低,这两个年龄段是事业发展的关键时期,也是个人婚恋或家庭生活的关键期,属于压力最大,身心健康状况最差和幸福感水平最低的人群,需要重点关注此年龄段的船员。已婚船员的压力感高于未婚船员,心理健康水平相对低于未婚船员,但已婚船员幸福感均高于未婚船员,说明良好的社会支持能够提高船员的心理健康水平。从工作年限看,工作5年以内的船员一般心理健康水平最弱,工作15年以上的船员心理健康水平最高,需重点关注5年以内工作年限的船员的心理健康发展。工作10~15年的船员感受到的压力相对最强,处于这一阶段的船员面临家庭、事业发展带来的精神和经济方面的双重压力,应通过相关途径保障和完善船员的权益。

从外部因素看,航线、船期、职务、组织氛围对船员的压力、心理健康和幸福感都有影响。总的来说,沿海航线的船员面临的压力最高,心理健康水平相对较低,需给予沿海航线的船员更多的支持和关怀。船员在船时间为3~6个月时压力感最大,心理健康水平最低,需给予此时间段内的船员更多的关注。职务方面,电子电气员的压力感较其他职务最高,此外,大管轮、二管轮等机舱管理人员的心理健康水平也需要更多的关注。组织氛围对压力、身心健康和幸福感都有影响,组织氛围越好,船的压力越低,心理健康水平和幸福感水平越高。

4.1.3 船员心理健康素养缺失,服务需求较为迫切

访谈中,几乎所有的船员都觉得需要进行心理健康方面的服务与指导,内容涵盖职业指导、婚姻与家庭关系、人际交往等多个方面。但远洋船员大多认为航行期间无法获得心理健康服务与指导,一方面是网络等实际因素的影响;另一方面是航运公司对提供心理健康服务的意识不强。尽管大多数船员认为自身心理健康水平需要提高,但当被问及"是否需要心理援助"时,大部分船员选择了不需要心理援助,也有一些船员认为需要心理援助。船员们认为自身缺少对心理问题的识别方面的相关知识,航行中即使出现了长期情绪低落等心理问题,也会因为缺少相关心理知识而被忽视。船员对何为心理援助以及如何获得心理援助的相关资源,了解得也较少。

4.1.4 新冠肺炎疫情对船员心理造成明显影响

新冠肺炎疫情对公众而言是一种高强度的紧张性生活事件,是引发个体生理、心理紊乱的重要应激源。调研结果显示,疫情期间上船的船员,其家庭的社会支持度下降,船员职业选择意向受到较大影响,船员的心理健康状况下降,焦虑、抑郁压力水平较高,情绪状态受到影响。

调研中发现,53.1%的船员表示疫情期间家人不支持其上船工作。82.4%的船员表示受疫情影响,有改变就业方向的打算。32.6%的船员表示自我评估心理状态较差或很差。31.1%的船员出现睡眠障碍,47.1%的船员表示睡眠质量下降。疫情在船期间,超25%的船员一周之内超过一半的时间有做事没有兴趣、乏力、心情低落、沮丧、自我否定、焦虑和紧张感。有船员报告其忍受了巨大的精神痛苦。疫情下船员报告的典型情绪反应有恐惧、愤怒、抑郁、孤独、焦虑等,过度的负面情绪导致他们出现了失眠、食欲不佳、乏力、肠胃功能紊乱等生理问题,同时也导致了一些船员出现行为上的问题。

疫情对船员心理健康状况造成影响的因素主要有以下几个方面,其中超过82%的船员表示疫情导致的无法休假让人难以忍受,另外,受疫情影响,船员合同被延长数月、船员管理公司关怀缺位、船舶停靠的港口疫情感染风险未知等因素增添了船员的焦虑感。个别船员表示在船情绪极差,压力得不到释放,精神压力、焦虑和抑郁情绪会对工作时的耐力和注意力产生负面影响,对船舶安全产生重大影响。

4.2 船员心理健康状况影响因素多样

针对船员心理健康存在的诸多问题,众多学者对引发船员心理健康问题的原因及影响因素做了研究和总结。通过文献分析,以及调研过程中访谈得到的资料,归纳总结船员心理健康问题产生的原因主要表现在以下几个方面:

4.2.1 船员职业的特殊性

航行中潜在的风险性。船舶在海上航行面临的各种海上风险,如:恶劣天气、操作失误导致的船舶事故。经历过海上事故的船员,其心理必然会受到一定程度的震撼和打击,负面情绪

体验会持续一段时间,表现为自责、内疚、沮丧、怨恨、恐惧、情绪低落等,这些也可能会引起应激相关的障碍,疏导不及时甚至会出现严重的心理障碍。

船员高薪工资优越感丧失。有的船公司拖欠船员工资,船员,特别是家庭有经济负担的船员,容易产生压力、怨气而心态失衡,进而影响日常工作。

船员特殊的工作及交往环境。船员生活远离社会和家庭,无法及时参与家庭活动或解决家庭矛盾,容易产生焦虑、忧虑、自责等负面情绪。此外,有的远洋船舶上等级制度森严,负面情绪由上而下传导,低级别船员心理压力变大,情绪难以宣泄,容易产生怀疑、敏感、妒忌、偏执和敌对等消极情绪。

船上环境相对封闭,船员释放压力的渠道较狭窄。有的船舶航行时间过长,特别是在远洋船舶上工作的船员,经常会处于因超长时间工作而得不到休息的过度疲劳的状态,尤其是受2020年新冠肺炎疫情的影响,一些私营企业的船员出现了身心疲惫、精神不振、情绪低落等现象。而船员身体上的不适和心理上的障碍大都得不到及时地治疗和疏导。

4.2.2 社会关注度不够

"一带一路"倡议提出以来,船员在海上贸易中的重要作用日益明显。但在访谈中,几乎所有的船员都认为船员地位低下是不可争辩的事实,超过一半的访谈对象用"农民工"来形容船员的处境,频繁出现"悲惨、没地位、没人管"等词语。2016年11月12日,《2006年海事劳工公约》(以下简称《公约》)正式对我国生效,《公约》的批准,体现了我国履行国际公约保护船员权益的积极态度。《公约》规定了船员在船工作的健康保护、医护、福利和社会保障条款。早在2009年年底,我国成立了由中华人民共和国交通运输部、中国海员建设工会、中国船东协会三方组成的全国海上劳动关系三方协调机制(以下简称"三方协调机制")。三方协调机制的建立,进一步加强了政府海上交通主管部门、海员工会组织和航运企业组织三方就涉及船员劳动关系、船员管理等重大问题的经常性沟通与协调,有利于构建和谐的海上劳动关系、保护海上劳动关系各方面合法权益、促进航运经济健康发展。尽管如此,在访谈中,仍有大部分船员表示并没有感受到相关组织的作为,船员权益被伤害的事件仍时有发生。

4.2.3 企业人文关怀缺失

访谈中,当问及企业人文关怀部分时,大部分船员都表达了"能像对待正常人一样对待船员就好""船员就是廉价劳动力""在保证安全的情况下,少一些责怪,多一些安抚"等类似诉求。尽管近年来船员心理问题逐渐受到船东和所在企业的重视,但部分经营规模不大、管理不善的船公司却疏于对船员的管理,更不会关心和跟踪所属船员的心理状况。通过中介公司介绍上船工作的船员,其心理健康的维护更缺乏社会的关注。一些社会船员缺乏归属感,除家庭外的社会支持系统薄弱。一些船员管理公司、船舶公司或者培训机构没有定期跟踪了解船员的心理健康状况,对已经出现的问题也没有进行实际干预。

4.2.4 职前培训体系中心理健康教育不足

目前的航海院校都开设了船员心理健康教育的必修课和选修课,对船员心理素质培养、心理健康维护和船员管理心理等方面的内容进行了知识的普及以及心理调适技能的训练。但目前的船员心理健康教育的培训存在着师资专业化水平低,课程内容体系不合理、不科学,培训时长不足,教学方法重理论讲授无法解决实际问题等弊端,职前的心理健康培训并没有起到应有的效果。

4.2.5 船员个体特征差异和自我认知偏差

人格特质不良。心理学的研究表明,人格特点和心理健康水平密切相关,一些心理问题、心理障碍以及心理疾病都与人格缺陷有着特殊的联系。不良人格如情绪性高、冲动、偏激、强迫等会影响心理健康。船员群体的人格特性基本成熟,可能存在的不良个性无法在短期内改变。在调查中,企业的船员管理人员均报告了招收的船员中存在不良人格特性的情况,其中包括了强迫、偏执及焦虑居多,表现为多疑、情绪不稳定,很难与他人相处以及常常紧张不安,患得患失以及封闭自己,交流不够等。

除了人格特质差异外,船员对自我认知的偏差也会导致心理问题的发生。任何个体的健康发展都建立在良好的自我认知基础上,如果对自己没有一个相对正确和客观的自我认知,容易产生心理冲突,带来理想与现实的巨大落差,导致心理失衡,若没有良好的自我心理调节能力,便容易产生心理问题。船员群体因特殊的职业环境,时常会陷入矛盾和痛苦中,既想摆脱或改善自身所处的环境,又无法找到合适的出路;既想积极上进,又顾虑重重,怕承受不起挫折;既觉得自己开朗、乐观又时常陷入消沉、悲观之中等,各种内心的矛盾冲突时常让他们烦躁不安、苦闷消沉,各种心理问题或者心理障碍相继产生。

5 船员心理健康水平提升的对策建议

5.1 政府层面:加大社会对船员的宣传力度

通过纪实采访、海上日记、船员故事、表彰先进等形式,向社会展现当代船员的风采,同时让社会能了解到船员的工作性质、工作环境和工作风险等,让社会公众更加全面地了解船员,体会船员独特的职业特点,认可船员工作的价值和重要意义,激发船员的职业归属感和荣誉感,为船员心理发展提供良好的社会支持系统。

另外,海员工会作为船员合法权益的代表者和维护者,要发挥三方协调机制的作用,将船员心理健康维护工作纳入协商内容。一方面海员工会建立地方心理咨询团队,另一方面是三方建立船员协同管理信息平台,通过在船舶上配置远程心理疏导系统与船员保持联系,缩短海上船员与岸基的距离,船员可通过远程心理疏导系统与岸基心理咨询中心取得联系,由岸基心理咨询团队帮助解决其心理问题。

5.2 企业层面:加强船员心理危机干预系统建设

建立船员的选拔与心理健康培训体系。如何培养一名合格的船员,如何选拔一名优秀的船员以及如何使用一名船员是十分重要的。第一,在招募船员时要关注船员心理素质。在船员招募工作中,除了重视其专业素质和沟通能力外,还应关注船员的性格类型、情绪类型和心理抗压能力等。招聘心理素质好、具备较好的解决自身心理问题的能力的船员,从一定程度上避免因心理问题造成的海上事故。只有严格船员的选拔标准,才能从源头上控制好船员的心理健康水平。

企业应建立整套的心理培训体系,而不是一次两次的心理健康讲座,通过聘请心理咨询师采用多种形式(集中培训、内部报刊、网络咨询、指导守则、心理咨询等)向船员讲授心理减压与放松技巧、挫折应对、情绪管理、人际关系、婚姻恋爱、生涯规划等心理课程以及一些简单的、经过实践检验的、可以用来提高心理弹性的技巧和惯例。对船员进行相关的常识性教育培训,使其能够基本识别心理问题,掌握基本的心理支持方法,帮助其应对某些应激事件和环境。

增强船员社会支持。通过采取群体指导等可行性措施,教会船员及船员家属如何更好地应对家人分离问题,改善船员及家属的心理发展条件。另外,还应改善船舶的通信设备,方便船员与家人沟通交流,缓解船员的疲劳,增进家人对船员工作的理解和支持。

跟踪船员心理状况,建立重点关注船员心理档案。企业内部应对船员的学历、婚姻状况、家庭成员情况、出海次数及船龄等进行掌握。重点关注出海海龄在 5 年以内以及超过 10 年的船员,以及婚姻状况出现问题的船员,帮助船员解决实际生活和工作中面临的各种利益问题。

营造良好的组织氛围:航运企业相关部门在平时的管理中应多注重与船员的交流,了解他们的烦恼、想法和需求,掌握他们的性格特点,建立健全船员心理档案;保障船员换班等合法权益,帮扶困难船员家庭。船舶在航期间,应营造良好的工作氛围,加强沟通和交流,鼓励船员表达其真实的感受和诉求,进行情绪和心理上的疏导;合理安排船员工作时间,充分考虑船员工作量;利用船上有限的设备开展积极向上的文体活动;改善船员伙食,减小船员的心理压力。

5.3 完善船员心理健康教育与培训体系

航海院校开设船员心理健康教育的必修课和选修课,对船员心理素质培养、心理健康维护和船员管理心理等方面的内容进行知识的普及以及心理调适技能的训练。入职后,建立并完善船员心理健康教育培训课程,从企业的工作现状和船的现实问题出发,通过船员心理健康教育培训,帮助船员了解自身和群体心理的发展特点,丰富心理学知识,学会正确处理各种人际关系,学会合作与竞争,掌握心理调适的方法,提高应对挫折的能力,提高船员的心理健康水平。明确船员心理健康教育的教学任务和教学目标,优化内容设计,通过观察法、情景问卷法、情景判断法、讨论法等提升培训实效。

另外,国际海员研究中心(SIRC)在 2016 年货船船员近年来的健康/福利调查报告中指出世界上许多船员的生活和工作条件仍然存在严峻挑战,想要真正切实解决船员自身心理健康问题,航运业还需要做更多的工作来改善海上生活的关键要素。如船舱卧室大小、船舱内的温度,船舶噪声的干扰以及在船舱内是否可以使用自然光。报告指出,每 10 名船员中就有 1 名船员无法在船舱内使用自然光,特别是轮机部的船员,大部分工作时间都是处在不见自然光的空间里,因此加强船舶的硬件设施建设对船员的心理健康有着良好的促进作用。《海员心理健康与福祉》报告指出,接入互联网、提供更好的工作条件、与同事间更好的关系以及更好的住宿和娱乐条件有助于改善船员的心理状态。另外,在船上开展娱乐活动对于缓解船员焦虑压抑的情绪是十分重要的,因此,船员公司应做到改善船员的伙食,开展丰富的船上娱乐活动,为船提供便利的通信条件,使其能够通过打电话、视频通话等方式与家人建立良好的联系,帮助其及时缓解因长期远离家人而造成的心灵创伤。

2020 年我国将基本实现由船员大国向船员强国的转变,而当前船员的心理健康问题日益凸显,尤其受疫情的影响,因船员的心理健康问题引发的安全事故时有发生。本研究通过调查访谈、问卷测评等方式研究了当前船员心理健康的基本状况。船员作为推进航海强国的重要战略资源,健康良好的心理素质能够更好保证船员更好地发挥过硬的专业技能和操作本领,维护船员队伍的稳定,确保航运事业的繁荣发展。本研究虽然对近 500 名船员进行了调查和分析,得出了一些研究结论,但仍存在一定的不足。如研究对象的代表性不足;在样本的抽样方法上,还没有实现完全的随机抽样,另外样本量上还没有实现大范围内进行科学的随机抽样方法等。

结论

本研究通过数据分析,得出了船员总体心理健康水平以及不同变量之间的人口统计学差异,对于相关因素的具体作用机制还缺乏进一步深入的挖掘。理论的探讨应该服务于实践的需要,本研究提出的船员心理健康水平提升对策的实践性及创新性还不足,在未来的研究中将做进一步补充。

（周静　刘桂香）

参考文献

[1]邬远和,张蓓.船员职业心理适应能力的培养[J].航海教育研究,2005(2):96-99.

[2]李杨.航运船员的心理健康调查[J].中国健康心理学杂志,2007(8):727-728.

[3]李静.影响海员心理健康的因素及心理援助对策[J].航海教育研究,2010(2):105-108.

[4]谢鸣.上海港出入境国际海员心理健康状况调查及其影响因素分析[D].上海:复旦大学,2012.

[5]李建民,李明宇,叶中兵,等.船员心理健康情况调查及对船员管理的建议[J].航海技术,2014(6):55-58.

[6]傅小兰,张侃.中国国民心理健康发展报告(2017—2018)[M].北京:社会科学文献出版社,2019.

[7]毛旭东,徐秋艳.新冠肺炎疫情下船员心理危机成因分析与干预措施[J].航海,2020(3):48-51.

[8]王佳丽,施利承,戴家隽.远洋船员心理危机干预体系的构建[J].人类工效学.2020(6)80-82.

B7. 疫情下船员心理焦虑的影响因素及缓解对策

【摘要】疫情下海船船员的心理健康值得我们高度关注。笔者经过调查研究后发现，疫情下海船船员比平时要面临更多的焦虑源。这其中包括船舶的医护情况，疫情下的工作状态，海船船员的人际关系和换班政策，疫情下航海生活中的应激源，海船船员的收入分配和权益问题以及其他方面的焦虑。针对种种焦虑源，本文从疫情防控政策的制定与实施、船舶管理、海船船员沟通、换班政策等多个方面分析，结合宏观形势，提出了当前背景下缓解船员焦虑的对策。

【关键词】新冠肺炎疫情；心理焦虑；工作压力；人际关系；职业预期

引言

中国政府一直非常重视海运业的健康发展，习近平总书记深刻指出，"经济强国必定是海洋强国、航运强国。经济要发展，国家要强大，交通特别是海运首先要强起来。"航运强国是要通过奋斗来实现的，其中肯吃苦、能吃苦、坚韧坚毅的中国海船船员在海运强国建设中发挥的作用不可估量。

自改革开放以来，尤其是 21 世纪的前 20 年，中国海船船员这份职业不再具有较强的吸引力。海船船员队伍整体素质下滑，高素质船员不断流失的现象非常严重。如果我们再不重视，新冠肺炎疫情对海船船员队伍的可持续成长也会产生较大的影响。

海船船员的工作环境比较特殊，船上空间相对狭窄并且封闭，业余生活单调无聊，船上噪声和职业的高风险性等都容易引起海船船员的情绪不够稳定、注意力不能集中，并且产生焦虑和心理失衡。新冠肺炎疫情期间，船舶的自由停靠受阻，海船船员也不得不超期服务，所有这一切进一步加剧了海船船员的不良情绪。近期报道过多起海船船员自杀事件，使得海船船员在船心理健康状态受到全社会的广泛关注，也使疫情期间海船船员心理健康更加脆弱。海船船员的心理健康状态不仅关系到航海安全，更会影响社会的和谐和稳定。不少国家都认识到新冠肺炎疫情流行期间海船船员在供应链中扮演的角色至关重要，认为海船船员为"key workers"（关键工人），都想借此时机提升社会大众对海船船员队伍的关注。李克强总理在 2020 年政府工作报告中也提出，"留着青山"，才有可能"赢得未来"。因此，非常有必要开展疫情期间海船船员焦虑问题的调查研究，明确影响海船船员心理的主要焦虑源，采取针对性的措施，以保障海船船员的身心健康和航运的稳定发展。

1 疫情下海船船员心理焦虑现状及影响因素分析

为了更加深入地了解疫情下海船船员的现状和焦虑源,笔者及研究团队通过调查研究的方法来进行统计分析。

本次调查采用网络问卷调查的方式,选取了不同职务的1200多名海船船员作为调查样本,收回有效调查问卷1140份。所选样本基本覆盖航运业不同层次的海船船员,具有一定的代表性。

从该调查结果可以了解到,海船船员心理健康的影响因素主要包括疫情下的船上医护情况、工作状态、人际关系、换班政策、航海生活、收入分配和权益问题等。

1.1 疫情下的医护情况和工作状态

1.1.1 医护情况

2020年9月16日,亚太经合组织海船船员卓越网(APEC SEN)秘书处通过视频会议的形式召开了新冠肺炎疫情专题会议,来自墨西哥、智利、中国、秘鲁、日本、文莱、新西兰、中国台北、菲律宾、澳大利亚、越南、泰国、韩国13个成员经济体的55名代表参加了此次视频会议。

会上,各方代表都分享了应对新冠肺炎疫情采取的措施、取得的成绩以及存在的困难。中方本着推进"人类命运共同体"的理念,尊重海船船员的贡献,介绍了我国国内的现行做法,包括海船船员权益保护与疫情防控操作指南、伤病海船船员紧急救助、海船船员换班和海船船员证书展期等几个方面的情况,分享了应对新冠肺炎疫情的中国经验和中国方案,表达了中国与亚太经合组织各经济体携手共同对抗疫情对国际航运带来挑战的意愿,得到了与会经济体的关注、肯定和推崇。

尽管中国在疫情防控方面取得了巨大的成就,但在疫情开始之际,由于疫情发生过于突然,很多远洋船舶的医疗防护设备是不足的。

在向广大海船船员推送的量表中,有一项调查是关于船舶医疗人员和隔离防护设备的配备情况,如图1所示。

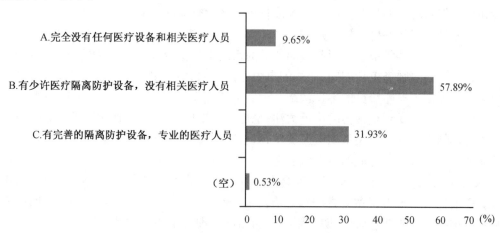

图1 船舶医疗人员和隔离防护设备的配备情况

57.89%的量表调查对象认为他们所在的船上仅有少许医疗隔离防护设备,没有相关医疗人员;仅有46.84%的量表调查对象表示在船期间曾定期参加过新冠肺炎疫情预防与隔离等相关课程。疫情发生过于突然,很多海船船员在得知疫情蔓延时都已经参与了海运的任务。高传染性的疫情对海船船员的心理产生了巨大的压力,大部分海船船员的心理是应激状态,心理健康指数也比较低。由于中国以外的疫情控制效果不是很理想,海船船员属于高风险人群。他们普遍存在焦虑、恐惧等消极情绪。仅有31.93%的量表调查对象表示其所服役的海船配有隔离防护设备,专业医疗人员,并且定期开展培训。

大多数海船船员没有医学背景,在海上航行时,在没有事先经过专门针对疫情的培训的情况下,他们对新型冠状病毒的相关知识缺乏相应的了解,也无法客观看待新型冠状病毒。另外,如果海船船员服役的船上出现了确诊病例,船员与病例在狭小空间的接触史也会使他们产生被感染的担忧,同样也会使他们产生焦虑、紧张、恐惧等不良情绪。同时,消息的闭塞,医学知识的匮乏,船员会因为无知和无能产生紧张心理和挫败感受。

过多的疫情信息也会使人产生焦虑的情绪。疫情下,媒体报道的是疫情的进展、疑似病例数、确诊病例数、死亡病例数等负面信息。船员在海上航行时不大可能接触对疫情全面真实的报道,有时还会接触很多造成误导的流言蜚语和其他未证实的负面消息,甚至是谣言。无时无刻不在增加的确诊和死亡病例数不停地提醒船员疫情的严重性,这一切都在一定程度上增加了船员的心理焦虑。尤其是那些习惯关注负面信息的船员,他们无法理性看待客观事实,经常往坏处想,容易恐慌。

1.1.2 工作状态

有一项调查是关于疫情工作情况下海船船员焦虑源的统计分析情况,其柱状图如图2所示。

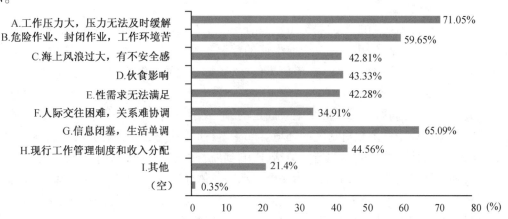

图2 疫情工作情况下海船船员焦虑源的统计分析情况

高达71.05%的量表调查对象表示他们的工作压力大,并且压力无法及时缓解。现代航海法律和法规支撑了航海,《国际海上人命安全公约》(SOLAS公约)、《国际防止船舶造成污染公约》(MARPOL公约)、《1978年海员培训、发证和值班标准国际公约》(STCW公约)和《2006年海事劳工公约》(MLC 2006)四大海事法规对船舶安全行驶和防止海洋污染的规章制度越来越严格,针对运输船舶的各类检查项目越来越多、条款越来越细、要求越来越高,相当一部分海船船员产生了"检查恐惧症",这种检查增加了海船船员的工作压力,加剧了海船船员的心理紧张情绪。

在船人数减少,船上疾病增多,卫生标准要保持几乎和医院一样的水平,压力很大。在满足这些标准的同时还要保持社交距离,在狭小的船舶空间保持一定的人际距离的情况下完成不可避免的日常海运工作,操作的难度要求很高。目前尚没有针对新型冠状病毒的特效药。海船船员在遭遇疑似病例或确诊病例时,没有有效的应对方法与措施。海上或港口的环境也不允许海船船员进行有效的隔离与治疗。一旦有海船船员出现疑似新冠肺炎的症状时,整船人员都会处于高度的戒备状态。

除了工作强度和难度,中国海船船员的工作时间也较长。国际船舶经理人协会专门研究的海船船员疲劳的项目(项目名为 MARTHA)发布了一份报告。根据该份报告对中国海船船员以及来自欧洲的海船船员的工作时间的对比发现,中国海船船员平均每天的工作时间要高出欧洲海船船员数个小时。

1.2 疫情下的人际关系和换班政策

1.2.1 人际关系

由于长期在海上航行,船员的人际关系呈现以下特点:

(1)角色的单一性

在陆上,船员同时担任多重角色,可以是父亲、儿子、丈夫以及朋友等。但在船上,角色只有一个:工作中的船员。同时,由于种种原因导致船上的人际关系明显不同于其他职业的人际关系。除了工作时间外,进行心灵沟通或情感交流更是不大可能。为了能够适应新的环境,船员不得不主动调节自己的行为,减轻精神上的压力。

(2)同事的频繁流动性

一般来说,远洋航线船舶上的船员可能只有一年左右的同船时间,船舶航行几次后由于人员调动、公休、探亲等原因,几乎每一个航次船舶都要更换一定数量的船员。这种更换使得船员之间的关系比较生疏。船上实行轮流值班作业,船员之间的接触交往不多。

(3)同事关系相对封闭而又开放

在船上工作的时间面对的人群是绝对固定的,形成了不同于其他职业的交际圈。在相对小的群体中,船员处于一个相对封闭的环境。如果航行时间过长,或者船员之间因种族文化信仰的差异等,容易使船员产生不和谐的情绪,影响到航行的安全,而且对船的身心发展也不利。同时,随着经济的全球化,船舶作为一个运动的载体,航行于世界各港口之间,到达不同民族、不同社会制度的国家,经历不同的风土人情。如果船员不具备较强的适应新环境的能力,容易在封闭和开放两个极端之间而受双向压力,自然影响到人际关系。

(4)情绪的易激惹性

在船上工作的船员,超过一定的航行时间以后,尤其是在经常受到外界不利因素袭扰之后,情绪极易受激惹。行为主义心理学家称之为"移置性攻击",即外界的应激性因素使人无法回避时,则会增加人的非理性的攻击性倾向。

(5)船员文化习惯的多样性

远洋船员们的工作和生活都发生在一个有限的浮动空间里,人员数量不多,但结构却多样化,不仅有决策者、执行者和操作者,还有多国籍船员共事一船的文化差异,这必然会使人际关系因文化知识水平、业务水平、饮食习惯、宗教信仰、政治观点等不同而变得很复杂。

1.2.2 疫情下的人际关系

量表显示,疫情下的人际关系也呈现出非常复杂的情况。

如图2所示,34.91%的量表调查对象表示,由于长期在海上航行,人际交往能力受到影响,人际关系难以协调。

对于那些去过疫情没有被很好管控的国家和地区的海船船员来说,他们很可能被"贴标签",被污名化。一旦上岸,他们就会被隔离,远离集体,也不能尽快回到家人身边,并且担心回到亲人朋友身边后会不会因为自己的疫区航行史给家人、朋友带来不便,或者担心自己不能很好地被家人、朋友接受,因此他们会产生焦虑、恐惧和悲观的情绪。

1.2.3 疫情下的换班政策

新冠肺炎疫情的延续对全球航运业和海船船员群体产生了较大的影响,给海船船员换班和遣返工作制造了相当大的障碍。尽管国际海事组织迅速介入并敦促相关成员国将海船船员认定为关键工作人员,这样海船船员就可以在其工作的船舶和家庭之间进行正常的往返。但由于各国疫情发展的不一致性,各国的防控措施也不一致,各国港口的开放程度也不一致,大量的海船船员在海上工作数月后不得不继续在船上服务,长时间工作后无法被替换也无法被遣返。如果放任这种情况长期发展下去,将会严重影响海船船员的身心健康和个人利益。据相关统计,新冠肺炎疫情在全球蔓延以来,全球航运业大约只有25%的海船船员能够正常换班。除了人道主义、海船船员权益问题以及遵守公约法规的问题外,长时间在船工作造成的疲劳和精神健康问题可能导致发生海上事故的风险越来越大。安排海船船员换班或遣返仍是航运业目前面临的最大挑战之一。

图3是疫情下换班政策满意度的调查分析。在所有的量表调查对象中,仅有20.35%的量表调查对象表示对航行区域港口的换班政策、下地政策表示满意。

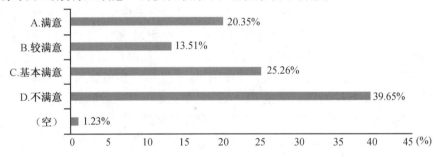

图3 疫情下换班政策满意度

近期国内外媒体陆续报道了多起因无法下船而过度沮丧的海船船员故意自残以及破坏船只的事件。虽然这是极端事件,但确实有很多的海船船员由于疫情而造成的全球旅行限制而难以按时换班。他们因合同延长被困在船上,无法回家,还被拒绝进入世界各地的港口。与此同时,同样多的船员无法上船,给他们自己和家人带来了经济上的不确定性。跟疫情前期相比,海船船员换班次数减少了75%,海船船员一次被困在船上达数月之久,遭受着心理健康问题、疲劳和各种事故的困扰。国际航运机构认为,有约30万名海船船员无法按时下船,同样,约30万名海船船员无法上船,这在未来可能会演变为一场"灾难"。在全球范围内新冠病毒二次爆发到来之前,现在需要迅速采取行动。国际海事组织说,"围绕第二波新冠病毒爆发可能带来的不确定性,凸显了对海船船员换班问题迅速采取行动的需要,这将避免对本就脆弱的全球供应链造成更大损伤。"

疫情下国际海事组织和其他国家的通行做法:

2020 年 3 月 17 日,IMO(国际海事组织)发布 4204/Add.5 通函,应对新冠肺炎疫情下海船船员发证等有关问题。通函指出,新冠肺炎疫情爆发对全球当局进行继续海船船员培训、包括体检证书在内的各种证书再认证以及依据 STCW 78/10 公约签发的认可证书和背书都产生了严重影响。针对这一情况,IMO 鼓励发证当局在严格履行必要程序的前提下,对上述证书和背书的展期采取务实和有效的方法,并及时通知船舶、海船船员和有关主管当局。同时鼓励港口国当局依照 STCW 78/10 公约第 X 款和 1/4 条的控制程序,采取务实和实际的方法对这些证书和背书的展期予以接受。

根据通函,目前全球各成员国根据各自国家疫情发展情况,基本采取以下三种方式来解决海船船员证书到期问题:

一是分阶段解决海船船员证书到期问题。第一阶段延期或展期处理当前海船船员证书,第二阶段根据疫情发展情况出台相应海船船员换班或遣返政策。比如在 2020 年初新冠疫情爆发后,根据疫情的发展变化,中国政府相继出台了《中华人民共和国关于疫情防控期间船舶管理有关事宜的公告》《交通运输部海事局关于妥善做好新冠肺炎防控期间海船船员办理证书的通知》等文件,明确了受疫情影响,海船船员相关证书的检验和换发可以延期或远程办理。在其后的 9 月 24 日,交通运输部、海关总署、外交部联合发布《交通运输部、海关总署、外交部关于加强国际航行船舶船员疫情防控的公告》,对国际航行船舶船员换班或遣返工作提出了新的要求。

二是鼓励换班。根据实际情况灵活建立适合本国国情海船船员换班或遣返机制。2020 年 6 月 11 日,新加坡航运协会(SSA)、新加坡海事和港口管理局(MPA)、新加坡海事官员联合会(SMOU)与国际海事船东理事会有限公司(IMEC)以及世界航运理事会(WSC)合作成立了海船船员换班工作组,编制了海船船员换班的相关文件指南,为航运界换班问题提供指导。

三是在疫情初期海船船员证书展期举措的基础上对海船船员证书实行再展期。这种方式对于促进海船船员更换或遣返有一定的消极作用,与当前 IMO 积极鼓励成员国开展船员换班倡议精神南辕北辙。但这种做法对于缓解因人员流动造成疫情扩散的威胁具有积极的作用。

IMO 通函曾提到,只有在没有其他替代办法的情况下,才应考虑将证书的有效期延长到法定最高限额之上。短期证书或其他措施的出台应仅限于因新冠肺炎疫情大流行引起的具体情况,并应根据具体情况做出灵活规定。同时海船船员证书展期的决定应由船旗国做出。

1.3 疫情下的航海生活

海船船员在航海活动中,面临搏击风浪的惊险和远离亲人的孤寂,加上噪声、时差、营养失衡、事故损害、人际冲突等多方面因素的作用,很难摆脱心理应激的损害性影响。

心理应激一词并不应该仅仅被狭义地理解为当人受到强烈应激源的作用时所产生的身心损伤反应过程。从广义角度看,应激是一切生物对刺激进行反应的过程,包括种种适应调节反应在内。如果外界的刺激强度超过了机体的调节能力,或者自身调节能力存在严重缺陷,就会出现一系列失调现象。

虽然在任何一种工作环境或生活环境之中都无法避免心理应激源,但是海船船员所承受的心理应激压力要远远高过陆上的类似专业工作人员所承受的心理压力。通过调查发现,船员的心理应激因素的作用不仅表现为行进性和持续性,还常表现为突发性和潜在性。在平静而正常的航行过程中,船员的应激性事件甚至低于陆上港口工作人员的平均承受应激事件的水平,但一当遇到险情,应激作用陡然上升,这样必然使船员的心理遭受到更加强烈的冲击。

当环境中的应激源的刺激强度超过了船员最佳的自我调节能力所能调节的范围时,心理应激便因人而异地产生方式不同的反应。

心理应激所引起的情绪反应是最常见的一种形式,并且不容易被其他人发现。常见的情绪反应有几种固定的表现形式,如焦虑、过度依赖、恐惧、抑郁、失助感、愤怒、敌意及自怜。在所有的情绪表现形式中,焦虑是最为常见的一种。

如果说恐惧是有具体目标的回避行为和与之相关联的情绪,焦虑则是没有具体目标的和无所适从的回避倾向。焦虑与紧张相伴而行,也可以说过度紧张是焦虑产生的前提。"焦虑是一种预料到威胁性刺激又不能费力去应付的苦痛反应,是处于失助状态下或处于阻断威胁中而不能采取变式行为去对付的时候产生的情绪"。

适当的焦虑有益于人的作业行为的完成,但过高的焦虑水平会明显降低人的作业水平。焦虑的典型表现是高度紧张不安、手足无措,甚至惊恐,还可以表现为一系列生理症状,如疲乏、失眠、厌食、多汗、心悸和胸闷等。

量表调查也显示出了海船船员们在航海生活中因船舶的设施设备不足也会产生焦虑。

64.39%的量表调查对象表示希望所服役的船舶可以加强通信设施的建设,增强 WiFi 信号。图4是船舶通信设施配备情况。

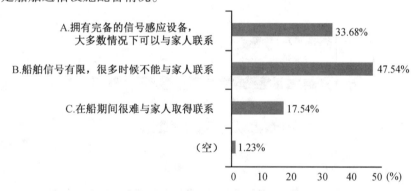

图4　船舶通信设施配备情况

2020 年 8 月 15 日,日本"若潮号"散货船在毛里求斯触礁导致大量原油泄漏,船体破裂最终断裂成两半。触礁的原因竟然是海船船员庆生想靠岸"蹭网",偏离了航线。这一原因听起来匪夷所思,但大量的受访海船船员反映,时代在变化,科学技术在进步,船东对船舶无线网络设施的投入却没有跟上。以前,海船船员行遍大洲大洋,领略各种文化风情,但如今在这个信息便捷、知识爆炸的年代,海船船员却完全被隔离于无边大海之上,无法与世界接轨,经常感觉自己回到了石器时代,从而产生严重落伍的感觉。远航期间,工作形式固定呆板,缺乏丰富多彩的生活,外界信息闭塞,不能见到亲朋好友,不能领略和体验尘世的喧闹,周围环境没有太多的变化,一直不变的海,不变的住舱、灯光、颜色、气味和噪声等都影响着海船船员的心理。在陆地生活中已经习惯的体验、感觉和知觉在船上却无法感觉到,这导致部分海船船员出现紧张、疲劳、焦虑、寂寞、抑郁、悲观、惊慌,能力降低,视听错觉,自我感觉差,应激主诉增多,情绪不稳等情况。

1.4　海船船员的收入分配和权益问题

在 2008 年以前,航运企业一直在高态位发展,多数航运企业发展快速,盈利丰厚,海船船员待遇比较高。在岗位选择时,海船船员职业的高收入掩盖了很多职业上的弊端,导致许多人愿意做海船船员。2008 年金融危机爆发之后,船长、轮机长、大副等高级海船船员的薪资酬劳有一定幅度的提升,而二/三副、二/三管轮等操作级海船船员的工资却不升反降。与陆地其他行业相比,海船船员这份工作已经丧失吸引力,同时物价上涨,人民币贬值,购买力严重下降,这严重打击了航海专业毕业生把海船船员作为职业首选的积极性。与此同时,改革开放和经济的迅猛发展使得市场上出现了很多高薪职业,不仅如此,与海船船员工作性质类似的重体力劳动岗位也开始涨薪,福利待遇也在提高,所有这一切使得海船船员以往的高收入不再有比较优势。根据上海航运交易所 2018 年 7 月发布的中国国际海船船员薪酬表显示,远洋散杂货船上的水手一个月只有 1200 美元薪资。而看似高收入的大副、二副在远洋、沿海航区仍处于饱和状态,海船船员晋升的通道比较狭窄,而该类职务还存在工资下调的风险,以及找船难等其他问题。

量表调查也显示出海船船员这份工作不再具有足够的吸引力。

图 5 所示是船员职业吸引力情况的统计分析。43.68%的量表调查对象表示海船船员这样的工作对自己的吸引力已经一般,33.68%的量表调查对象表示海船船员这样的工作已经不再有吸引力。

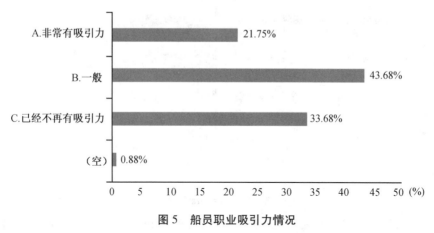

图 5　船员职业吸引力情况

就职业的长远规划而言,只有 26.67%的量表调查对象表示船东组织专门的培训机构为他们指导过长期的职业规划,如图 6 所示。

近年来,受国际航运业持续低迷、海船船员收入偏低等因素的影响,海船船员中也出现了"弃船上岸""离船离职"的现象。一方面,海船船员目前的收入性价比已经不再占有优势,海船船员的经济收入和付出不对等和个税问题是导致海船船员队伍离职的一个重要因素。中国海船船员建设工会所做的一项调研表明,中国海船船员平均在船时间为 8.7 个月。由于长期在船工作,漂泊海外,在缴纳个人所得税的同时,海船船员使用文化、医疗、娱乐、公共交通等社会公众服务和福利的机会明显少于其他人群。十多年间,陆地个税起征点提高了 218%,而海船船员个税的起征点没有任何变化。并且,同菲律宾、新加坡和欧洲的海船船员相比,国内海船船员的收入、福利方面都欠缺很多,跟陆地工作相比已经没有任何收入上的优越性。另一方

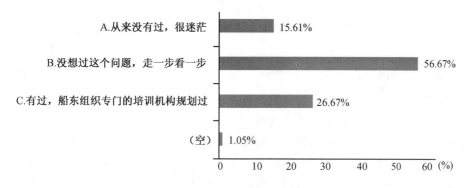

图6　船员工作规划情况

面,海船船员普遍反映中国的海船船员社会地位尴尬,社会认知度低,缺乏普遍的尊重,并且没有合适的渠道给船员发声。

1.5　其他焦虑源

在疫情状态下,海船船员长时间不能下地归家,不少海船船员已出现焦虑、烦躁心理。船员物资供应、船员心理健康、换班下地、疫情的蔓延等一系列问题的连锁发生使得船员队伍人心惶惶。中国虽是航海大国,但并非航海强国。疫情下各种问题的出现也凸显了不够完善健全的航海体制。量表调查也显示出海船船员的焦虑源来自多个方面。

除了上文提到过的各种焦虑原因,也有不少海船船员表示他们的焦虑原因来自多个方面,并且提出改善意见,如图7所示。

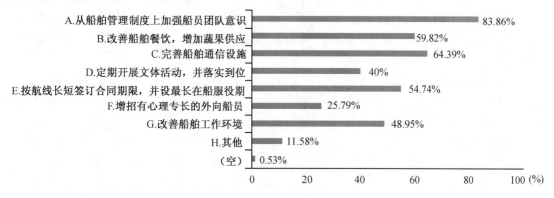

图7　其他焦虑源情况

综上所述,新冠肺炎疫情等应急条件下影响海船船员心理状态的因素不仅包括当前我国海船船员本身的职业环境,也包括疫情下各地严格的防控措施、超期服役、海船船员活动受限、社会支持的缺乏、对疫情的恐惧、心理疏导不足等因素。

2 缓解海船船员心理焦虑的对策

2.1 加强船上疫情防控防护工作

2.1.1 落实疫情防控政策措施,提升海船船员工作安全系数

(1)政府主管部门和相关机构单位

①严格落实企业作为防疫主体的责任。航运企业、海船船员外派机构是船员疫情防控第一责任人,要不断完善管理体系和加强管理制度,严格落实各项疫情防控要求,切实加强对在船船员的管理,配足配全船上各类防护用品,保障船员膳食和生活必需品供给。严格落实行业作为监管主体的责任。交通运输主管部门、直属海事局要按照职责分工加强对各航运主体和机构的依法监管,建立健全并严格执行各项制度,积极配合地方政府和各口岸查验单位落实防范境外疫情输入工作。严格落实地方政府作为属地主体的责任。港口所在地人民政府要严格落实属地责任,严格执行中国籍船员换班规定,满足他们合理的离船请求;要组织相关部门,安排专门力量,切实加强对入境船员的管理,有效控制潜在的传播风险。

② 对国际航行船舶船员实施严格的封闭管理。国际航行船舶在航行、停泊期间,要参照《船舶船员新冠肺炎疫情防控操作指南》做好疫情防控工作,实行封闭管理。要落实船长负责人制度。一旦发现异常,要及时向航运企业、海船船员外派机构报告。船舶靠港后,除特殊情况外,一般不安排船员上岸活动,严禁无关人员上下船。

③优化中国籍船员换班出入境防控措施。对于在境内港口换班上船的中国籍船员,按相关规定到达换班港口,满足当地人民政府疫情防控要求的,经海关检疫一切正常后,可以换班上船;国际航行船舶入境后,计划换班下船的中国籍船员经海关检疫符合下船标准的,在办理换班入境手续后,港口所在地人民政府应当给予便利。不满足上述条件的,由港口所在地人民政府按照规定处置。

④ 稳妥做好境外中国籍船员回国安排。针对境外中国籍船员在疫情期间面临的合同到期、签证失效等问题,我国驻外使领馆应当畅通信息接收渠道,积极并全面做好领事保护工作。

(2)航运企业和船东公司

① 船舶防控

对于新冠肺炎疫情这种突发并持续的事件,鉴于新冠肺炎疫情多变的局势,相关部门、行业、协会要加强企业管控和引导,排查远洋航运企业近段时期的船舶开航计划及到港情况,建立信息通报制度,密切掌握远洋船舶动向。落实远洋航运企业管控主体责任,加强企业办公场所及在港船舶的消毒防护措施,配备口罩、手套、体温计、消毒剂等必要的防护物资。通过短信平台等各类方式及时向远洋船舶通报疫情信息,并严控海船船员离船上岸,严控其他人员擅自登船。制作《远洋航运企业返航船舶疫情防控流程图》,明确返港船舶的上报及防控流程。在船舶上建立临时应急隔离舱,并落实专人开展人员体温监测及健康报告工作。同时开展线上关于疫情防控的知识培训,指导个人做好防护。建立海船船员招收通报制度,要求各远洋航运企业在招聘海船船员时提前将详细信息通报属地基层管理组织,并报主管部门备案。在疫情解除前,停止所有远洋安全培训、演练等人员聚集活动。

② 船舶管理

在海船船员入职前的程序中增加了额外措施,以检测和防止任何受新冠病毒感染的海船

船员上船。入职前,所有海船船员都接受了健康检查和进行了旅行申报。发布预防新冠病毒感染的实用指南,鼓励海船船员养成良好的个人卫生习惯,妥善使用个人防护用品,保持环境卫生,谨慎摄食。如果船上有任何确认或疑似病例,将启动应急计划,直到下一个停靠港当局发出进一步指示。定期培训海船船员熟悉安全指南,重点是在停靠前、停留期间和离开后采取相关安全措施。掌握通过港口的更新及安全简报,加强与船只的通信频率。有必要让海船船员了解疫情的最新进展和保护措施。

③启动中国船员健康计划

科学全面总结疫情发生以来的经验教训,根据实际情况,逐步启动中国船员健康计划,为船员量身定做远程数字式医疗诊断及心理医疗保健系统,为相关单位和个人捕捉、存档和传输各类数据,并由相关专家提供进一步咨询意见的全面化立体解决方案。实施中国船员健康计划不但可降低航行安全风险,而且可大大节约人力运营成本(招募、培训、管理、救助、赔偿等),对航运企业和个人具有重大的价值和实践意义。鼓励船上团队心理互助,船上可指定或推举心态积极、性格外向并有一定医学背景的船员担任心理互助组长,带领船员做好心理建设。鼓励船员及时反映自身出现的应激反应过度和不良情绪,号召并带动船员之间相互支持鼓励,充分倾诉、倾听和交流心理问题、情感问题,缓解不良情绪,保持心理健康。

2.1.2 完善船舶管理,降低工作危险

(1)营造良好的工作氛围。船员应加强沟通促进交流,鼓励船员表达真实情感和诉求,进行情绪上的沟通和心理上的疏导;科学安排船员工作休息时间,充分考虑船员工作量;有效利用船上设备开展积极向上的文体活动;改善船舶伙食,增加营养供给;用餐时间适度播放轻音乐等,减轻海船船员的心理压力。

(2)加强人文关怀。航运企业相关部门在平时的工作中多注重与船员交流沟通,了解他们的烦恼、尊重他们的想法和需求,掌握他们的个性和特点,建立健全船员心理档案;保障船员换班和其他合法权益,结对帮扶困难船员家庭;聘请心理咨询师采用多种方式方法(集中培训、内部报刊、网络、指导守则、心理咨询等)向船员讲授心理减压与放松技巧、挫折应对、人际关系、情绪管理、恋爱婚姻、生涯规划等心理课程;建立员工激励机制,拓宽船员发展空间;改善船舶通信设备,增加船员与家人、朋友沟通,缓解船员的疲劳,提高社会对船员的关注度。

2.1.3 调整心态与起居规律,促进身心健康

(1)健康作息,科学饮食。身体健康影响情绪和心理感受。在困难时期,人们很容易有不利于健康的行为,从而使事情变得更糟。吃健康、营养均衡的膳食,喝足够的水,尽可能多运动,避免吸烟和饮酒。

(2)改善睡眠。焦虑或忧虑会让人很难睡个好觉。高质量的睡眠能促进身心健康。保持正常的睡眠模式和良好的习惯,避免睡前使用电子产品,减少咖啡因摄入并创造一个宁静的环境。

(3)多去室外。如果长时间地待在船上会让海船船员感到被困或患上幽闭恐怖症,应尝试尽量每天外出。如果不可能的话,打开窗户让新鲜空气进来,坐在可以看到外面景色的地方。

(4)鼓励引导船员自身积极性思维。疫情期间,船员为保障国际物流供应链畅通和重要防疫物资运输发挥了巨大作用,为国家做奉献。船员应当意识到自己在疫情防控中的责任,提升国家和集体荣誉感、自我价值感、职业自豪感。

（5）设定目标和计划,保持良好的精神状态。设定目标和成就会给人一种掌控感和目标感,所以要确定在船上要做的事情,看一部电影,读一本书或者在线学习一些东西。

（6）做愉悦的事情并保持精神活跃。人们可能不常做令人愉快的事情,或者在焦虑、孤独或情绪低落时根本不做。追求一个最喜欢的爱好,学习一些新的东西,或者花时间在室内放松一下,这些都可以缓解焦虑。

2.2 改善海船船员人际关系 完善海船船员换班政策

2.2.1 疏通海船船员沟通渠道,助力海船船员情感表达

（1）鼓励表达和沟通。在船船员遇到困难,难以像在陆地上一样向亲人和朋友倾诉,以此释放或舒缓心理压力。因此,鼓励船员表达喜怒哀乐,使自己内心得到放松,船员可积极与关系好的同事交流情绪感受,船上也可组织小组交流活动。

（2）考虑如何与他人建立联系并帮助和支持他们。人与人的交往是相互的,良好的人际关系离不开对彼此的帮助与理解。尝试主动联系信任的朋友、家人和同事,确定如何向他人提供帮助,海船船员便从受助者转变为施助者。一方面可以加强海船船员的人际关系,另一方面海船船员在帮助别人的过程中也会收获成就感。

（3）用电话、视频电话或者社交软件来代替日常见面。海上航行时无法做到相聚的情况下,合理有效地利用电话、视频电话或者社交软件来加强彼此的情感沟通,可以分享工作进展,心理感受等,分享的快乐也会帮助海船船员减轻焦虑。

（4）聆听心理电台。当海船船员在海上孤独无助的时候,当海船船员内心隐藏有不可诉说的秘密时,当海船船员心事纠结却又无法分享时,当海船船员有强烈倾诉欲望时,电话另一端连接专业有素、具备国家专业心理咨询资质的聆听者,及时为海船船员排解孤独和困扰。

（5）有效运用互联网加心理学的方法,突破传统心理咨询场地的限制。无论船舶航行于世界上什么地方,如果船舶领导发现或者海船船员自身意识到个别海船船员心理不适,可向咨询者叙说、询问与商讨,分析原因,找出症结,解决问题,使其恢复健康。

2.2.2 落实换班政策,促进正常换班

（1）建议政府参考国际通行做法,签署联合声明降低签证要求。IMO 强调,由于全球 90% 以上的货物贸易由海上运输,解决海船船员换班的问题迫在眉睫。它在一份声明中说:"需要三项关键要求来制止换班危机加剧。需要将海船船员指定为'key workers';需要降低海船船员签证要求;政府需要让商业航空公司运营,从而运送海船船员。"目前已有 13 个国家的代表签署了联合声明,分别是:丹麦、法国、德国、希腊、印度尼西亚、荷兰、挪威、菲律宾、沙特阿拉伯、新加坡、阿拉伯联合酋长国、英国和美国。我们期待中国也加入其中。

（2）落实船员换班政策,建立法规化、流程化换班制度。在当前疫情背景下,船方、港口及相关主管机关应加强协作,及时妥善地安排船员遣返和换班,保护船员的合法利益和身心健康。其工作流程如下:船方向港口申请船员换班,边检机关研究换班方案步骤,核查船舶航行路线,了解船员健康状况和港口信息;口岸查验单位建立人员检疫和入境核查通道。海关人员登船检测船员体温,核查信息,无异常情况则准许船员离轮;边检机关为船员办理离船入境手续,离船船员乘坐专车到指定地点隔离观察;边检机关将船员入境及流向信息通报当地疫情防控部门,追踪船员去向和健康状况。

（3）制定便利船员换班政策措施。建议交通运输部代表中国政府,向 IMO 等国际组织通

报中国政府防控疫情的主要措施、工作取得的成绩、当下面临的问题及其对船员换班等工作的影响,由 IMO 采取相应方式建议船旗国和港口国对因疫情造成的无法及时更换船员予以谅解和豁免,同时给中国船员在国际任何港口换班给予通行便利。

(4)出台船员证书自动延期政策。目前,中国海事局已经就新冠肺炎疫情防控期间中国籍国际船舶、船员相关证书展期事宜及国内航行海船船员和内河船舶船员相关证书展期事宜发布公告,政策落实情况仍需加强,应指定相关机构和单位落实政策实施。

目前包括交通运输部在内的 7 个中国政府部门联合发布通知,宣布 10 个中国港口在有条件的情况下恢复外籍海船船员换班作业。10 个允许外籍海船船员更换的港口分别在大连、天津、青岛、上海、宁波、福州、厦门、广州、深圳和海口。政府部门采取了以下措施来保证船员换班得以顺利进行:一是明确海船船员换班责任,规范海船船员换班上下船操作程序;指导各级交通主管部门、海事管理机构积极推动协调并加强海船船员换班,国际船舶中国籍海船船员国内港口换班努力做到“应上尽上、应换尽换”。二是进一步畅通海船船员问题反映渠道;加强咨询电话值守,线上沟通反映渠道,及时掌握海船船员、公司和机构的利益诉求,主动给予指导并及时处置。通过这次中国疫情控制效果的影响力,我们希望相关国际媒体加大发声力度,扩大影响力,增强中国海事部门在世界海事领域的话语权,引导带动世界范围内更多的国家和机构做出切实有效的行动来保证海船船员可以正常换班下地。

2.3 丰富海船船员的航海生活

船上可因地制宜地组织集体性的跳舞或体育活动,尤其是与音乐相关的活动。因船上空间有限、船体摇摆,体育活动的选择要结合实际、注意安全,推荐选择如太极拳、瑜伽、八段锦、五禽戏等,或者广播体操、健身操、武术等,既可提高船员情绪,又可通过互相配合和频繁互动,丰富船上生活,增进彼此的信任和情谊。

落实好公司为船舶配备的各种娱乐设施的维护管理工作,保证各类娱乐设施处于正常可用状态;利用工会活动经费为海船船员购买影碟机、碟片、牌类、棋类、书籍和报纸杂志等精神生活用品,丰富海船船员的业余生活,拓宽海船船员的精神世界,同时组织海船船员观看学习疫情常识以及常规化疫情的规范应对措施和流程;组织海船船员参与健身、打乒乓、打牌、下棋、唱卡拉 OK、看碟片、阅览书籍和报纸杂志等娱乐活动,调动海船船员参与业余娱乐活动的积极性。利用国内外岸基 4G 信号转换成船舶无线信号后供海船船员使用,海船船员可使用手机、平板电脑连接网络,并登录微信或者上网等。

2.4 提升海船船员的收入和社会权益

2.4.1 完善收入分配制度

(1)参照国际惯例,免除海船船员个人所得税或者将海船船员个人所得税减除的费用标准重新认定,恢复至 2005 年 12 月之前海船船员所得税减除费用标准与普通人群 5 倍的倍率关系。2019 年度财政部、国家税务总局第 97 号公告曾规定在一个纳税年度内如果海船船员在船航行时间累计满 183 天,其取得的工资薪金收入按 50%计入应纳税所得额,依法缴纳个人所得税。督促并监督相关部门保证减税政策的有效落实。建议国家对高级海船船员如船长、政委、轮机长、大副、大管轮和其他技术业务骨干发放政府特殊工种津贴;或者由相关地方政府根据实际情况和自身条件,对海船船员个人所得税尽可能给予优惠。建议疫情下少征或免征航运企业的部分税种,并由国家下拨专项补贴来保证特殊情况下航运企业的正常营运。

（2）支持船员休假期间或因疫情无法上船期间临时就业。目前船员休假,基本处于无薪状态。疫情的爆发,使他们处于想上船又不敢上船的尴尬境地;休假时间过长,减少了家庭的经济来源,又影响了航运企业的正常营运。在合适的休假期间内（3~6个月）,航运企业和政府应制定灵活的就业政策,鼓励和支持海船船员适当临时就业。

2.4.2 提升职业预期

习近平总书记指出,一个国家,一个民族的强盛总是以文化兴盛为支撑的,没有文明的继承和发展,没有文化的弘扬和繁荣,就没有中国梦的实现。21世纪是一个海洋的世纪,经济建设和文化建设相辅相成,海洋强国建设离不开海洋文化建设,海洋文化自信是海洋文化建设的起点和前提,也是实现海洋文化创新的基础和关键。相关海事主管部门机构以及院校在"一带一路"倡议精神的指引下,建设海事强国,弘扬航海精神,提高海船船员职业荣誉感和社会地位,形成一个全民爱海向海,尊重海事工作人员的良好氛围。

（1）举办航海文化节以及航海论坛

各高等海事学府、教育机构可以利用校庆的契机在共叙校友情谊的同时共话海运发展,邀请优秀校友和业内专家从多角度对航海未来的发展进言献策、碰撞火花。除此之外,行政主管部门、行业相关机构、院校研究所单位可以共同搭建航海文化交流平台,举办海事展览会,集中展示航海产业链智能产品和研发成果,为国际海事界搭建全方位、多领域、多层次交流与合作的桥梁和纽带,加速航海技术和文化向其他行业渗透的速度、普及度和认可度。

（2）加强青少年航海教育

航运业界和教育业界应携手合作,致力于航运业可持续发展的有关部门、行业协会、院校机构和企业组织应共同就我国青少年航海教育开展深度研讨,找出我国青少年航海教育面临的问题与挑战,探寻海洋强国战略人才后备军培养的新思路、新方法。积极推动将青少年航海科普教育纳入中小学教材;专设教育基金会致力于普及航海知识,传承航海文明,把青少年航海教育作为爱国主义教育的重要一环;普及国家海洋权益,增强国民海洋意识的必要性和紧急性;培养青少年不畏艰险,勇于拼搏的航海精神;打造多个青少年航海教育综合实践示范基地,建设青少年航海教育课题和实验基地;从硬件、软件和文化上加强青少年航海教育,培养航海事业接班人;推动我国海洋强国、航运强国建设人才的可持续发展。

（3）加大报道力度

主管部门应引导包括航运类媒体在内的多家媒体多关注船员的正面形象,宣传他们为国民经济发展、贸易和航运事业发展所做出的巨大贡献,加大加宽航海科普知识的普及力度,政府各相关部门应积极保障维护船员权益,逐步提高船员的社会地位。

2.5 其他焦虑源的相应对策

2.5.1 政府层面

积极履行国际公约义务。目前中国是航运大国,但还没成长为海洋强国。《2006年海事劳工公约》中五大部分的规定充分体现了"以人为本,促进海船船员体面劳动"的原则,建设海洋强国并加入公约是中国应该履行的义务。同时履行公约可以增强年轻人对海船船员职业的使命感,提高海船船员的社会地位和认可度,让更多的有志之才投入到航海事业中来,缓解我国海船船员紧缺的局面,打造一支高素质海船船员队伍。同时,以政府为主体,企业和社会积极参与各项海事活动,有效遏制海船船员派遣市场上的恶性竞争,使海船船员市场秩序正常健康运行,海上运输贸易快速发展,使得我国航海业向着职业化、专业化的方向发展。

加快船员立法。航运业的高速发展要求完备完善相应的法律机制。目前的海船船员权益保护情况不容乐观,拖欠海船船员劳动报酬、扣押外派海船船员、海船船员劳务纠纷责任主体难以认定等问题时有发生,导致海船船员的劳动权益还"飘"在空中,不能落实。在我国目前承认与批准的国际劳工条约中,大部分都是规定海船船员应遵守的义务,涉及海船船员权利的规定数量少,而且涉及权利的法律法规条款原则性强,没有较强的可操作性。

完善完备海船船员劳动监察机制。合法运行劳动保障监察权利,有利于有效落实劳动法律法规和政府政策,对维护海船船员的劳动权益有至关重要的意义和价值。一方面可以通过立法设立具备海船船员专业知识的劳动保障监察主体,让监察权在实际工作中得到实质意义上的执行;另一方面要有合理、有效、科学地授权给监察主体,避免职能交叉,权责不清。建议从最专业的国家海事管理机构中抽调部分专业人员作为监察员组成专门的海船船员劳动和社会保障监察队,对这支队伍进行监察和执法能力培训,培养一支高素质的专业监察队伍。

优化海运船队结构。建设结构合理、规模适度、技术先进的专业化船队。完善全球海运网络。优化港口设置和航线布局,积极参与国际海运事务及相关基础设施投资、建设和运营;扩大对外贸易合作,加强中国海事机构在国际海事界的话语权和影响力。

推动海运企业转型升级。完善海运企业结构,转变发展理念,加强技术创新;完备产品和服务;加快兼并重组,促进规模化、专业化经营,提高抗风险能力和国际竞争力。

提升海运业国际竞争力。加快建设国际海运交易和定价中心,打造国际航运中心。积极参加国际海事组织工作,提高参与制定国际公约、规则、标准和规范的能力和水平,树立负责任的海运大国形象。深化双边、多边合作,维护我国海运和海船船员权益。推进安全绿色发展。强化安全意识,健全规章制度,落实责任主体,加大隐患排查力度。完善海运突发事件应急体系建设,提高安全监管和突发事件应急处置能力,着力提升海(水)上搜救、海上溢油等监测与处置能力。

2.5.2 行业企业层面

科学合理分配雇主责任。如果海船船员与海船船员服务机构存在劳动关系并签有合同,那么海船船员服务机构就应该和海船船员用人单位一样承担相应的义务。海船船员服务机构承担直接和间接义务,直接义务包括与海船船员订立劳动合同、告知船舶配员协议内容、支付海船船员劳动报酬和缴纳社会保险,保证海船船员非派遣期间的最低工资水平等;间接义务包括要求船东对海船船员劳动安全的保证,协助解决海船船员与船东间的劳务纠纷和其他问题。

积极引导海船船员服务机构向"非营利性"法律地位转变。海船船员服务机构设立的初衷是为了缩小海船船员与船东之间地位的差距,使他们在签立合同时权责对等。但目前的海船船员派遣市场中,中介机构的盈利机制越来越不规范,其行为严重扰乱了市场秩序,对海船船员的合法权益和国家的海外形象造成了损害。为了促使良性竞争模式的形成,需要设立更多公益性的海船船员服务机构,不以盈利为目标才能严格规范中介机构。

加强海船船员自我心理保健及心理干预。采用适当的心理干预对在船的远洋船员进行疏导,改善在航远洋船员的心理状态,恢复他们的平稳情绪,进而提高工作效率。丰富海船船员的业余生活。有规律、有计划、有组织地进行体育锻炼,以改善船员的抑郁情绪。建议有关部门充分发挥海船船员工会的职能,采取多种措施完善海船船员俱乐部,尽可能满足海船船员的体育锻炼和人际交往的需要,培养海船船员更多兴趣和爱好,丰富海船船员业余生活。

科学安排船上工作和岸上休息的时间。有的海船船员不是在船上工作太久,就是在岸上休息时间太长。心理学家的研究发现,对人造成最大压力感受的关键其实不是工作,而是不间断的工作。合理安排海船船员的工作和休息时间。重视海船船员的个体价值,满足自我发展需要。社会支持可以调节并缓解压力对心理症状的影响,提高个体适应生活环境的能力;加大社会对海船船员的关注,加强社会支持力度。

完善选拔和培养机制,建立海船船员心理档案。收集海船船员(在职)群体的特质信息(如用 16PF 测试),了解海船船员有与常人相比之下共有的特质,并作为海船船员招生、选拔的参考。如果样本量足够大,就可逐步建立起海船船员总体常模,建立淘汰标准。

建立海船船员心理健康档案,了解海船船员的基本心理素质。为海船船员能更好地了解自己,也为将来的海船船员个体咨询提供重要的参考信息,各航运企业单位主动将在册海船船员的心理健康信息纳入海船船员劳动卫生健康监护系统中。相关部门在定期开展海船船员心理健康检查的同时,重视对心理健康方面的测试并针对具体情况提出应对策略。

对每一个海船船员建立独立、专业、科学、全面的心理档案,让海船船员及时意识到自己的问题并寻求帮助,避免心理危机出现。如在测试中出现问题海船船员,将问题海船船员分为一级、二级、三级预警对象,在一定范围内发布警告并采取相应级别的预警行为,尽可能地进行针对性关注和干预。明确相关管理人员责任,各司其职。掌握海船船员某个阶段言行举止等具体表现,结合当时个体的心理档案,综合评估可能后果,做到分层分级管理,有针对性处置。

一级预警对象的一般心理障碍由船上的思想政治工作负责,建议在回陆后接受心理咨询;二级预警对象的心理干预需要识别当事海船船员的具体问题,由专职心理咨询员跟踪完成;三级预警对象的心理干预必须控制心理危机现场,评估危险程度,确保当事人安全,提供心理支持与干预,寻找应对策略,如当事海船船员需要求医时,后期主要由精神科大夫治疗其心理问题,恢复其心理健康。危机事件之后,需要消除对同船海船船员的负面影响,如必要也可安排给其他海船船员进行心理辅导。

2.5.3 社会层面

加大对海船船员的宣传力度。各级各类宣传部门要加大对海事类的宣传力度,向大众普及海船船员对中国经济、世界发展、人类进步的巨大贡献。宣传他们的勇敢、勤劳、开朗、豁达等高尚情操,让全社会了解海船船员、认识海船船员、尊重海船船员、支持海船船员,使海船船员成为社会的体面职业。

给予海船船员适当的政治和政策待遇。应彰显海船船员职业在国民经济发展过程中的重要性,以稳定船员队伍。可采取的措施包括:在各级人大代表和政协委员中,安排一定比例的海船船员代表;在各级劳动模范的评选中,适当提升海船船员的比例等。借鉴新加坡、瑞典、中国香港地区等做法,予以免征个人所得税;逐步提高海船船员工资水平,加大工资增长幅度,恢复以往的待遇优势,逐渐与国际接轨等。

除此之外,海船船员需要在工作之余学会了解自己,接受自己,跟自己对话,找到自己的焦虑源。充分运用本文提到的各种方法,有效利用外部力量,调整自己的精神状态,保证其受控并保持在一个良好的状态。

结论

党的十八大明确提出了建设海洋强国战略,这是中国在 21 世纪实现中国梦的重要举措之一。纵观 16 世纪以来的世界文明发展史,成功崛起的大国无一例外都是海洋强国和海权大国。对于我国来说,海运业承担了 90% 以上的远洋货物运输量,对经济的运行、国家的安全以及国民的发展都起到了不可估量的作用,是关系到国计民生的不可或缺的战略性服务产业。一个稳定的海船船员队伍,是建设海运强国的"水之源、木之本",是这个产业的灵魂和支柱。

本报告以疫情下海船船员的焦虑作为研究对象,从多个角度分析了海船船员的焦虑源,同时结合量表向广大海船船员进行在线问卷测评,采取访谈法和数据处理法,对数据进行分析处理,归纳总结。报告从 5 个维度对海船船员进行问卷调查,整理了数据并进行了原因分析,梳理了目前的业界做法,结合中国国情进一步提出了缓解焦虑的有效做法和措施。

(黄娴 王锦法 周冠书)

参考文献

[1]王兴化,范振环.远航海员心理应激及心理卫生问题[J].交通医学,1988(1):32-33.

[2]王有权.航海心理学[M].大连:大连海事大学出版社,2007.

[3]戴维斯,艾舍尔曼,麦凯.放松与减压手册[M].宋苏晨,译.北京:译林出版社,2010.

[4]胡大立.航海文化与海员良好心理素质的培养[J].合作经济与科技,2011(16):38-40.

[5]袁铭.海员常见心理障碍的咨询与治疗[J].南通航运职业技术学院学报,2014(1):87-90.

[6]沈磊.海员心理分析与对策[J].中国海事,2014(7):45-48.

[7]周娟,顾鸿.近十年国内有关远洋船员心理焦虑研究综述[J].长春教育学院学报,2015(23):57-59.

[8]望作兴.远洋船员心理焦虑指导[M].南京:南京大学出版社,2017.

[9]中华人民共和国海事局.2019 年中国船员发展报告[R].北京:交通运输部,2019.

[10]王若尧.社会工作视角下海员职业责任感的培育研究[D].大连:大连海事大学,2019.

[11]梁建伟.高度重视疫情期间海员权益保护[N].中国交通报,2020-04-20.

[12]梁迎青.新冠肺炎疫情期间海员换班或遣返应对措施分析[J].中国船检,2020(12):48-50.

[13]杨元戎,卢磊.新冠肺炎疫情影响下海员心理问题及应对策[J].中国海事,2020(12):39-41.

[14]高增云,赵建森.船员培训和考试改革建议[J].中国水运,2021(1):66-68.

Ⅲ 教育与培训

B8. 船员职业教育国际化现状与提升路径研究
——以江苏海事职业技术学院为例

【摘要】本文从船员职业教育国际化的内涵、提升船员职业教育国际化的必要性、船员职业教育国际化现状分析对比、船员职业教育国际化的现有基础与不足，以及提升船员职业教育国际化的路径五个方面深入分析了船员职业教育国际化提升的可行性。参照国家政策和国际形势，分析了提升船员职业教育国际化的必要性和紧迫性；通过对标对表分析了船员职业教育国际化的现状和现有基础；对接和对照国际标准，分析得出提升船员职业教育国际化的路径，为未来船员职业教育国际化提升提供可参考、可推广、可借鉴的理论基础和具体举措。

【关键词】船员职业教育；高职院校；国际化；路径

引言

党的十八大提出了"建设海洋强国为标志和统领的奋斗目标"，习近平同志强调海洋强国对实现中华民族伟大复兴的中国梦具有重大意义，这些都标志着振兴海洋、发展航运事业是实现中华民族伟大复兴的关键工程。航运业，尤其国际航运，是现代化、高技术的行业，从业人员的素质不仅影响航运业的发展，还直接关系到航海类专业学生在国内外航运业的就业。随着"一带一路"倡议的实施，国内航运业和国家经济迎来了新的发展机遇。新形势对航海类人才的培养也提出了更高要求，船员职业教育和培养国际化已成为必然趋势。本文在深入剖析提升我国船员教育国际化可行性的基础上，进行了细致的思考，提出了从办学理念国际化、课程设置国际化、师资队伍国际化、合作办学国际化、校园文化国际化五个方面培养具有国际化视野、兼具国际化运作能力和跨文化交际能力的航海国际化人才，推动船员职业教育国际化进程。

1 船员职业教育国际化的内涵

我国职业教育发展要突破本土化视野，放眼国际，放眼世界，为全球一体化时代培养知识型、复合型、发展型的全球化技能型人才。联合国教科文组织（UNESCO）强调"职业教育要促进国际理解和包容，培养具有全球视野和责任意识的公民"。船员职业教育国际化以引入国际教育先进理念和优质资源为基础，拓展国际合作空间，健全国际化管理与服务体系，创新国际化教育教学模式，打造国际化团队，全面提升教学、科研、学生、教师和管理等国际化水平，为培养符合国际化需求的高素质航海类人才而不懈努力。船员职业教育国际化的内涵如下：

一是建立健全国际化政策与战略。调整组织机构和管理模式,保证国际化在院系范围的推进,成立专门的国际化事务办公室,组织得力人员,制定完备的规章制度,保证组织机构的科学运转。

二是提高教学和课程国际化程度。国际化的人才培养目标需要通过国际化的教学模式和课程体系来体现和实施。教学水平的高低直接决定着人才培养质量,教学的国际化是提高高等教育国际化水平的重要条件,其主要体现在三个方面:一是教学方法的国际化。借鉴国外先进的教学思想,引进国外先进的教学方法,促进教学水平的提升。二是教学语言的国际化。教学过程中使用原版教材,授课使用双语教学,都是教学语言国际化的反映,这对于促进教学国际化有着重要意义。三是教学内容的国际化。教学内容的国际化是指高等教育课程内容要及时反映和吸取当今世界科学文化最新成果,更新教学内容,完善课程体系。

三是注重国际化的师资队伍建设。教师是职业教育国际化研究和人才培养的主体,教师队伍建设的国际化,需要依照国际化办学标准转变教师的人生规划,使其个人的发展能符合教师国际化标准,提升个人职业能力以适应职业教育国际化教师队伍构建要求。国际化的师资队伍建设要采取"请进来""走出去"相结合的方式。一方面有计划地选派优秀的教师到国外同类院校进修或者合作科研,不断提高教师的国际化视野和国际化水平;另一方面还要积极创造条件邀请和吸引国外相关领域的学者和专家来学校交流、任教,为学校发展和学生教育带来更多先进的理念和教育教学实践。

四是提高学生国际化水平,扩大留学生规模,建设国际化校园文化。通过开展短期交流项目、游学项目、海外学历提升项目等国际教育交流合作项目,为学生提供更多的出国(境)交流的机会、搭建更优质的平台,从而拓宽学生的国际视野、增强学生的国际化意识、提高学生的国际竞争力。与此同时,通过提高留学生的招生数量,增加留学生的招生国别从而扩大留学生的招生规模。来自不同文化的留学生带来了以不同文化视角看问题的方法,对培养优质船员可起到促进作用。

五是推进科研国际化进程。知识具有跨国性和普遍性,对知识的传播和发展、对科学技术的研究历来是人类共同的事业。当代科技发展的历史表明,在科技进步日新月异的今天,仅靠学者个人的单打独斗很难在科学研究方面取得突破性进展。只有不同文化背景学者之间的交流与协作,形成国际化的科研团队,才能在科学研究领域取得重大突破。根据科研活动的基本构成要素和国外科研国际化的实践,科研国际化可以从科研课题组成员、研究经费的获得、研究资源及成果发表等方面的国际化水平来衡量。

2 提升船员职业教育国际化的必要性

2.1 国家相关政策的指引

自1995年交通部提出"科教兴交"战略以来,航运系统积极实施交通人才工程,初步建立了一支规模宏大、门类齐全、整体实力不断增强的航运专业技术人才队伍,为航运业的发展做出了巨大贡献。我国外贸货物的90%以上是由航运完成的,航运业已成为国民经济的支柱产业之一。2015年10月,教育部发布《高等职业教育创新发展行动计划(2015—2018年)》(教职成〔2015〕9号),引进境外优质资源,支持优质产能"走出去",配合"一带一路"倡议,扩大与"一带一路"沿线国家职业教育合作,以扩大职业教育国际影响力作为持续推进任务。

2019 年出台的"职教 20 条"指出,要建成覆盖大部分行业领域、具有国际先进水平的中国职业教育标准体系,借鉴国际职业教育培训普遍做法,深化复合型技术技能人才培养培训模式改革。对接职业标准,与国际先进标准接轨,开发职业技能等级标准。《国家中长期教育改革和发展规划纲要(2010—2020 年)》强调了"扩大教育开放",明确指出:"借鉴国际上先进的教育理念和教育经验,促进我国教育改革发展,提升我国教育的国际地位、影响力和竞争力。适应国家经济社会对外开放的要求,培养大批具有国际视野、通晓国际规则、能够参与国际事务和国际竞争的国际化人才。"这些目标和措施的提出,要求我们紧跟国家政策指引,大力发展船员教育国际化。

2.2 船员教育自身国际化的需求

船员教育是我国教育系统一个重要的分支,以向交通运输生产、服务、管理领域培养高科技人才为目的,教学内容包括船舶操纵、船舶定位、船舶维护修理、船舶避碰等与船舶驾驶和轮机管理相关的专业,因为其专业的特殊性,船员教育具有以下特征:高资本投入、岗位针对性、国际性。船员教育需要在全真或仿真的环境里,模拟真实的航海环境提升学生实践能力,其培养对象为海上作业的专门技术和管理人员,而船员教育本身的岗位针对性以及人才国际标准和特殊的行业特征决定了船员教育培养人才要参与全球竞争,为全球企业提供服务。因此,国际化是船员教育的重要特征,因为船员教育本身就是开放的教育,履行国际公约,为国际航运事业培养专门人才。

3 船员职业教育国际化现状分析与对比

本文选取了十一所国内院校和一所国际知名海事院校作为调查对象,国内高职院校的选取既参考了中国特色高水平高职学校和专业建设计划入围院校名单,也参考了 2016、2017、2018 年高职院校连续三年入围"国际影响力 50 强"名单,如图 1、图 2 和图 3 所示。十一所国内院校包括:大连海事大学、上海海事大学、集美大学三所国内知名海事本科院校,南京工业职业技术学院(2019 年以前)、深圳职业技术学院、无锡职业技术学院、宁波职业技术学院、无锡商业职业技术学院、扬州工业职业技术学院、江苏经贸职业技术学院和江苏航运职业技术学院等高职院校。江苏高职院校占据我国高职院校国际化发展的高原,因此选取比例较高,同时由于国际海事类知名学府数据较少,仅澳大利亚海事学院部分资料具有参考价值。我们重点从教学国际化和课程国际化、师资队伍国际化、学生国际化、科研与社会服务国际化等四个维度进行了对标观测。

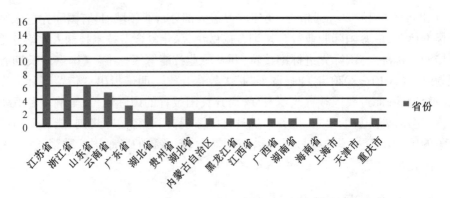

图 1 2016 年高职院校"国际影响力 50 强"发布情况

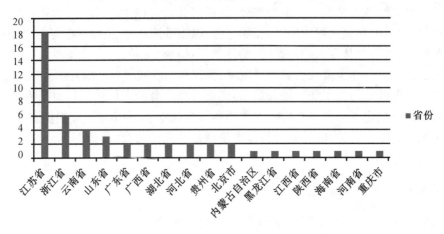

图 2 2017 年高职院校"国际影响力 50 强"发布情况

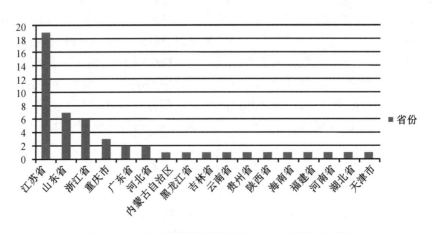

图 3 2018 年高职院校"国际影响力 50 强"发布情况

3.1 教学国际化和课程国际化情况

国际化的人才培养目标需要通过国际化的教学模式和课程体系来体现和实施。

维度一:教学国际化

职业院校技能大赛作为推进人才培养模式创新的重要手段,能够充分展示职业教育改革发展的丰硕成果,集中展现各职业院校师生的风采,体现各职业院校的办学和教学水平。各职业院校参与国(境)外技能大赛的获奖数量在一定程度上能够反映其教学国际化的水平。表1选取南京工业职业技术学院(2019年以前)、深圳职业技术学院、无锡职业技术学院、宁波职业技术学院、无锡商业职业技术学院、扬州工业职业技术学院、江苏经贸职业技术学院和江苏航运职业技术学院等八所高职院校进行对标观测。可以看出南京工业职业技术学院(2019年以前)、宁波职业技术学院和扬州工业职业技术学院三所高职院校技能大赛获奖数量明显优于其余高职院校。技能大赛的获奖数量与本校师生对比赛的重视程度、备赛的充分性以及可参与的赛项种类等因素密不可分,各高职院校均应予以重视。

表1 国内部分高职院校国(境)外技能大赛获奖数量统计表　　　（单位:项）

学校名称	国(境)外技能大赛获奖数量
南京工业职业技术学院(2019年以前)	14
深圳职业技术学院	7
无锡职业技术学院	2
宁波职业技术学院	23
无锡商业职业技术学院	1
扬州工业职业技术学院	24
江苏经贸职业技术学院	4
江苏航运职业技术学院	3

本研究对标的国内本科院校为大连海事大学、上海海事大学、集美大学三所海事大学。由于本科院校不举办职业技能大赛,因此对标观测点选取三所院校的代表专业——轮机工程技术专业的培养目标。

大连海事大学轮机工程专业培养目标:培养具有扎实的基础理论知识和较高的人文社会科学素养,具有海洋意识、国际视野、创新精神和社会责任,具有较强的实践能力、沟通能力和安全环保意识,能够在轮机工程及相关领域从事操作与维护、生产制造、技术服务、运营管理以及科技开发等工作的高素质工程技术人才和管理人才。

上海海事大学轮机工程专业培养目标:培养符合我国和国际海事组织(IMO)制定的国际海员教育和培训标准,具备现代海洋船舶机电管理所必需的基础理论与专业知识,能熟练应用英语和计算机的高级工程技术人才。

集美大学轮机工程专业培养目标:培养适应21世纪我国国民经济和社会发展需要,德智体全面发展,获工程师基本训练,符合国际和国家海船船员适任标准要求,具备轮机工程系统知识及技能,熟悉有关海船运输安全和环保方面的公约、法律、法规,综合素质好,具有国际竞争力的航海类高级工程技术人才。

上述三所国内知名海事高校在轮机工程专业人才培养目标方面都明确提出培养具备国际视野,符合国际船员培训标准,具备国际竞争力的高级技术人才。三所高校都充分理解"一带一路"背景下我国高校国际化人才培养的要求,即将我国高校所培养人才目标与国际化所需的技能人才培养要求相接轨。

澳大利亚海事学院的船员教育在教育理念上突破了传统一次性教育的局限,建立了"理论学习—工作—再理论学习—再工作实践"的多循环的终身教育模式;同时,注重以能力为核心的教育,这种实用主义下的能力本位教育理念旨在培养学生的职业操作能力、认知能力、情感态度价值观能力。能力本位教学方式打破了传统的以教师讲授为主的班级授课制,注重以学生为中心,强调在不同的学习情境中不同的学生可以采用不同的学习策略,学习内容和学习时间也可根据不同学生的学习风格、兴趣、需要而有所不同,以调动学生的学习积极性,促进学生各方面能力的培养。

维度二:课程国际化

课程是教育的指南,它作为学生专业知识的基础起着重要的奠基作用,因此开创国际化的课程是培养国际化人才的核心要素与基础起点。在学生培养课程选择上,不仅要融入国际文化元素与历史习俗等,还应当使得课程与国际课程对接,构建多元文化深度融合相引领的国际化课程框架体系,培养适应沿线地区文化差异、促进各国人文交流与文化传播的国际化海事应用型人才。

表2是国内部分高职院校课程国际化情况的统计分析,从开发并被国(境)外采用的专业教学标准数、开发并被国(境)外采用的课程标准数两个维度进行了对标观测,选取南京工业职业技术学院(2019年以前)、深圳职业技术学院、无锡职业技术学院、宁波职业技术学院、无锡商业职业技术学院、扬州工业职业技术学院、江苏经贸职业技术学院和江苏航运职业技术学院等八所高职院校作为对标院校。可以明显看出南京工业职业技术学院(2019年以前)和无锡职业技术学院两所江苏高职院校的排头兵在课程国际化方面占据明显优势,有利于两校输出职教方案、提升国际影响力。

表2　国内部分高职院校课程国际化情况统计分析表　　　　　　　(单位:个)

学校	开发并被国(境)外采用的专业教学标准数	开发并被国(境)外采用的课程标准数
南京工业职业技术学院(2019年以前)	11	133
深圳职业技术学院	—	—
无锡职业技术学院	14	270
宁波职业技术学院	6	31
无锡商业职业技术学院	4	20
扬州工业职业技术学院	1	1
江苏经贸职业技术学院	11	66
江苏航运职业技术学院	30	12

本研究对标大连海事大学、上海海事大学和集美大学三所海事院校轮机工程技术专业英语类课程发现,三所院校国际化方面均未能输出具有本校特色的优质课程,目前课程国际化均围绕英语类课程展开,如表3所示。因此在课程国际化这一维度我国海事类院校仍需努力。(囿于数据收集困难,本研究未能在三所院校引进境外高水平课程、培育全英文课程等维度收集到有价值的数据。)

表3　三所本科院校轮机工程技术专业英语类课程统计表

学校名称	课程类别	课程名称	
大连海事大学	公共基础课	大学英语	英语初级口语
	专业及方向类课程	轮机英语阅读	轮机英语会话
上海海事大学	核心课程	轮机英语阅读与写作	
集美大学	公共基础课	大学英语	
	专业课程	轮机英语	轮机英语听力与会话
	专业实践训练	轮机英语强化训练	

3.2　师资队伍国际化

教师国际化视野的高低直接决定了院校的国际化程度,建设国际知名海事类高等院校,就必须依靠一支世界一流的师资队伍。一方面,师资队伍既是国际知名海事类高等院校建设的对象,又是国际知名海事类高等院校建设的成果;另一方面,师资队伍又是国际知名海事类高等院校建设的主体,学校的人才培养、科学研究和社会服务等功能都是通过师资队伍来完成的。

为了调研当前国内高等职业院校教师国际化的发展状况,我们仍选取南京工业职业技术学院(2019年以前)、无锡职业技术学院、宁波职业技术学院、无锡商业职业技术学院、扬州工业职业技术学院、江苏经贸职业技术学院和江苏航运职业技术学院等七所高职院校进行对标分析(见表4)。

教师的国际化视野影响并制约了高校的国际化发展进程,而高校教师赴国(境)外任教、交流、访学和参加国际会议均有助于提升教师的国际化水平。自2019年起,江苏省委省政府也将江苏省高职院校专任教师赴国(境)外指导和开展培训的时间计入"双高计划"建设院校和专业群建设院校年底考核的重要指标。表4选取专任教师赴国(境)外指导和开展培训时间和在国(境)外组织担任职务的专任教师人数作为两项观测指标。可以明显看出无锡职业技术学院作为江苏高职院校的排头兵在教师国际化方面占据明显优势,有利于提升专任教师的双语教学能力、组建国际化建设和教学团队。

表4　国内部分高职院校教师国际化情况统计表　　　　　（单位:人）

学校	专任教师赴国(境)外指导和开展培训时间	在国(境)外组织担任职务的专任教师人数
南京工业职业技术学院(2019年以前)	2575	49
无锡职业技术学院	10305	26
宁波职业技术学院	4283	12
无锡商业职业技术学院	1137	9
扬州工业职业技术学院	4410	—
江苏经贸职业技术学院	462	7
江苏航运职业技术学院	474	9

3.3 学生国际化

为了调研当前国内外高等职业院校学生国际化的发展状况,我们选取了四所国内本科院校和十三所高职院校作为调查对象,这十三所高职院校的选取既参考了中国特色高水平高职学校和专业建设计划入围院校名单,也参考了2016年、2017年、2018年高职院校连续三年入围"国际影响力50强"名单。四所本科院校包括:大连海事大学、上海海事大学、集美大学、南京工业职业技术学院(本科),十三所高职院校包括:北京电子科技职业技术学院、深圳职业技术学院、武汉船舶职业技术学院、福州船政交通职业技术学院、无锡职业技术学院、江苏农林职业技术学院、江苏农牧职业技术学院、常州信息职业技术学院、无锡商业职业技术学院、江苏经贸职业技术学院、江苏海事职业技术学院、江苏航运职业技术学院、扬州工业职业技术学院。

维度一:国际合作院校或组织数量、国别数

国际合作院校数量和国别数能反映出每所高职院校开展国际教育交流与合作的广度、力度和能力,高质量的学生交流项目和平台来自广泛的校际联系和互动,因此该参数能从一定程度上反映各院校学生交流项目的成效。从图4所示可见,浅灰色代表国际合作院校或组织数量,深灰色代表国别数,多数高等职业院校的国际合作和交流仍属于起步阶段,仍有较大的发展空间和前景。

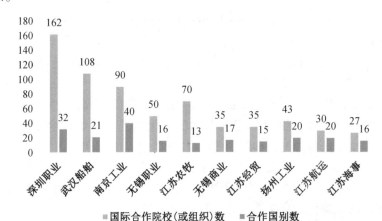

图4 国际合作院校数量和国别数

维度二:中外合作办学数量

中外合作办学是我国高等职业教育实现学生国际化的一项重要途径。中外合作办学分机构和项目两类,特指经地方依法批准设立和举办,并报教育部备案的实施高等专科教育的中外合作办学机构和项目相关信息中外合作办学项目,是国际教育交流与合作的重要形式和载体,有助于推进学生国际化水平,图5是中外合作办学数量统计。在所调研的高职院校中,只有无锡职业技术学院创办了无锡职业技术学院爱尔兰学院这一中外合作办学机构,其余均为中外合作办学项目。同时,部分高校具有多个中外合作办学项目在运行。由此可见,双方重视程度、合作意向、双方投入、人才培养质量等因素对中外合作办学项目成功与否具有较大的影响。但在我国的职业教育领域,中外合作办学尚不完全规范。虽然各院校在办学性质、经费来源、生源质量等各方面存在差异,办学模式也不尽相同,但基本都面临欠缺政府指导与帮助、学生资源不稳定、低水平合作多、教学成果堪忧、发展缺乏保障以及能够实施双语教学的教师短缺等的现实问题。

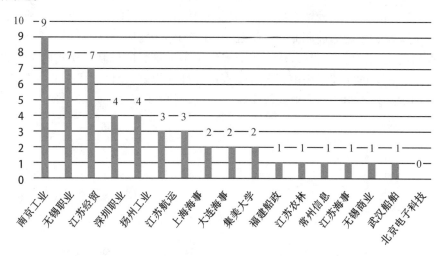

图5　中外合作办学数量统计

维度三:在校生服务"走出去"企业国(境)外实习时间

除参与国(境)外学习交流项目外,高职院校学生也可通过服务"走出去"企业来拓展国际视野,提升国际化素养,因此在校生服务"走出去"企业国(境)外实习时间这一参数具有重要的参考价值。图6是在校生服务"走出去"企业国(境)外实习时间的统计。对标以下几所代表性高职院校可以发现,江苏航运职业技术学院在这一参数上占据绝对优势,航海类专业学生实习的航运企业多数都开辟了国际航线,因此服务"走出去"企业的比例较高。航海类高职院校应进一步完善航海类专业群建设,确保特色专业优势,继续领跑服务"走出去"企业国(境)外实习时间这一指标。

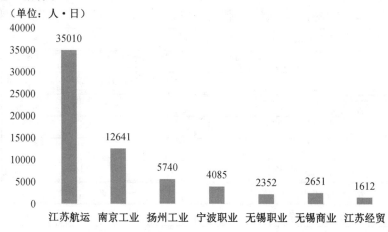

图6　在校生服务"走出去"企业国(境)外实习时间统计

维度四:留学生教育

留学生教育是学校国际化水平的重要标志,对于增强学校竞争软实力和提高国际影响具有重大意义。因此,发展来华留学教育已成为各所高职院校提升自身教育国际化水平的重要途径之一。高校的外国留学生规模、留学生的学历层次、专业分布等都是评价高校国际化程度的重要指标。

我们选取来华留学生人数和招生国别数作为观测点,如图7所示,以无锡职业技术学院为代表的学校,由于起步早,在校留学生人数和招生国别数都遥遥领先其他学校。而反观作为最早获批招收来华留学生的深圳职业技术学院,其在校留学生规模并不大,这可能是由于各省对来华留学项目的支持力度不同导致的。当前来华留学生培养的机制和模式尚不完善,以深圳职业技术学院为代表的院校采用由二级学院直接管理的模式,而以无锡职业技术学院等为代表的院校采用国际教育学院和专业二级学院共同负责的管理模式。

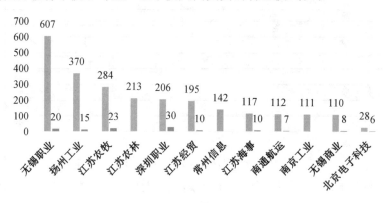

图 7 来华留学生人数和招生国别数

3.4 科研与社会服务国际化

在科研与社会服务国际化方面,选取南京工业职业技术学院(2019 年以前)、深圳职业技术学院、无锡职业技术学院、宁波职业技术学院、无锡商业职业技术学院、扬州工业职业技术学院、江苏经贸职业技术学院、江苏航运职业技术学院和大连海事大学等九院校进行对标分析。表 5 是国内部分高职院校社会服务国际化情况的统计。

表 5 国内部分高职院校社会服务国际化情况统计 （单位:人·日）

学校	非全日制国(境)外人员培训量
南京工业职业技术学院(2019 年以前)	7300
深圳职业技术学院	1520
无锡职业技术学院	11611
宁波职业技术学院	45160
无锡商业职业技术学院	13004
扬州工业职业技术学院	930
江苏经贸职业技术学院	9089
江苏航运职业技术学院	7949

本科院校以大连海事大学为例。大连海事大学成立了世界航海历史与文化研究中心和海底工程技术与装备学科创新引智基地,成员均来自世界具有较高知名度的高校,其中既有美国国家工程院院士,也有在其学术领域中处于国际知名地位的学术大师。围绕中国与海上丝绸之路沿线国家的文化交流,围绕当前国内外相关领域的重大技术难题等开展际化的、跨学科、

跨地区的学术交流、科学研究等工作。而高职院校总体而言,在科研国际化方面并无突出作为,因而可提升空间较大。

在社会服务方面,我们选取非全日制国(境)外人员培训量这一维度进行对标对表。高校作为提供社会服务的重要阵地,提供非学历培训能够服务周边群众,扩大人才培养范围,实现优质教育资源的共享。非全日制国(境)外人员培训量在一定程度上能够体现高校社会服务国际化的程度。通过分析表5所得,宁波职业技术学院在非全日制国(境)外人员培训量这一指标方面表现突出,在高职院校社会服务国际化方面具有较大优势。各高职院校应充分发掘自身潜能,借助自身专业特色,更好地发挥社会服务的职能。

4 船员职业教育国际化的现有基础与不足

4.1 教学国际化建设的现有基础与不足

4.1.1 教学国际化的现有基础

在人才培养目标方面,船员职业教育在人才培养目标制定上顺应国际化这一大趋势,以教学国际化发展为导向来匹配教学国际标准;在双语课程建设方面,航海类院校已建设一批双语课程且获得不错的学生反响;在教材建设方面,正在规划双语教材建设标准,即将全方位开展教材建设工作。

4.1.2 教学国际化存在的不足

在课程建设方面,一是双语课程与英语课程衔接性不强。目前,航海类院校双语课程主要有英语类、专业类两大类课程。英语类主要有大学英语、英语听说等课程,与专业课程的对接性不强,课程之间相对比较独立,没有形成课程衔接。二是师资力量受限。优秀的双语教学教师需要专业的外语资格认证、丰富的教学经验、扎实的专业理论,但从目前师资现状来看,高校双语教学教师的水平在低层次徘徊。

在教材建设方面,一是国内外对"教材"概念理解不同。国外教学活动中,教师往往使用讲义授课,即教师根据课程教学目标,结合学生水平等教学实际情况,从多本教材中选取适合本次课程的内容编写教学讲义。我国当前双语教材的教学活动,大多是以一本教材为主。然而在国外的众多教材中很难选择一本与目前航海类院校培养目标相一致的教材,同一门课程让学生选择几本教材,不符合教学实际,会给学生带来经济和心理压力。二是国内外教学大纲存在差异。国外原版教材的教学大纲与国内教材存在差异。国内的课程设置严格遵循人才培养方案的要求,课程之间通常在知识结构上互补、内容上相辅相成,从而构成完整的课程体系,而从国外引进不同的教材,其内容往往不具备课程之间的衔接性和连贯性。

4.2 师资国际化建设的现有基础与不足

4.2.1 师资国际化建设的现有基础

航海类院校通过组织出国考察,或邀请专家、学者来华讲座、进行教学指导等活动,有效地提高了师资水平。部分院校还委托国外教育机构或合作院校,量身定制教师培训课程,组织教师在国内或国外接受专业师资培训,并遴选教师赴海外进行为期半年至一年的境外访学项目。有的院校还通过主办国际论坛或者选派教师参加国际学术会议,帮助教师广泛接触海内外同行,建立联系,增进了解,扩大学校在国际上及专业上的影响力和知名度,以此推动其他国际项目的开展。

举办联合课题或者与知名跨国企业进行校企合作,也是近年来航海类院校较为推崇的国际交流形式。项目的推进,使更多教师有机会接触国外先进的教学理念和教学方法,掌握最新的教学资源和工艺技术,了解国外企业的运营管理机制和行业标准,大大提高了学校整体的教学水平和教学质量。

4.2.2 师资国际化建设存在的不足

航海类职业院校师资国际化工作起步较晚,尚未形成明显的品牌竞争力,主要不足体现在:

(1)认识不足,教师国际化的发展意识淡薄。教师对高等教育国际化的关键性认识不到位,对师资国际化认识不到位。多数教师缺乏相应的国际视野和国际教学理念,自身的教学与科研仍停留在与国内教师相比较的阶段,而不能从全球化角度来明确自身职业发展目标。在教学中,教师的传统办学观念较强,使学生的思想受到了禁锢,从而导致人才培养的定位有本土化倾向;在科研中,教师由于不具备国际化视野,很难走在国际学术前沿。管理人员也缺乏国际理念与思维,传统的管理理念和方式已无法适应提升船员职业教育国际化的需求。

(2)水平不高,获得国外进修的机会不够饱满。职业教育与社会生产是紧密结合的,教师需要精准地把握市场和产业结构的瞬息万变,才能立足社会、为社会培养卓越的技术技能型航运人才。目前教师在外语水平和理论实践教学水平上都与国际教师存在巨大的差异,双语教学程度低,以国际专业标准进行的教学理论和实践都还不够。教师具有国外学习进修或工作经历的比例不高,跨出国门与国外同行专家进行合作或交流的机会较少,基本没有从事国际化项目的工作经验。青年教师在求学阶段掌握的外语能力也仅限于日常的沟通与表达,对于专业解说和教学过程中涉及的外语能力还有待提高。以单一地引入外教进行教学并促进国际化教育发展,这种形式也严重地影响了航海类职业院校教师自身的国际化发展。教学能力只是国际化能力中的一部分,应当建立完善的国际化教师培训体系,长期地有侧重性地为航海职业国际化的提升培养与之相适应的国际化师资队伍。

(3)来源单一,汲取国外师资的力量不够充足。随着国家在教育领域投入力度的加强,各类高校为了加强专业建设和学科建设,都争先恐后地出台了各种优惠政策,创造了许多良好的工作环境,以此来吸引海外优秀人才。但是有调查研究显示,一般回到国内工作的通常是国外学者中的普通人才或者是中等水平人员,那些十分有成就或者很有能力的人依然选择留在国外。目前国内高校聘请的客座教授或者通过各种方式引进的外籍学者很难做到长期交流与任职,大部分都是短期访问学者或者是讲座型学者,全职回国的数量十分有限。同时,被聘请的外籍教师多数从事语言相关课程的教学,极少有从事专业教学的外籍教师,严重缺乏在国际上有较高学术声望,并且熟悉行业国际规则的外籍教师。由于发展平台等更多因素的限制,高职院校对海外留学生的吸引力相当不足,外聘的高水平外籍专家学者也实属不多。这在一定程度上阻碍了航海类职业院校师资国际化的发展。

(4)机制不全,国际化的教师团队需要零突破。针对"走出去"的政策不够完善,导致教师目标模糊,维持现状立足于国内发展。目前,教师的教学工作量饱和,科研与教研、公共服务工作也比较多,教师参与国际化工作的时间与精力得不到充分保证,参与国际化工作的积极性普遍不高。因此,迫切需要相关院校制定相应的激励、考核与保障机制等,鼓励引导教师参与国际化工作。同时,国际化方方面面具体的工作最终是靠一支强有力的团队来支撑完成的,但是仅仅依靠管理团队是远远不够的,需要充分调动英语老师甚至全校教师的积极性,打造专业化管理队伍与兼职国际化团队相结合的国际化团队,统筹协调,分工协作,积极为船员职业教育国际化的提升而服务。

4.3 学生国际化建设的现有基础与不足

4.3.1 学生国际化建设的现有基础

(1)具有明确规划和顶层设计。大部分高职院校制定了"一带一路"沿线国家来华留学生教育发展规划,就"一带一路"沿线国家来华留学生教育的发展做出有关安排和部署,明确总体目标和切实可行的阶段性目标、步骤及主要保障措施。明确学校各职能部门、各二级学院在来华留学生教育发展中的职责和任务,并建立协调机制。

(2)已形成较为完善的管理机构和制度。以江苏海事职业技术学院为例,2017年学校进行机构改革,单独设置国际教育学院、国际教育交流与合作处(合署),明确负责国际化的专门机构,助推学生国际化发展;2019年,学校再次进行机构调整,将基础教学部和国际教育学院合并成立新的国际教育学院(苏海院委〔2019〕61号),相较2017年的调整,更聚焦学校国际化办学,聚力高水平院校建设。

学校出台《江苏海事职业技术学院学生出国(境)管理办法》等政策,实现学生国际化的制度化和规范化发展,同时设立学生海外研修专项奖学金,有人均不低于5000元人民币用于补助优秀学生出国(境)研修交流和升学深造,激励航海类职业院校学子出国(境)研修,开阔国际化视野。

针对留学生教育方面,学校正在营造良好的留学政策环境,增强学生的自身发展力,改变过去由地缘特征决定沿线国家来华留学生教育规模优势的格局,创设具有倾斜性与导向性的外部制度空间和政策环境。学校层面也在积极配套和不断完善相关留学服务政策。

(3)积累了高质量的学生交流与合作项目。航海类职业院校重视培养学生国际化素养,提升学生国际化视野,积极打造学生出国(境)交流学习平台,积极拓展与国外知名院校、机构的合作交流。以江苏海事职业技术学院为例,学校先后与澳大利亚塔斯马尼亚大学、美国哈特兰德社区学院、英国普利茅斯大学、荷兰海事大学、加拿大苏安学院、新加坡酒店管理协会学院、丹麦马士基公司、英国盖普等24个地区的境外高校和教育机构签订了合作协议,近三年,开发了马来西亚海事学院、菲律宾公立大学、韩国济州大学等游学与留学项目,近三年已有137名学生赴国(境)外留学与游学。

(4)来华留学生培养初具规模。以江苏海事职业技术学院为例,航海类职业院校自2016年开始招收留学生以来,积极拓展招生生源国,重点开辟"一带一路"沿线国家尤其是东南亚地区生源基地。合理编制留学生招收计划,大力开发多种留学生来华学习渠道,稳定留学生培养规模;对留学生教育硬件和软件设施进行合理化配置,提高后勤管理和生活服务水平,改善留学生公寓住宿条件,为留学生提供良好的生活环境和服务;同时,重视改进留学生人才培养模式,由插班制逐步过渡到整班制培养,有针对性地加强专业建设、课程改革和教学方法改革,提升留学生管理水平和培养质量,打造"留学海院"品牌。

4.3.2 学生国际化建设存在的不足

(1)留学生教育起步较晚,尚未形成教育品牌。航海类职业院校从2016年起招收首批来华留学生,相较于省内高职院校的排头兵来说,起步较晚;同时,由于部分二级学院的重视程度不足,留学生教育仍缺乏一套完善的培养体制,以及与之配套的培养方案、课程体系、教学计划,且人才培养模式和教学方法单一,专业结合度不足。

(2)学生国际化经费短缺、项目数量较少。航海类职业院校学生出国(境)学习与交流经费投入不足,学生家庭投入成本较高,不利于调动学生出国(境)交流的积极性。同时,各二级学院参与度不足,未能充分发挥作用。

4.4 科研与社会服务国际化建设的现有基础与不足

4.4.1 科研与社会服务国际化建设的现有基础

(1)搭建国际科研交流平台,提升服务国家战略能力。学校成立"一带一路"应用型海事人才研究院,并致力于打造高水平科技智库。借助参与"一带一路"项目建设,对接"一带一路"、服务"中国制造"校企合作协议,拓展"一带一路"服务空间,与企业联合参加国外工程项目,服务国家发展战略,并积极承办中国海事职业教育服务高峰对话论坛。同时,航海类职业院校教师积极为参与国际学术组织和国际学术会议寻找机会和途径。

(2)构建国际船员培训体系,全方位开展国际船员培训。航海类职业院校策应"一带一路"建设,发挥船员教育办学优势,系统构建卓越航海人才培养培训标准体系,积极对接国际船员培训标准,于2018年通过马士基船员培训和巴拿马船员培训体系审核,为开展国际高端海事人才培训和普通船员培训构建基石。

(3)启动海事政策国别研究,科研国际化向纵深发展。航海类职业院校结合海事特色,积极开展"一带一路"沿线国别研究,一方面探索来华留学生教育服务国家战略的体制、方法路径,并实现来华留学生教育自身的改革创新,提质增效;另一方面通过国别研究,挖掘"一带一路"沿线船员培训市场和境外培训基地,以科研国际化服务学校输出"中国职教"方案的目标。

4.4.2 科研与社会服务国际化建设存在的不足

(1)国际科研团队建设不够,尚未建立全球化科研合作伙伴关系。尚未在海事领域与世界一流海事院校、企业或科研机构建立起相对稳定的合作伙伴关系,建立国内外高水平研究人员合作开展海事科学研究的团队,整合各方面资源优势,开展跨学科、跨国界的学术研究合作。

(2)国际性校企合作有待加强,服务企业能力有待提高。国际知名院校十分注重与世界知名企业的合作,航海类职业院校需要加强通过国际网络或联盟与国际知名航运企业建立合作伙伴关系,了解行业前沿热点问题,对接企业需求,开展全方位、多角度的国际合作。

4.5 航海类职业院校国际化的关键性指标

高等教育国际化办学绩效的价值取向是高校作为一个社会行为组织对其国际化办学行为终极目标的基本价值判断、价值确认和利益选择,是"如何开展国际化办学及其要实现什么样的办学目标"这一根本目的的体现,并由此构成了高等教育国际化办学绩效评价体系和绩效评价行为的深层结构,深刻影响着高等教育国际化办学绩效目标的设定、评价指标的构建、绩效评估的实施及结果的应用。对照中国高等教育国际化发展状况调查指标体系,结合《中国特色高水平高职学校和专业建设计划项目遴选管理办法(试行)》中的基本条件和省委综合考核中关于国际交流与合作的指标,并参照美国、OECD、日本大阪大学等自20世纪90年代以来各自开发出国际化办学绩效评估指标体系,设置航海类职业院校国际知名海事院校建设指标体系,具体如表6所示。

表 6　国际知名海事院校建设指标体系

一级指标	二级指标	观测点	目标值	
			2023 年	2026 年
1. 国际化政策与战略	1.1 国际化政策与战略	1.1.1 出台关于国际化办学的战略及相应规划		
		1.1.2 推进国际化工作的制度建设		
		1.1.3 国际化理念的建立		
2. 组织与支持结构	2.1 组织与结构	2.1.1 学校层面建立专门的国际化办公室		
		2.1.2 二级单位设立国际化专员		
	2.2 计划与评估	2.2.1 制订国际化办学推进计划		
	2.3 财政支持与资源分配	2.3.1 制订国际化办学评估办法		
		2.3.2 专门的国际化经费		
	2.4 支持服务与设施	2.4.1 专门的国际化资源配备		
		2.4.2 国际化的硬件设施		
		2.4.3 优质专业的管理服务		
3. 教学实践与课程设置	3.1 教学国际化	3.1.1 引进境外先进教学资源和教学模式		
		3.1.2 输出本校优质教学资源		
		3.1.3 双语教学能力		
	3.2 课程国际化	3.2.1 引入国际职业资格证书、课程等资源的专业数（个）	15	
		3.2.2 航海类专业引入 IMO 示范课程门数（个）	30	
		3.2.3 非英语类专业使用外语课程数/学时数（门/学时）	15/900	
		3.2.4 开发境外认可的行业或者专业教学标准数（个）	1~2	
	3.3 中外合作办学	3.3.1 经教育部门备案的中外合作办学项目数（个）	2	
		3.3.2 中外合作办学的专业数/人数（个/人）	2/80	
		3.3.3 建立实质性合作关系的国（境）外院校数	15	
	3.4 境外、援外办学	3.4.1 境外办学机构或者项目数（个）	1~2	
		3.4.2 援外办学项目数（个）	1~2	

续表

一级指标	二级指标	观测点	目标值 2023 年	目标值 2026 年
4. 师资队伍国际化	4.1 本校教师国际化	4.1.1 本校教师到国(境)外学习、工作(一年以上)经历的人数(人)	50	
		4.1.2 本校教师到国(境)外讲学、研修、访学、培训、考察、参会比例/其中三个月以上的比例(%)	100/15	
		4.1.3 本校教师获得国(境)外博士学位的人数(人)	5	
		4.1.4 本校教师在国际组织、学术协会、国际刊物担任职务的人数(人)	1~2	
		4.1.5 国(境)外教师培训基地(个)	6	
	4.2 国外智力引进	4.2.1 聘请国(境)外名誉教授、客座教授、兼职教师人数(人)	15	
		4.2.2 邀请国(境)外专家、学者来航海类职业院校交流人数(人)	20	
5. 学生国际化	5.1 本国学生国际化	5.1.1 本国学生赴国(境)外修读学分人数(人/年)	50	
		5.1.2 本国学生赴国(境)外短期游学、交流人次(人次/年)	100	
		5.1.3 组队参加国际比赛/境外技能大赛获奖数量(项)	1/1	
		5.1.4 本国学生国(境)外实习时间(人·日)	65000	
		5.1.5 应届毕业生国(境)外升学人数(人/年)	30~50	
		5.1.6 航海类专业应届毕业生服务于国际航线比例(%)	50	
	5.2 留学生教育	5.2.1 留学生占在校生比例(%)	4	
		5.2.2 招收留学生专业数(个)	8	
		5.2.3 学历(专科)生人数(个)	200	
		5.2.4 非学历(高级进修生、普通进修生、语言生和短期生)人数(人)/非全日制境外人员培训量(人·日)	300/5000	
6. 研究与学术合作	6.1 课题组成员国际化	6.1.1 本校教师参加境外课题团队		
		6.1.2 邀请境外教师参与本校课题团队		
	6.2 研究资源国际化	6.2.1 引进境外科研资源		
		6.2.2 输出本校科研资源		
	6.3 成果发表国际化	6.3.1 在国际平台上发表成果		
		6.3.2 参与国际会议并展示成果		

5 提升船员职业教育国际化的路径

船员职业教育依托航海类职业院校办学优势,以提升学校国际竞争力和影响力为着力点,坚持引进与输出并重,全方位、多层次、宽领域推进国际交流与合作。对接国际标准,制定国际通用的海事类专业标准和课程标准,开发教学资源,开展课程与专业国际认证,建立援外培训中心和境外分校,输出中国海事职教方案和经验。发挥专业优势,健全国际化管理与服务体系,打造"双向"留学品牌。与全球知名航运企业和高校建立全面战略伙伴关系,全面提升国际影响力。

5.1 制度优先,推进大学治理体系改革,形成凸显优势的国际知名海事院校发展战略和统筹推进的战略执行体系

5.1.1 明确战略定位

国际化是高等职业教育发展的重心之一,也是国内高等职业院校走向国际知名的必由之路,制定国际化战略成为各类高等院校有效推动国际化的发展的重要力量和指导方针。高校国际化发展战略应涉及战略制定前的战略环境分析、战略使命与愿景、战略内容、实现方式以及相关的战略保障措施等。创建国际知名海事院校需要对当前全球环境、国家政策、国际化师资团队建设、国际人才培养、专业与课程建设、国际合作关系、支撑队伍和服务保障机制等进行系统分析和梳理,结合航海类职业院校海事类学科特色,调动全校资源,稳步落实各项国际化办学举措,不断提升自身国际教育竞争力和国际知名度。建议以五年为周期,制定航海职业院校创建行动方案。

根据调研,国际化或国际知名院校创建战略还主要处在"明晰的文档规划"层次,即各个大学有明晰的国际化文档和目标,但如何具体实施、如何调动全校资源为国际知名院校创建却语焉不详,也有部分高校的国际化战略仅仅处在制度表述的层面。航海类职业院校国际化办学战略实施也存在上述类似问题,需要在全校范围内进一步统一思想、凝聚共识、协同分工,提升全体领导干部和教师国际化办学意识和参与国际化办学的积极性,搭建行之有效的国际化办学实施和执行体系,探索并提升国际化办学水平。

5.1.2 整合内部力量

高等教育国际化是高校为实现既定办学目标,在全球范围内开展的一项复杂性办学活动,需要处理好以下两个问题:一是国际化办学的连贯性和持续性问题;二是高校内部各组织、机构之间的协调性问题。推进学校校内组织功能整合即要求各二级单位系统、持续性地推动国际化办学稳步向前发展,包括国际化办学本身的连贯性或一体化,以及推进国际化办学各系统之间的协调一致。如在国际化办学过程中形成国际教育学院(国际教育交流与合作处)与校内其他各职能部门之间的有机协调和联动的工作机制。整合功能的充分发挥,能保证学校内部各组织机构之间的联动,有相对统一的行动纲领,具有持续性和连贯性的政策措施等。为保证高校内部各组织、机构之间的协调性,需要强化国际化工作领导小组的统筹作用和国际化办学领导小组的工作运行机制。此外,还需要建立起学校、二级学院、职能部门与教职工在国际化方面的工作机制,实现各司其职但又密切合作。

5.1.3 配备国际化办学人员

国际化办学组织结构是指为实现国际化目标建立一些拥有自主行事能力的组织部门,并

为保障国际化实施而制定一系列相关政策、制度和运行机制。院校能够有效组织和推动国际化发展在很大程度上是由国际化组织结构来决定的,如果没有组织机构和制度的相应支持,国际化进程难以顺利推进。高等院校国际化组织机构设置主要包括外事行政部门和外事教学机构等。外事行政部门一般负责国际合作交流等事务性工作,外事教学机构一般负责来华留学生教学、日常管理和科研等工作。当前航海类职业院校国际合作交流处和国际教育学院采用合署模式,能有效解决外事工作协调不畅的问题,但外事工作既要抓国际交流和合作,又要开展对外汉语教学,同时又要开展留学生日常管理和招生工作等,这对工作人员的素质和综合能力要求较高,需要优化人员配备,才能有力支撑国际知名海事院校创建工程。

5.1.4 资金投入与保障

经费支持是高校国际化办学活动开展的重要保障,资金不足已经成为各类院校推进国际化战略过程中面临的主要难题之一。当前航海类职业院校国际化办学活动预算的资金来源较为单一,主要为学校拨款和政府专项拨款,企业及个人捐赠资金、校友捐赠的资金均为空白,对公共资金的依赖度较高。多渠道拓展国际化办学经费来源,确保各项国际化办学项目开展和运行。

5.2 教学为基,引入与输出双向共进,提升整体国际化办学水平和实力

5.2.1 引入并内化国外优质教学资源

加强与职业教育发达国家的教育交流与合作,拓宽国外课程、教材、技能证书等教学资源引入渠道,加强引入前的质量甄别工作,提升与航海类职业院校专业建设方向的匹配度,按照"吸收引进—创生资源—提升能力"的路径内化国际优质教学资源。引入 DNV-GL 质量体系和巴拿马船员培训质量体系,进一步对接 STCW 78/10 公约,推进专业国际化水平提升计划。

5.2.2 开发海事教育国际标准

航海职业院校应主动接轨国际互认体系,结合自身办学特色与经验,重塑优势专业建设理念、再造专业建设流程、完善保障体系与支撑机制,全面提升海事职业教育的国际化水准和国际通用性。建立教学、课程、师资、顶岗实习、实训条件建设等国际通用的教育教学标准,编制系列教学案例,形成可推广复制的航海人才培养培训新体系。

5.2.3 输出中国海事职教方案

依托巴拿马海事局海事培训授权资质,开发外籍海事师资培训项目和外籍员工培训项目,成立援外培训中心,建成国家援外培训项目重要基地。结合国(境)外基础教育情况、海事教育情况、海洋运输产业发展情况,构建符合境外国家法律法规要求的境外校企合作办学组织架构和运行机制,在境外拓展境外办学点,助力航运企业"走出去""引进来"。

5.3 师资为本,内培外引,提质增效,扎实提高师资队伍的国际化水平

国际知名大学的标志是具有世界一流的师资队伍,世界一流的科研水平和世界一流的教育质量。只有具有国际视野、国际水平的教师,才能承担世界一流的教学、科研和学科建设,才能培养出一流的人才,也才能得到世界的认可。师资队伍国际化是建设世界一流学科的保证,是开展国际科研合作和学术交流的前提,因此高度重视师资队伍的国际化工作,是职业教育国际化提升的根本。

5.3.1 加快校内师资培养步伐

搭建国际师资培养平台,建立海外师资培训基地,推进教师国际化能力提升计划。通过访问进修、合作研究、专题研修、挂职锻炼等多种途径和方式,逐步培养一批能与国际同行开展交流、沟通、研究的国际化教学、科研和管理骨干队伍。有重点地选派科研能力强、专业基础好、外语水平高的教师去国(境)外相关特色大学、知名大学和科研机构深造、培训和参加学术合作与交流。

5.3.2 加大国际高端人才引入力度

注重高端引领,在全球范围内聘请海事领域世界知名学者和学术大师加入航海类职业院校的师资队伍中来,这是提高师资队伍国际化程度的又一个捷径。遵循"不求所有、但求所用、更求所为"的战略思维,梳理国外海事领域具有影响力的知名学者,通过积极联络,采用讲学—合作—聘用的阶梯式递进的合作,充实海内外高层次人才队伍。可采取"一人一策"的方式,组织实施"海外高端人才引进计划",主要从以下三方面采取措施:一是引进国际性人才;二是聘用短期客座教授;三是设立流动特聘岗位。通过海内外高层次人才队伍的充实,逐步做到所有专业都具备外教授课,每年特聘2~3名国(境)外杰出学者来校工作。

5.3.3 加强师资国际交流能力建设

瞄准世界一流海事院校,加强师资国际交流能力建设,在国际化师资培养新平台上提高质量。一是兼顾"硬实力"和"软功夫"培养。在不断提高教师理论知识与实践水平的前提下,既要提高"交流硬实力"的外语语言水平,也要提高"交流软功夫"的跨文化交际能力培养。二是实施分层分类培训。短期访学项目和博士等学历教育项目并驾齐驱,满足不同年龄段、不同职称层次教师需求。三是聚焦双语能力提升。开展双师双语能力认定,全面提升全校教师双语能力。

5.3.4 打造专兼结合的国际化工作团队

激发潜能,把教师的职业技能范围从教育科研拓宽到国际教育交流与合作等领域,真正将师资国际化和校园国际化、高职教育国际化融为一体。一是培养教师全员国际化理念。以国教学院教师全面融入国际化工作为牵引,带动全校更多的教职工提升国际化视野和能力,做到"人人参与、个个有为",以教师的全员国际化推动学校的国际化。二是配套激励考核机制。探索符合国际要求、切实可行的国际化职业教育师资专业标准,大力推进中青年骨干教师的继续教育,明确各级教师应达到国际化的指标要求,可将教师的国际化水平纳入职位晋升、职称评审的基本条件中。三是构建国际化团队。依托培训基地、境外办学机构等载体作用,构建国际化教学和科研团队。

5.4 学生为主体,项目为载体,打造双向留学品牌,培养国际化人才

《国家中长期教育改革和发展规划纲要(2010—2020)》提出,要培养大批具有国际视野、通晓国际规则、能够参与国际事务和国际竞争的国际化人才。这对国际化人才需具备的基本要素进行了清晰界定。2019 年《国家职业教育改革实施方案》提出要"建设一批引领改革、支撑发展、中国特色、世界水平的高等职业学校和骨干专业(群)",为企业输送大批符合"一带一路"建设需要的技术技能人才。由此可见,高水平应用型高等院校的国际化人才培养应包含国内学生的国际化能力培养、来华留学生培养和国外本土化人才培养。

5.4.1 国际化能力培养融入专业人才培养全过程

改变当前学生国际化能力培养没有系统的课程配套、没有成熟的保障体系、没有强大的师资队伍的"三无"局面。秉承通识教育与专业教育相融合的理念,将国际化作为通识教育的必修内容,使学生对于中国的历史和目前中国的国际地位、影响和贡献有均衡的理解,并对不断变化的国际形势有比较深入的认识,培养具有跨文化素养能力的国际化人才,为具备国际事务洞察力和处理能力打下扎实基础。

5.4.2 实施学生英语应用能力提升计划

对于国内航海高职院校来说,坚持以培养学生英语应用能力为目标,面向全校所有专业实施以提高听说能力为核心的大学英语教学改革。通过一体化全过程分层分类设定英语课程教学目标,创新教学模式,重塑英语课程体系与教学内容、教学方式与方法、评价标准与机制等,提升学生英语应用能力尤其是听说能力、综合文化素养和跨文化交际意识、语言思辨能力。

5.4.3 以项目为载体搭建国际化人才交流合作平台

健全"选、派、管"出国(境)留(游)学制度,拓展中外学生交流项目,通过学分互认、师生互换和文凭互授等,搭建学生国际交流平台。积极实施双学历、海外交换生、名校交流生、海外实习研修、暑期夏令营等中外交流项目,支持和服务在校学生和毕业生到国(境)外游学、访学、留学。实施专业群体学生学历提升计划,帮助有意愿且符合要求的学生到国(境)外学习深造。

5.4.4 提升来华留学人才培养质量

改进留学生人才培养模式,由插班制逐步过渡到整班制培养,广开招生渠道,强化入学审核,提高生源质量。加强留学生教学和管理队伍建设,有针对性地加强专业建设、课程改革和教学方法改革,保证所有留学生通过第一年的汉语教学,HSK4考试通过率达90%以上。留学生汉语教学成为学校的特色和亮点,吸引更多的留学生到校学习,强化对留学生的人文关怀,带着感情、带着温度为留学生提供优质教育,讲好中国故事、传播中国声音,着力培养"知华、友华、爱华"的技术应用型留学生。

5.5 聚焦海事,整合优势资源,加强科研交流,提升国际影响力和话语权

科研国际化是高等院校快速迈向国际知名的理性选择和必然之路。作为海事类高等院校,航海类职业院校应积极策应海洋强国、交通强国和"一带一路"建设的需求和海事行业发展需求,响应江苏涉海涉江战略需求,应积极加强对国际海事公约进行跟踪研究,配合交通运输部参与国际海事标准制定,提升在国际海事领域的话语权。

5.5.1 整合优势资源,打造国际科研平台

整合校内外研究资源,重点建设海事特色鲜明的新型智库,为海事教育服务国家战略和行业发展提供智力支撑。重点开展"一带一路"沿线国家(地区)海事政策法规以及海事发展动态、应用型海事人才需求与供给、国际海事规则与海法、涉江涉海战略,引领和传播蓝色海洋文化和航海精神,建成国际海事事务研究中心,持续开展国际海事规则与法规、应用型海事人才培养改革等课题研究。

5.5.2 积极开展国际科研交流,提升国际影响力和话语权

依托国际合作组织,推动沿线国家海员培养合作、海员政策互通、教育资源共享。定期举办海员发展国际论坛,开展学术交流,发布研究成果,洽谈合作项目。支持教师参加国际海事

组织相关会议,加入高水平国际学术、行业组织,发表国际学术论文,提升海事职业教育影响力。

结论

在"智慧航运"的航海职教大背景下,为响应国家"一带一路"倡议和海洋强国战略,提升船员职业教育国际化势在必行。通过对制度、师资、教学、学生、科研等五个层面的国际化建设路径分析,一方面为国内航海院校加强内涵建设、提升航运人才培养质量提供理论依据,有利于打造满足国家战略需要、适应我国航运发展、富有国际竞争力的中国船员队伍;另一方面为国内航海院校整合资源优势、提升国际化办学水平提供政策导向,有利于校企合作共建"走出去""引进来"的船员培养模式,推广国际航运人才培养的中国标准,在丰富世界船员人力资源市场的同时,树立中国的航海教育品牌,在航海教育国际化合作中实现共赢。

(张圆圆　刘必旺　谈颖　李明)

参考文献

[1]杨旭辉.高职教育国际化:内涵、标准与策略[J].中国高教研究,2006(12):64-65.

[2]张冬艳.海事类院校国际化进程的推进[J].船员教育研究,2010(1):26-27.

[3]郑慧彬.高等职业教育国际化发展模式的实践与研究[J].张家口职业技术学院学报, 2019(3):19-21.

B9. 中国和欧美国家船员教育培训对比分析研究

【摘要】本文首先从航海教育体制、航海教育模式、航海教学计划及内容、航海教育方法、实践教学及航海教育立法六个方面分析对比我国与欧美国家航海教育培训的不同之处。在此基础上，总结了欧美国家船员教育培训对我国航海教育培训的启示：深刻认识发展航海教育培训的战略意义；充分认识海员的战略地位；政府应出台相关文件，激励更多的年轻人投身于航海事业；加强航海教育立法；航海教育要紧跟航运形势发展，及时更新人才培养方案；建立完善的校企合作机制，进一步强化实操技能；升级培养目标，合理设置课程，职业教育与学位教育良好衔接；加强专业教师业务能力的培养，推广专业英语授课以及加强航海教育国际化。

【关键词】船员教育培训；中国；欧美；对比分析

引言

交通运输部于 2016 年发布了《中国船员发展规划（2016—2020）》，提出建立应用型船员培养模式，培养高素质船员人才队伍，以适应国家战略和航运发展的需要，同时第一次提出"船员强国"的建设理念。国务院于 2019 年 2 月发布《国家职业教育改革实施方法》，明确了职业教育的培养任务，人才培养体系等相关制度。由此可见，国家各部委都对船员职业教育的发展提出了更高的要求。欧美国家船员培训开展得比较早，体系较为成熟。它山之石，可以攻玉，充分借鉴欧美国家船员教育培训体系的经验和做法，对我国航海教育培训有着较强的指导意义。

1 中国和欧美国家船员教育培训对比分析

1.1 航海教育体制

1.1.1 世界各国航海院校的办学主体

世界上绝大多数航海院校是直接由国家或地方政府设立和管理的，私立航海院校较少。从国家安全的角度来看，航海教育很难私有化，同时航海教育需要大量资金投入，如实习船舶、实训基地建设等，私立航海教育难以发展。纵观世界上大多数航海院校的情况，目前航海院校的隶属关系主要可以概括成以下几种：

（1）隶属于国家运输主管部门

中国、美国、俄罗斯、挪威、澳大利亚等主要世界航运大国的航海院校大多隶属于国家运输主管部门。例如美国的海岸警卫学院、丹麦的海上训练学校等。

航海院校一般由国家运输部门管理的主要原因是船员培训及海上运输都必须严格遵守国际公约。自 20 世纪 60 年代以来,国际海事组织(IMO)制定了几十个国际公约和规则,其中经 2010 年修订的《1978 年海员培训、发证和值班标准国际公约》是一个强制性的海员教育培训的国际标准。船员培养成本很高,正常的国家生均拨款无法满足船员培养的要求。因此,各国政府都制定特殊政策和给予强有力的财力支持以满足海员培养的国际标准。

(2)由国家教育部门与运输主管部门共同管理

船员教育是一种特殊的教育类别,既具有普通教育的一般性,又具有航海教育的特殊性,正因如此,部分国家的航海教育同时受到国家教育部门和国家运输部门的共同管理,其中教育部门按一般教育的规范管理航海院校,运输部门则负责航海教育培训标准、教育质量监督、船员适任考试等。此种管理模式由于涉及两个部门,在面临不断修改的国际公约标准时,有时会出现配合不流畅,反应滞后等问题。

(3)隶属于国家教育部门

少数航运业无足轻重的国家不设置专门的航海院校,而是将航海类专业设置在理工学校之内,而这些理工学校一般是由国家教育部门管理的。

1.1.2 培养规格

世界航海院校的人才培养规格主要包括两大类:与学位教育结合的高等教育和航海专门职业技术教育。目前,大部分国家,例如中国、美国、荷兰和挪威,采用这两种形式,但各国因其国情及需求的不同,在学位或职业教育中的主次情况存在较大差异。美国、波兰和荷兰的国际海员培训主要基于高等航海职业教育以及学位教育,而挪威海船船员培训主要围绕航海职业技术教育开展。一些国家对国际海员的培训主要或几乎全部依靠航海职业技术教育,例如,丹麦、瑞典和英国的航海职业技术教育与学位教育是分开的。这些国家航海院校的师资不强调职称的高低(如讲师或教授),而注重是否具备一定的航海经历,比如是否做过船长和轮机长。

高等航海职业教育负责培养的是高级海船船员(包括操作级和管理级),而中等航海职业技术教育则负责培养普通海船海员(支持级)。它已成为世界上公认的培养模式。

1.1.3 职业技能培训

(1)培训形式

一般来说,航海教育培训包括职前培训和职后培训。英国、瑞典、挪威、丹麦等国均有一套成熟的航海教育培训体系。高中毕业生可以直接进入航海职业技术学校学习 2~3 年,或者首先作为学徒在船上学习 2~3 年,然后进入学校学习,3 年后取得值班驾驶员适任证书。中国、美国、德国、荷兰及俄罗斯航海教育体系更加完善,既拥有航海高等教育,还包括航海职业培训体系。

(2)培训管理

为了满足 STCW 公约马尼拉修正案,世界各国交通运输部对船员培训均有一套严格的管理体系。STCW 公约马尼拉修正案的出台和生效对缔约国船员的培训管理提出了新的要求,即强制监督航海院校和航海培训机构的教育培训和质量管理。

1.1.4 考试和发证管理

除了部分国家,世界上大多数国家都设有专门管理海事培训、考试和发证的政府部门。

中国的航海教育不同于欧美国家航海教育。中国本科层次的航海高等院校,更加注重理论教学,学生理论知识掌握扎实,毕业后有着更多的就职机会。中国操作级船员培训主要由航海院校完成,航运企业参与度不高;中国的发证标准主要依据培训时长、海船船员资格的必需条件和海船船员适任考试,弱化了实践技能。世界上主要航海国家船员培训和发证模式比较见表1。

表1 世界上主要航海国家船员培训和发证模式比较

国家	课程计划	取得适任证书的条件
德国	4年(包括第一、第三年各半年的船上培训)	毕业后
荷兰	4年(包括第三年的船上培训)	经过3年在校学习后
瑞典	4年(每年4个月的船上培训)	毕业后
英国	4年(包括第三年的船上培训)	学员参加口试合格后
挪威	3年航海学院(包括第二年的船上培训)或6年航海职业技术学校(三明治式学习:2年理论,2年实习和2年理论)	毕业后
中国	4年(包括第四年6个月船上培训)	毕业前参加实操评估和理论考试,通过考试并完成1年海上见习后
美国	4年(包括船上见习1年)	毕业后
加拿大	4年(包括认识实习2个月及毕业实习1年)	毕业后
澳大利亚	3.5年(包括海上实习1年半及海上训练1年)	毕业后通过澳大利亚海事局组织的考试后
丹麦	4.5年(包括技术学院和车间实习6个月和上船实习1年)	毕业后

数据来源:中外航海教育模式对比分析与借鉴。

1.1.5 学校经费来源

航海教育是一个特殊的教育行业,经费支持与其他教育有很大的不同:航海类学校的办学经费明显高于其他同级别普通学校,例如,美国、德国等航海院校的年度资金通常超过普通学校的三分之一。许多航海培训机构得到了航运公司的大力支持。在澳大利亚、德国、丹麦和挪威,由航运公司资助委托培养学生的做法越来越流行。一般而言,航运公司会参与航海院校的教学实践条件及大型实训基地的建设。各国航海院校管理体制比较见表2。

表2　各国航海院校管理体制比较

	学校性质			学校建制		经费来源			隶属关系			培养规格				质量监控	
	国家	民间	私立	独立	非独立	政府	自筹	学费	教育部	运输部教育主管	运输部安全主管	大学	大专	中专	专门技术	外部	内部
中国	1			1		1	3	3	2	2		√	√	√	√	√	√
英国	1			2		1		2		1		√		√		√	√
美国	1			1		1	3		2	2		√		√		√	√
加拿大	1			1			3		2	2		√		√		√	√
澳大利亚	1			1		1	1			1		√			√	√	√
德国	1			2		1	1			1	2	√				√	√
丹麦	1			1		1	1				1				√	√	√
挪威	1			1		1	1					√	√			√	√
瑞典	1			1		1	1									√	√
俄罗斯	1			1		1	1	3			1	√	√	√		√	√
荷兰	1								12			√	√	√		√	√

注:√=拥有;1=为主;2=兼有;3=少量。

数据来源:航海教育模式及航海院校管理体制的比较研究。

1.2　航海教育模式

全球各国航海类院校的人才培养目标和培养手段不尽相同。全球航海教育培训模型可以大致分为三种模型:一贯制培训类型,三明治式培训类型和驾驶轮机综合培训类型。世界上主要航海国家航海教育模式比较,如表3所示。

1.2.1　一贯制培训类型

一贯制培训类型是以美国、俄罗斯和中国为代表的传统的连续培训模式,世界上大多数国家都使用这种方法。一贯制培训是将航海职业技术培训与高等教育学位相结合。学生高中毕业后进入航海院校学习,完成获得学位必需的课程,同时参加一定的海上实习。毕业时参加国家船员适任证书考试,通过者同时获得船员适任证书和学位证书。毕业后上船实习满一年后,可以获得值班驾驶员或轮机员适任证书。

1.2.2　三明治式培训类型

三明治式培训类型的一个关键特征是,学生的整个学习包括三个部分:理论学习、海上见习和理论学习。澳大利亚、挪威和英国是采用三明治式培训类型的典型代表。学生进入航海院校后,持续时间为一年至一年半。第一次理论学习结束后,学生须登船担任大约一年的试用和实习职位,以获得所需的海员资格。完成国家规定的海上经历后,他们返回航海院校继续完成学业,以获得高级船员适任证书。

1.2.3　驾驶轮机综合培训类型

驾驶轮机综合培训类型是培养复合型航运人才的先进模式。当前,只有荷兰、法国、德国、日本和美国存在此种培训类型。其关键特征是毕业生既可以从事驾驶台相关操作业务,又能胜任机舱轮机员工作。在完成国家规定的海上经历后,毕业生既可以申请驾驶员证书,也可申请轮机员证书。荷兰采用的是完全综合的模式,即培养的值班船员需要能够同时胜任驾驶员和轮机员的工作。驾驶轮机综合培训类型培养周期相对较长,难度较大。

表 3　世界上主要航海国家航海教育模式比较

	学历教育			职业培训		
	一贯制	三明治	综合性	高级	中等	短训
中国	☆☆☆			√	√	√
英国		☆☆☆		√	√	√
美国	☆☆☆		☆	√		√
加拿大	☆☆☆			√		√
澳大利亚		☆☆☆		√		√
德国	☆☆	☆☆☆	☆☆	√		√
丹麦		☆☆☆		√	√	√
挪威		☆☆☆		√		√
瑞典		☆☆☆		√	√	√
俄罗斯	☆☆☆			√	√	√
荷兰			☆☆☆	√		√

注:√=拥有;☆☆☆=为主;☆☆=兼有;☆=少量。
数据来源:航海教育模式及航海院校管理体制的比较研究。

1.3　航海教学计划及内容

世界各国航海院校人才培养规格和目标不尽相同,教学计划和内容也有所差异。通过比较我国和欧美国家高等航海院校的教学计划和内容,得出以下结论:在中国、美国、荷兰等国的本科层次航海院校中,航海类专业毕业生可以同时获得学士学位和船员适任证书。因此,学生不仅要完成学士课程以获取学位证书,还需要掌握驾驶员或轮机员所必需的理论知识与实践技能。

中国目前的航海教育课程体系不能很好地满足航海高等教育的实际需求。目前,许多航海类专业课程都强调自主系统,并没有形成有机的教学内容。航海类专业的课程涵盖范围广,包括理、工、文、法、管理等,学生需要学习的内容庞杂。

澳大利亚海事学院的海事专业课程体系与我国类似,均基于 STCW 公约马尼拉修正案的要求,其课程体系分为两个阶段。以轮机员的课程为例,第一阶段是上船前的培训,主要学习基本的船舶技能,包括消防、救援、急救等。培训结束后,学生会上船进行 18 个月的海上实习;第二阶段为轮机员所需的理论知识,包括船舶柴油机、船舶辅机、轮机英语、轮机维护与修理、电工学、船舶电气设备、轮机自动化、船舶管理等课程。

以美国商船学院为例,学制为四年,每个学年包括三个学期。在大一第二学期,学生选择具体的专业方向:航海技术或轮机工程。这类似于荷兰海事大学的培训模式。学生分批进行为期一年的海上实习。经过四年的学习,学生同时获得学士学位和海船船员适任证书。轮机工程专业教学内容包括机械、人文、经济学、造船和其他相关知识。

通过将大连海事大学（DMU）与美国商船学院（USMMA）、纽约州立大学海运学院（SU-NYMC）进行比较，我们可以发现中美航海教育中课程体系和教学内容的差别。

中美航海教育航海类专业和轮机工程专业的总学分、理论课学时、实践课学时和周平均学时对比见表4和表5。

表4 航海类专业课程课程体系概览

	总学分	理论课学时数	实践课学时数	周平均学时	海上实习周数
USMMA	173.5	1755	494	19.2	55
SUNYMC	158.5	2055	270	18.2	26
DMU	180	2220	743	23.5	21

数据来源：美国航海教育专业与课程设置研究及与我国航海教育的比较思考。

表5 轮机工程专业课程课程体系概览

	总学分	理论课学时数	实践课学时数	周平均学时	海上实习周数
USMMA	174.5	1612	988	22.2	55
SUNYMC	164	2087	510	20.3	26
DMU	180	2282	698	23.7	21

数据来源：美国航海教育专业与课程设置研究及与我国航海教育的比较思考。

经过分析得出的结论如下：就航海类专业教学安排而言，大连海事大学的总学分较多，理论课学时数最多，海上实习周数最少；美国商船学院理论课学时数最低，海上实习周数最多，是大连海事大学和纽约州立大学海运学院的两倍之多。美国商船学院的海上实习周数最多，且都是利用寒暑假进行的实习。相比之下，中国航海院校的周平均学时最高，职业技术类教育内容占比较大，学生课堂学习负担较重。

在船舶驾驶专业各类课程方面（见表6），美国商船学院和纽约州立大学海运学院除了重视航运知识以外，更加重视管理类课程，例如美国商船学院设置了大量的管理类课程，包括海商法、国际贸易与海上运输、租船与经纪人等，共468学时，占总学时的24.1%。而大连海事大学只有航运业务与海商法一门课程，共72学时，占总学时的3.3%。中国航海院校更加侧重航海类专业知识的传授，大连海事大学的证书培训类课程、专业基础课和专业课学时数共为1590学时，占总学时的72.1%；而美国商船学院和纽约州立大学海运学院同类课程分别为970和975学时，占总学时的49.9%和47.4%。

表6 船舶驾驶专业各类课程学时数统计

	数学	物理	化学	人文科学类	海运管理类	专业基础课	专业课	证书培训类
USMMA	117	130	65	195	468	39	723	208
SUNYMC	150	75	0	270	585	30	780	165
DMU	234	108	0	200	72	272	958	360

数据来源：美国航海教育专业与课程设置研究及与我国航海教育的比较思考。

美国商船学院(USMMA)和大连海事大学(DMU)校内学习、海上实习时间比较如表7所示。美国商船学院将学生的两次海上实习安排在大二和大三,而大连海事大学则将两次海上实习安排在大三和大四。美国商船学院第一次海上实习和第二次海上实习的时间比例基本保持在1:2,第一次海上实习主要是让学生了解船舶类型及其特点,为学生今后选择自己感兴趣的船舶类型奠定基础,第二次海上实习则是将学生在课堂上学习的理论知识付诸实践,因此第二次海上实习时间更长。

表7 USMMA 和 DMU 校内学习、海上实习时间比较

	USMMA	DMU
校内学习(周数、比例)	117(67%)	140(87%)
第一次海上实习(周数、比例)	19(11%)	4(2%)
第二次海上实习(周数、比例)	38(22%)	17(11%)

数据来源:美国航海教育专业与课程设置研究及与我国航海教育的比较思考。

大连海事大学更加注重理论知识的传授。第一次海上实习主要是让学生粗略地认识船舶结构、船舶设备和航海仪器等,课时较少;第二次海上实习一般是到航运企业进行的毕业实习,学生需要完成实习报告和毕业论文。海上实习内容是课堂上理论知识在海上的实际综合应用。(见表8)。

就具体实习内容来说,大连海事大学的第一次海上实习未涉及航行规则和货运等更高层次的专业知识,实习的主要任务是船舶结构与设备、航行与值班和船艺等基础知识;美国商船学院在第二次海上实习中增设了海上贸易和人文项目,旨在通过这些课程的学习和实践,加深学生对海上贸易的了解,有利于他们今后船上实际工作的开展。

表8 USMMA 海上运输专业与 DMU 航海技术专业实习内容对比

	USMMA 海上运输专业(19 周+38 周)	DMU 航海技术专业(4 周+17 周)
第一次实习内容	航海学 船艺 货运 通航法律(航行规则) 船舶与码头设备 轮机概论	船艺认知实习 航行与值班
第二次实习内容	航海学 船艺 货运 电子导航 通航法律(航行规则) 船舶结构与稳性 海上贸易 人文项目 实习报告 2~6 周岸上部门实习项目	航海学 船艺 航海气象 航海仪器 雷达与导航 货运与法规 GMDSS 实习报告与实习专题论文

数据来源:美国航海教育专业与课程设置研究及与我国航海教育的比较思考。

1.4 航海教育方法

从航海理论和课堂教学的角度来看,欧美的航海院校通常基于启发式教学,充分调动学生的学习热情,而学生与老师的讨论和交流是基本和常规的教学方法。在教材方面,很少使用固定教科书,老师授课经常以讲义为主。运用模拟器训练、实物教学和船上实习是欧美主要航海院校常用的实践教学方法。在荷兰和英国,课堂理论教学只占总课时数的55%,而计算机、模拟器教学和手把手实物教学的比例相对较高。相比之下,在中国航海院校,课堂理论教学通常占总学时数的80%,仍然注重理论讲授和关注教材,忽略了实践教学。

1.5 实践教学

航海类专业兼顾实践性和应用性,为了保证教学质量,国内外航海高等学校高度重视学生参与航行与实践操作以及在岸上实践基地的实践培训。实习培训可以分为专业课程培训实习和专项业务培训实习。专业课程中实践培训的内容取决于实际的职业培训需求,以便学生能够掌握基础专业知识和海上实践技能。根据STCW公约马尼拉修正案以及各国船员培训和认证机构的规则和要求,开发了专项业务培训实习,旨在进一步增强学生的安全意识、强化其本职工作中重要的专项工作技能,以确保海上运输的安全。

与中国航海院校相比,加拿大航海院校中的实践课程比例明显不同,他们为学生提供了更为全面的实践课程体系。加拿大海岸警卫队学院开设了航海科学和轮机工程专业,学制4年,包括3个阶段的理论学习和2个阶段的海上实习。第一阶段时间跨度为11个月,主要学习航海基础知识;第二阶段是时长7个月的认识实习;第三阶段时间跨度为10个月,主要学习专业基础课程;第四阶段是时长8个月的海上实习,进行实船操作;第五阶段时间跨度为9个月,学习专业课程。这种典型的三明治式的教学模式、有利于学生消化理论知识并将其运用到船舶操作的实践中,学生毕业后即可上船工作。

澳大利亚海事学院非常注重学生的实践能力,学生在校学习时间总计为10个月左右,而中间海上实习的时间长达18个月,即10周基本培训、18个月的海上实习、33周理论学习。由于海上实习时间充裕,学生可以直观全面地了解船舶结构、航海仪器设备、船舶操作等相关知识,为以后课堂理论知识学习打下基础。

由此可见,欧美航海院校对实践教育环节非常重视,时间安排得非常充裕。

中国航海院校毕业生经常因为动手能力差而遭到用人单位的诟病。航海类专业因为其专业的特殊性而实践性很强。要成为一流的航海技术人才,从航海院校毕业后还需要在航运企业中不断实践、提升自身的业务水平。中国航海院校航海类专业实践学时数大约有40周。在此情形下,学生毕业时动手能力仍然不强,主要原因包括以下几点:

(1)学生动手能力差,加上实践意识不强,导致主动参与实践教学的动力不足;

(2)航海院校招收学生过多,实验/实习条件不够充分,学生实践机会有限;

(3)实践教学缺乏科学的监管体系,考核评价缺乏科学严格的指标体系;

(4)部分教师缺乏实际的海上经验,实践能力不足,无法开展有效的指导。

1.6 航海教育立法

欧美各航运大国十分重视航海教育的立法。作为英美法系的典型国家,判例法一直被认为是美国法律规范的重要形式,但美国却先后颁布了两部航海教育法典:《1980 年海运教育与培训法》和《美国联邦法规》第 46 编第 8 卷。前者体现海运教育与培训基本原则,而后者则是专门用来调整商船培训。法律调整对象包括纵向法律关系和横向法律关系,其中纵向法律关系指航海教育管理法本身各要素,具体包括教育目的、遵循原则、教育任务、教育机构、教育经费等;横向法律关系则指与航海教育配套的相关法律,包括航海院校与学生之间、航海院校与教师之间的权利义务关系等。

完备的航海教育立法是美国航海教育持续健康发展的重要保障。一方面,可以保障航海院校可以从政府获得足够的教育经费来购买昂贵的教学设备和仪器;另一方面,对学生也有一定的约束作用,学生可以享受国家提供的培训,但必须完成相对应的义务,如果学生中途违约,将要面临严厉的惩罚。

为了规范航海教育有序发展,中国政府先后出台了《中华人民共和国船员教育和培训质量管理规则》和《中华人民共和国船员教育和培训质量体系审核实施细则》,从行政管理角度规范了航海院校和航海培训机构的行为,是航海教育培训主体必须遵循的规则。尽管如此,中国航海教育立法的道路还很漫长,需要各方面共同努力达成。

2 欧美国家船员教育培训对我国船员教育培训的启示

2.1 深刻认识发展航海教育培训的战略意义

中国目前已成为世界第二大经济体,随着经济全球化的不断深化,中国经济融入世界经济的同时,对国际市场资源的依赖性也在不断增加。

航运业是中国海洋战略的重要组成部分,是中国经济和社会发展的战略性和关键性产业。21 世纪是海洋时代,海上运输在中国海上战略中发挥着重要作用。海上运输在海洋资源开发与综合利用方面发挥着不可或缺的物资运输与后勤保障作用。随着中国经济的不断发展,对一些重要原材料的依赖程度日益增加,航运业在经济建设和社会发展中扮演着愈加重要的角色,确保了国家能源安全、经济安全和社会稳定。

航海教育负责培养专门海事人才,在航运业的发展中发挥着基础性的关键作用。航海教育的持续健康发展不仅是中国海洋强国战略的应有之义,也是中国航运事业发展的基本保证。

2.2 充分认识海员的战略地位

海船船员作为航运业中最活跃的要素,在航运业中扮演着极其重要的角色。中国历来是陆权思维,但是,作为一个大国,更应该重视海权;世界大国,交通强国,必然是海运强国。由于思维惯性,整个社会还没有完全意识到航运业对我国社会发展的重要性,致使海员的地位比较尴尬。一方面,由于船员在海上运输中的巨大作用,国家开始意识到海船船员的战略性地位;另一方面,国家在立法、政策支持与措施落实等方面还远远不够,没有给予海船船员相应的社会与经济地位。国家层面应该强化一些海洋文化宣传,提高社会对于船员的关注度,提高社会认同感。

2.3 政府应出台相关文件,激励更多的年轻人投身于航海事业

随着全球经济发展的重心东移以及船舶的自动化和大型化趋势,很多欧美国家船员在海

上工作的实际时间显著减少,海事人才后继乏人,而且这种趋势仍在继续发展。中国仍属于发展中国家,但随着经济的发展,已经呈现类似的趋势,因此,中国政府应该未雨绸缪,提前做好规划。从2016—2020全国海船船员教育培训机构航海类专业招生来看,2016—2017年已经呈现出下降趋势,如表9所示。

表9　2015—2019年全国海船船员教育培训机构航海类专业招生情况　　　（单位:人）

专业	招生人数				
	2016 年	2017 年	2018 年	2019 年	2020 年
驾驶	8229	6844	9248	10536	10451
轮机	6065	4962	6365	6767	7047
电子电气	1041	997	1385	1561	1686
合计	15335	12803	16998	18864	19184

数据来源:2020 年中国船员发展报告。

因此,建议政府主管部门采取一系列的应对策略:面对现代科技在船舶上的不断运用,航运人才培养计划、教学内容和教学设备都需要及时更新,同时要充分考虑毕业生的多方位流动,不能够仅仅限于航海技能的学习和训练。不要拘泥于传统教育体制和教学模式,取其精华,弃其糟粕,逐步形成如下培养模式:充分发挥航海模拟器的作用,将一贯制的教学安排与驾机综合的教学内容相结合,用模拟器替代第一次海上实习环节。将综合海上实习放在最后阶段。

2.4　加强航海教育立法

在航海教育立法方面,我国与西方发达国家存在较大差距。目前,国际上与航海有关的法律法规包括《1978 年海员培训、发证和值班标准国际公约》、《国际海上人命安全公约》、《国际防止船舶造成污染公约》和《2006 年海事劳工公约》,各缔约国按照国际海事组织要求积极履约,船员教育与培训立法是有法可依的。为了更好推进"一带一路"倡议的实施,建议中国政府在充分征求沿线国家意见和建议的基础上,牵头构建"一带一路"沿线国家船员教育与培训法律体系,保证"一带一路"沿线国家航海职业教育良好、可持续发展。通过航海职业教育立法,制定"一带一路"沿线国家航海职业教育在办学宗旨、办学规模、办学层次、培养目标、教学条件及师资力量等方面的标准,确保教学场所、教育经费、实验设施等的到位,保证航海职业教育人才的培养质量。

2.5　航海教育要紧跟航运形势发展,及时更新人才培养方案

现代新技术不断涌现,人工智能、物联网、大数据等信息技术的快速发展,也在推动航运业进行技术变革。随着航运企业加大对智能船舶和无人船舶的研究和投入,在不久的将来,航运业必将迎来天翻地覆的变化。随着智慧港口、数字口岸、船岸一体等发展,有必要强化船员对于信息技术使用能力的培养;同时,随着邮轮产业和水上休闲产业的兴起,应适时加大对邮轮、游艇等新领域相关人才的培养力度。

首先,应当根据航运技术的新发展,及时准确地更新教学内容和培训材料,使学生在学习期间就能接触和掌握最新的航运技术。其次,不断丰富教学手段,充分利用现代仿真技术建设

在线课程,更多地以图片、动画等直观的形式向学生呈现知识,进一步扩大航海模拟器的应用范围。再次,打破航海教育在招生方面的性别限制。最后,响应国家《高职扩招专项工作实施方案》的号召,充分利用航海院校优质的教学资源,增强与航运企业紧密合作,扩大航海教育培训。

2.6　建立完善的校企合作机制,进一步强化实操技能

2006 年教育部颁发的第 16 号文件《关于全面提高高等职业教育教学质量的若干意见》明确了职业教育中校企合作的重要性,将"校企合作,工学结合"确定为中国职业教育发展的重要内涵;2014 年国务院颁布了《国务院关于加快发展现代职业教育的决定》,明确提出要坚持"市场导向、产教融合、政府推动、统筹发展"的基本原则,指明了企业参与和政府介入职业教育的方式。尽管如此,但航海院校与航运企业的合作仍然缺乏长效机制。中国的航海教育能否持续健康发展,培养更多应用型海事人才,取决于各航海院校产教融合、校企合作的深度和广度。

由于学生数量众多,部分航海院校还不能保证航行认知实习的覆盖面。面对这种情况,各航海院校应联合开发现代仿真设备或开展模拟器培训,通过虚拟手段来弥补学生未能完成海上实习的短板。尽管如此,由于海上真实的工作生活环境以及在特定条件下的应急反应是无法模拟的,模拟器实践教学并不能完全替代海上实习。因此,航海院校应联手航运企业,为在校生的海上实习创造机会。

航海院校应该立足于本校特色和优势专业,充分调研,了解相关企业"走出去"战略对技能技术人才的实际需求,开设新专业或者对现有专业结构进行调整,培养企业"走出去"急需的国际化人才。一方面可以培养中国学生,同时开设相关"一带一路"沿线国家的文化概论课程,让学生不仅掌握技能,还能够了解"一带一路"沿线国家的文化;另外还可以通过招收留学生的形式培养所需人才,教授留学生中文、中国文化及职业技能,让他们为中国"走出去"企业服务,这样既解决了语言文化问题,还能够培养出一大批亲华、友华、知华的留学生群体,为"一带一路"倡议的全面实施奠定群众基础。根据企业的实际需求,可以考虑在沿线国家设立培训中心或分校,派老师去授课,这种方式不仅可以节约学生的学习生活成本,也能锻炼和提高教师的教学能力。

企业是实施"一带一路"倡议的主体,而人才是关键。企业一定要充分认识到人才的关键作用,积极参与高等职业教育。企业可以到航海院校开展"订单班",所有的课程设置、教学设计、考核评估均由企业参与完成,企业提供实训基地并可以安排员工参与授课,让学生在毕业之前就能达到企业的用人要求,毕业后直接上岗。在学习期间,可以宣传企业文化,让学生有种归属感,激发学生的学习热情。同时,企业可以采取相关措施激励学生,如针对困难学生设置助学金,针对成绩好的学生设置奖学金。通过这种深度的校企合作,企业一定能够得到自己需要的人才,而院校在此过程中也要不断更新教学理念,提升服务企业、服务地方经济的能力。

2.7　升级培养目标,合理设置课程,职业教育与学位教育良好衔接

随着全球劳动力的整体东移,欧美航海强国愿意从事航海职业的年轻人越来越少,导致这些国家航海院校以培养航运管理人才为主。尽管部分国家仍然保留职业教育,但是招生人数逐年下降。随着经济的发展和人们生活水平的提高,越来越多的年轻人不会选择航海类专业,

中国的航海教育也正在面临生源不足的问题,同时部分航海类专业学生不选择考取适任证书而选择从事其他工作,加上海船船员居高不下的流失率,因此制定科学合理的课程体系,既满足学生对于学位的需求,又能激发学生对航运业的热爱,显得十分必要。

中国和欧美国家航海类专业课程设置均体现了"以学生为中心"的教学理念。但是欧美国家的航海院校更加注重职业教育与学位教育的无缝衔接,学生在获得职业教育认可后,能够进一步提升学位。学位教育的目的是培养高级航运管理类的人才。学位教育培养的人才进入航运公司工作,能够提高船队工作效率,而且从长远利益看,高级航运管理类人才的培养是中国从航运大国转向航运强国的关键,更加符合国家"一带一路"倡议和海洋强国战略的思想。

课程改革不仅应考虑市场需求,还应考虑学生未来发展的前景。在根据 STCW 公约马尼拉修正案培养海事人才时,德国航海院校在课程设置时增加了一年的管理和法律课程,以满足学生将来在岸上工作的需求。这对于中国的课程和教育体系改革有一定的借鉴意义。

我国航海高等教育注重理论知识,课程设置遵循"公共课+专业基础课+专业课"模式;公共基础课课时数偏高,而专业课课时数偏低;理论课时占比较大,实践教学比例偏小;教材以课本为主,教学内容往往得不到及时更新,教学方法陈旧。而目前欧美国家航海院校的教学计划和课程设置呈现如下特点:强调基础知识服务于专业需求;教学计划的制定主要是依据培养目标和岗位能力的要求,无固定教材,教学内容及时更新,服务于岗位实际要求;教学形式更加灵活,采用授课、辅导和讨论相结合的形式,注重调动学生的主动性。在航海高等教育国际化的大背景下,我们应该通过中外合作办学学习西方国家先进的办学理念和教学模式。

2.8 加强专业教师业务能力的培养,推广专业英语授课

具有丰富的海上航行经历和精通专业知识的师资是提升航海教育人才培养质量的关键。一方面可以鼓励年轻老师到船上定岗,更新知识储备,获得一手的实践知识,了解船上设备仪器的最新模式,同时提升船上资历;另一方面聘用资深船长、轮机长到学校任教,因为航海技能的实践性很强,船上遇到的情况也很复杂,很多知识是书本上学不到的。

推广专业英语授课对师资要求更高,但是航海教育国际化是必然趋势。英语是国际海船船员的通用工作语言,中国与欧美国家船员的主要差异之一就在于英语的应用能力。倡导"走出去""引进来"的国际化战略。"走出去"指积极与国外发展中国家航海院校开展合作,输出中国海事教育方案,与国外航海院校开展联合办学,积极拓展国际生源,也可将师生派往国外交流学习。"引进来"即邀请外籍海运人才来华进行教学与访问交流活动,通过引进国外先进的航海教育材料和教学方法,为中国航海教育注入新的活力。

2.9 加强航海教育国际化

航海院校应该充分发挥其优势专业,与中国境外企业合作,在"一带一路"沿线国家设立培训机构,开展航海职业技能培训,既能解决中国境外企业产能过剩的问题,又能为"一带一路"沿线国家培养本土化航海职业专门人才,满足中国境外企业的实际需求,推动"一带一路"倡议的实施。以江苏海事职业技术学院为例,2016 年学校与韦立集团合作,在"一带一路"沿线国家非洲几内亚设立培训机构,韦立集团负责招收学员、教学场所的选用及后勤保障工作,江苏海事职业技术学院负责配备师资、教学材料准备、培训方案制定与实施,培训目标是培养机工和水手,培训结束后服务于韦立集团的海上运输。待条件成熟后,江苏海事职业技术学院

可以考虑在几内亚开设海外分校,开展学历教育,将中国航海职业教育推广到海外,扩大中国航海职业教育的影响力,同时,也能促进江苏海事职业技术学院自身的国际化发展,提高其自身的国际化教学能力,如提高教师的英文教学能力、开设全英文授课专业等。

中国航海院校可以积极在"一带一路"沿线国家寻找合作院校,探索开展中外合作办学新模式。以往的中外合作办学模式主要是和西方发达国家高校合作,主要是为了引进国外优质资源、学习西方发达国家先进的航海教育理念和人才培养目标,提高我国航海教育的层次和水平,提高我国海员的国际竞争力。经过多年的借鉴和学习,国内很多航海职业院校形成了自己的品牌特色和课程体系,具备了向发展中国家"教育输出"的能力。因此,我们完全可以探讨中外合作办学的新模式,采取1+2合作模式。"一带一路"沿线国家合作院校负责招收学员,第一年主要是中文学习,我们派教师到合作院校教授中文。学生通过中文测试后,第二年和第三年到中国航海职业院校学习专业知识和技能,通过考试后,可以获得双方文凭。这种合作模式可以帮助"一带一路"沿线国家培养出更好的航海职业人才,扩大中国航海职业教育的影响力。

当前,国家正在大力推进实施《留学中国计划》,特别是在"一带一路"倡议实施后,中国招收了越来越多的"一带一路"沿线国家学生,航海职业教育也不例外。其实前文提到的中外合作办学新模式,学生通过语言测试后,到中国来学习时就已经是以留学生的身份在中国学习了。另外一种是直接从"一带一路"沿线国家招收高中或同等学力毕业生到中国学习。同样,第一年学习中文,第二年和第三年学习专业知识和技能。开展留学生教育,不仅可以让学生学习到航海专业知识和操作技能,还能让他们更多地了解中国,成为知华、友华人才,服务于国家的大外交战略。

转变教育观念,开展各种形式的国际合作,例如学生交流、师生交流等。中外合作是航海教育国际化的重要形式之一。中外合作办学不仅可以引进外国先进的教育理念和教育模式,而且可以利用外国注资和国内外学生的学费收入,弥补教育经费的不足。进一步加强校企合作,根据国内航运企业海外拓展需求,可以在非洲、东南亚国家等设立分校,输出中国职教海事方案。同时,可以与世界海事大学(WMU)、波罗的海国际航运公会(BIMCO)、国际海事组织亚洲海事技术合作中心(MTCC)等国际知名航海院校或航运组织开展合作,在国内开展国际培育业务。

结论

中国的航海教育经过数十年的发展,取得了令人瞩目的成就,与欧美国家相比既有优势也有劣势。为了确保中国航海教育事业持续健康发展,为了顺应国际潮流,除提供政策支持以外,相关部门还应尽快联合港口和航运公司,使他们参与航海教育改革,为中国航海教育事业的发展做出贡献。

它山之石,可以攻玉。中国主管机关和相关职能、教育部门可以借鉴欧美国家航海院校船员教育中好的做法,开拓创新船员教育培训方式,除了开设基本的职业能力培训课程之外,还应该增设相关课程提高船员的创新能力、适应能力、管理能力等,满足当今国际船东对新技术改造应变能力和船员创新能力的要求,培养符合国际化要求的高级船员。

中国目前正处在由航海大国向航海强国转型的关键节点,而航海教育是成功转型的关键因素。国际船员市场东移趋势已不可避免,中国船员在国际劳务市场上有着极大的发展空间,为了满足国际船东对高素质高级船员的需求,中国应该借此机会开拓创新航海教育培训模式,拓宽国际船员劳务市场。

(胡小礼 王宏明)

参考文献

[1]高德毅.从STCW公约看未来航海教育的东西方结合[J].航海教育研究,1998(3):9-14.

[2]高德毅,薛菁.航海教育模式及航海院校管理体制的比较研究[J].中国航海,1999(2):25-31.

[3]徐豪.中国海员人才培养研究[D].大连:大连海事大学,2001.

[4]何大陆.国际海员劳务市场及航海教育对策的研究[D].大连:大连海事大学,2001.

[5]交通部赴欧航海教育考察团.赴欧考察航海教育的报告[J].航海教育研究,2002(04):27-33.

[6]彭德洋.我国航海类学生适任能力综合评价系统的研究[D].大连:大连海事大学,2005.

[7]何宏康,钟应坤,张德荣.航海职业教育国际化探索[J].航海教育研究,2010(4):25-28.

[8]关腾飞.借鉴欧美模式发展中国航海教育与培训[J].交通企业管理,2011(3):66-68.

[9]张世平,刘正江,文元全.全球战略思维下的美国高等航海教育[J].航海教育研究,2012(3):36-40.

[10]吴兆麟,王新建,蔡诚君,等.美国航海教育专业与课程设置研究及与我国航海教育的比较思考[J].航海教育研究,2013(2):8-16.

[11]刘强.澳大利亚航海教育与我国航海教育的比较研究[J].航海教育研究,2013(3):33-35.

[12]胡小礼."一带一路"背景下航海职业教育国际化发展策略研究[J].太原城市职业技术学院学报,2016(09):4-5.

[13]胡小礼."一带一路"背景下航海类高职院校中外合作办学发展策略研究[J].职业技术,2016(15):1-3+7.

[14]赵健,赵璐,王新建.中外航海教育模式对比分析与借鉴[J].航海教育研究,2017(1):41-45.

[15]冯德银.国外船员教育对我国的借鉴分析研究[D].大连:大连海事大学,2017.

[16]徐燕铭,刘晓阳,王冉然,等.中外航海教育模式对比分析及启示[J].天津航海,2019(3):48-51.

[17]胡小礼.高职院校开展校企合作的路径选择[J].中外企业家,2019(35):153-154.

B10. 智能船舶发展新时期的船员教育改革研究

【摘要】智能船舶融合了信息技术和人工智能等新技术,具有安全、可靠、节能环保和经济高效等显著特点,是未来商用船舶发展的必然方向。船舶智能化背景下的高等航海职业教育应充分利用传统航海类专业优势,主动掌握智能船舶的核心技术,积极开展计算机科学、控制理论、通信科学、人工智能等信息科学的交叉融合研究,培育智能船舶背景下掌握信息技术和航海科学的高素质复合型新工科航海人才。特别是智能船舶背景下高职类航海技术专业人才培养,有利于高职类院校传统航海专业的转型升级,为高素质复合型新工科航海专业发展提供前沿探索,也为航海类高职院校航海类专业生源紧张破局。

【关键词】智能技术;智能船舶;船员;教育改革

引言

随着计算机、新能源、信息、高速低延时网络通信、人工智能等技术的发展,物联网、大数据、集成船桥系统和网络物理系统的应用有了快速发展。这些应用促进了船舶智能化的发展,使得真正安全、高效和无人驾驶的绿色智能船舶成为可能。2015年中国船级社发布《智能船舶规范》第一版,2017年12月由我国自主研发的世界上第一艘智能船舶在上海正式交付,2018年《智能船舶发展行动计划》(2019—2021年)正式发布,《智能船舶规范》(2020年)于2020年3月1日生效,这些标志着未来一段时间内我国智能船舶研发将进入高速发展期。

智能船舶是船舶发展的必然趋势,它具有良好的应用要求和发展前景。智能船舶并不会使传统船员失去工作,而是将从根本上改变其工作性质。未来的船员在公司、家里就可以远程操控船舶,成为陆上指挥和控制人员,航海者将更受欢迎,航海职业将变得"高大上"。这些对海事人才的培养提出了新的挑战和更高的要求。在智能船舶项目中,物联网、自动控制、信息、大数据、云计算、机器学习、船舶运动控制和风险管理等人工智能领域的相关知识,是传统船员进行知识结构补充和延伸的重点所在。

通过对智能船舶的概念和关键智能技术进行研究和梳理,针对上述相关的关键性技术,项目组对比分析了现行航海技术专业人才的培养缺陷,并整合相关领域技术项目和开发配套项目,提出了基于智能船舶技术航海专业人才培养的新方向。

1 智能船舶技术

作为航运大国,我国正在积极推动智能船舶技术的发展。2019—2021 年的《智能船舶发展行动计划》对我国智能船舶未来数年的发展做出了规划。2019 年 5 月 9 日,交通运输部等七个部门发布的《智能航运发展指导意见》对智能船舶的定义、分级标准、系统架构、技术体系和发展路线图等基础性和宏观战略性问题进行了分析。

作为船舶信息科技和工业的交叉领域,最近五年,中国、欧洲和日本在智能船舶的研发上突飞猛进,在多个关键领域已经取得了进展,如 2016 年年底中国的"云洲"智能无人船研发及产业化项目落户青岛蓝谷,2017 年罗尔斯-罗伊斯开放智能船舶体验空间,2018 年罗尔斯-罗伊斯和商船三井共同开展船舶智能识别系统应用测试,中国扬子江船业和海兰信集团携手进行智能船舶应用研究,挪威雅苒集团和康士伯启动电力推进的零排放无人船舶项目,马士基试验智能感知技术应用,以及韩国航海企业开展智能船舶 4.0 服务基础设施等,但就目前的数据而言国内外尚未有真正以大数据、云计算为基础的商业化智能船舶。

虽然通信导航技术、环境感知技术、运营状态监测与故障诊断技术等已经得到实际应用,但安全预警技术、自主航行技术等还有待在真实环境下的验证。随着人工智能、云计算、综合船桥系统和大数据等科学技术的不断突破,以及人类对安全、环境保护和高质量生活的追求,航运业成本会不断提高。逐渐减少船舶配员,提高船舶智能化水平乃至最终实现无人化,将是航运业发展的必然趋势。

1.1 智能船舶的研发进展

自智能船舶的概念提出以来,世界各个航运大国都开始探索研究,主要研究机构相继发布了智能船舶发展路线图。国际海事组织(IMO)的路线图侧重技术,罗尔斯-罗伊斯的路线图描述了不同阶段的实现形式,劳埃德船级社(LR)的路线图侧重分析人与船之间的关系,中国船级社(CCS)则是从船舶自治的角度出发给出了路线图。

在智能船舶研发的第一阶段,将实现船舶在操作过程中的人工操作减少为零。这就要求第一代智能船舶具有高度的可靠性,提供足够的用于远程操作的通信接口。在电力驱动的柴电混合动力船中,内燃机是小型发电站,能稳定地输出电流,提高了系统能源的可靠性,而数字控制系统和直流电网则可提供更多用于远程遥控的接口。

在智能船舶研发的第二阶段,基于第一代智能船舶实现的远程控制,需要进一步探索船舶的安全性。当前阶段,远程控制数据量大,卫星通信功能尚不完善,需要建立完备的 5G 通信网络基站。针对 5G 通信覆盖范围只能到达近海和内河的问题,此阶段可以使用大数据技术先进行数据积累。

在智能船舶研发的第三阶段,在对第二代智能船舶运行期间所产生的各种数据进行了广泛分析基础上,设计人员移除不必要的传感器,并添加更新智能感知设备。这时岸基通信技术取得长足的进步,或者海上的通信基础设施已经取得初步进展,远距离通信成为可能。各种通信手段被使用,更多数据可被上传到云系统中。

在智能船舶研发的第四阶段,基于第三代智能船舶,船载人工智能在大数据的培育下快速发展,智能船舶在人工智能系统的控制下即可控制船舶,无须人工干预和通过通信技术传输大量数据。船舶可以依靠各种天气信息、水温信息和综合供应链需求以及船舶自身的能力来设计最佳路线和最佳导航方式。

从研发历程来看,智能船舶的问世至少需要满足以下几个条件:一是船舶推进混合动力系统、支撑船舶内部运作系统所必需的直流电网与数字控制系统;二是支持船舶外部通信的大带宽、高质量的实时通信系统;三是提供船舶操作所需智能表单的大量累积操作数据,例如水文、气象、船舶设备、运输和其他数据。

1.2 智能船舶的七大核心技术

智能船舶是在传统船舶技术基础之上,融合现代信息技术、人工智能等新技术,实现安全、可靠、节能、环保和经济高效的目标。总体来看,未来的智能船舶应当具备以下七大核心技术:

信息感知技术。信息感知是指船舶借助多维度传感设备、传感网络,经信息处理设备后获得可靠、持续的各种信息,该信息应至少包含船舶速度、航向、时间和空间位置等的变化数据。当下船舶常用的状态感和技术手段主要包括雷达、船舶自动识别系统、全球定位系统及闭路电视系统等。

通信导航技术。通信导航技术是将各种技术手段融合在一起,相互取长补短、优化,实现船舶系统-设备、船-岸信息交互,最终实现船舶位置的实时计算。

能效控制技术。国际海事组织(IMO)提出新造船设计能效指数(EEDI)和营运能效指数(EEOI)评价指标,以控制船舶能效,减少船舶温室的气体排放。为此,智能船舶的建造与后期营运应达到甚至超出现有"绿色船舶"的最高标准要求。

航线规划技术。航线规划技术是指船舶根据航行水域环境及交通流实时动态信息、前向通道中的船舶密度、公司调度信息、通道当前分布信息,实时、智能地选择船舶在通道中的位置和航道,以优化航线。该方法主要基于现代智能信息技术手段来实现这一功能。

状态监测与故障诊断技术。状态监测技术是使用诸如监视设备振动的发展趋势之类的技术来确定设备是处于稳定状态还是正在恶化。故障诊断技术是确定被诊断对象的状态是异常状态还是故障状态,以及发生劣化状态的部件,并在船舶的机械设备处于故障状态时,确定故障原因或提供可能出现故障的预警。

遇险预警救助技术。船舶遇险预警系统是船舶遇到恶劣海况或特殊情况时对船舶航行姿态进行实时监控和预警的系统,该系统能在船舶发生火灾、倾覆和搁浅等紧急情况时自动向监控中心或周围船舶发出遇险求救信号,指引搜救人员和船舶前往遇险地点开展救助。

自主式智能航行技术。自主式智能航行技术是指船舶利用计算机技术、控制技术等对感知和获得的信息进行分析和处理,借助岸上支持中心,设计并优化船舶动态航行路径,达到智能船舶在复杂的环境条件下自主航行的目的。

1.3 智能船舶的优势

目前,电气技术、数字技术和网络技术趋向成熟,人工智能技术已在造船业产生了深远的影响,智能船的巨大优势为造船业增强竞争力提供了新的机会。

1.3.1 降低人为操作的风险

在通航密度较大的海域航行期间,船体监视及船舶间的通信需要具备较高性能。利用信息感知技术和通信导航技术能够降低人为操作的风险。船舶可以收集、传输数据和信息以实现诸如情报共享,船舶预测、预警和避碰等功能。

然而,随着海上运输业的不断发展和集成的海上多服务系统的不断应用,船舶之间的通信需求越来越大,在这种情况下,船载通信设备的功能需要向大带宽、实时性方向改进突破。通信质量的不断完善和信息感知技术的不断发展,在融合复杂的多维度环境数据情况下,船员可以更好地感知船舶周围环境,从而使船舶操作简单、高效与安全。

1.3.2 提高能源效率

船舶节能一直以来都是造船和航运界的发展方向。能源效率管控技术的关键在于提高能源效率,从而实现经济和环境保护的双赢。船舶节能技术的提升,一方面能帮助运营船舶节省燃油,提高企业利润率和经济效益;另一方面能减少船舶废气的排放,获得经济与环境保护的双收益。

1.3.3 合理的航线规划能提升运营效率

航线规划技术的优势在于安全、合理的规划航行动态路线,以提升运营效率。在现代综合导航系统的基础上,融入智能信息处理技术,可以更好地规划和设计船舶航行动态路线,提高路线的安全性、经济性和可靠性,对避免海上交通事故、减小船舶运输对环境的影响具有重要意义。

1.3.4 预防潜在风险

当前船舶设备的大规模维修是定期进行的,对船舶一些突发性的设备故障、损坏不能及时修复,这不可避免地会造成经济损失,给维修成本乃至产品带来压力。状态智能监测和评估是对传统船舶管理模式的一种改革,可以为实施状态维修提供客观依据,实现最小的维修成本。

1.3.5 增强应急能力

遇险预警救助技术可提高应急响应能力。近年来,水上交通事故频繁发生,仅在我国水域内遇险船舶的年度财产损失就已超过数百亿美元。智能遇险预警救助技术可以快速、高效、便捷地定位和显示海上遇险目标,有助于提高水上搜寻和救援的效率,并降低事故后果的严重性。

1.3.6 实现无人值守航运

自主导航技术将实现无人运输,促进航运业彻底变革。自主导航技术不仅可以减少船舶的配员数量、设备空间,节省建造和运营成本;通过专家决策系统和远程遥控系统在岸上作业还可以减少人为失误带来的船舶事故。

鉴于上述关键性技术还未能成熟地应用于船舶建造,目前智能船还处于起步阶段,智能技术的应用将成为智能船舶发展的关键。

2 智能船舶发展对船员教育的影响

近年来,智能航运已成为当前全球航运业的发展趋势。2017 年 10 月,国际海事组织(IMO)海上安全委员会第 98 次会议将"智能船舶"作为一个新主题纳入其中,并提议修订《1978 年海员培训、发证和值班标准国际公约》。2019 年 5 月,交通运输部与其他七个部门共同发布了《智能航运发展指导意见》,旨在加速现代信息化、人工智能等高科技和航运要素的深度融合,其中明确提出要加强对智能航运人才的培养。这也是我国建设交通强国和海洋强国的核心所在。

智能航运需要从源头上进行升级改变,国内外许多学者对此提出了对策和建议。为响应智能船舶的发展,大连海事大学建议建立一个智能导航教育和实践平台,以满足中国对导航人才培养的更高要求。面对即将到来的船舶智能化和智能化船舶管理的挑战,武汉理工大学提出了建设"新工科"精神和学校"宽口径、厚基础、强能力、高素质"的人才培养思路。国际海事组织主任海克·德吉姆和挪威船级社的罗尔夫·斯克宗先生分别就智能船舶规则的制定和国际智能船舶航运立法提出了建议。海事类院校需要适应企业和行业的需求,走产学结合和校企共建的道路,探索面向智能船舶、智能航运的应用型人才培养的路径,最终实现面向新时期船员职业可持续发展的目标和任务。

2.1 智能船舶应用对航海教育的影响

智能船舶的终极目标是实现船舶自组织智能驾驶,克服人为失误,达成航运的安全与清洁。

2.1.1 对船员工作角色和培训带来的影响

智能船舶的建造与运营会从根本上改变传统船舶驾驶人员的工作性质与方式。船舶驾驶人员的工作地点将从海上迁移到陆上公司内部,就像无人机操纵人员一样。驾驶人员和轮机、电器操纵人员共同配合完成某一个航次任务。三方人员应具有高度的组织性和团队协作性,与此同时,还应具备交叉学科知识,以便于及时发现和解决设备等硬件故障等问题。

未来对智能船舶驾驶员的培训将面临巨大挑战,需要相关海事学院和大学提供智力支持,以培养包括船舶和岸上人员在内的高级"导航员",使他们具备使用和管理智能船舶系统的能力和相应技能。

2.1.2 对航海技术专业产生的影响

海洋环境复杂多变,与陆地仍然存在很大差距。对于复杂的系统(例如大型货船),在高度复杂的环境中且基础设施不足的情况下,自主决策和控制的难度将比航空和陆路运输更具挑战性。不懂航行操纵的人不可能掌握智能船舶发展的主要问题和方向,而只懂航行操纵的人又不能设计出智能化的无人船系统。

作为一种典型的应用专业,航海技术专业的传统教育一直注重操作与技能的培养,忽视设备工作原理及控制理念的教育,这就往往使得船舶的驾驶人员只具备知识广度,不具备知识深度,更缺乏交叉学科的综合应用与处理能力。

面对目前这一难得的历史机遇,我们应该直面智能船舶运输系统的框架,并熟知其核心问题,在利用该学科优势的条件下,主动汲取信息工程、计算机技术、控制理论工程等学科的相关知识,致力于培养出能够驾驭智能船舶的复合型深层次人才。

2.1.3 对法律及监管带来的影响

智能船舶将深入推动智慧港口、电子航道等方面的建设,进一步促进海上监督、管理与服务。此外,智能导航支持系统的研究与开发将对相关的国际公约和规定进行重大调整,例如STCW 公约马尼拉修正案和《国际海上避碰规则》等。目前,全球运输规则对智能船舶没有明确的规定。此外,针对当前的国际规则,修订并制定出能够适用于无人自主船舶及其他类型的水面航行器统一的新规则、法案还任重道远。

此外,智能船的监管、污染预防、船舶管理、海上救援、智能海事、电子港口和航道建设以及海洋信息遥感都将面临重大调整。这也是其他专业中如海事管理和地理信息科学等专业需要面对的挑战。

2.2 智能航运背景下航海人才素质分析

随着智能船舶的发展,该行业对船员技能和知识结构的要求也将相应提高。国际海事组织根据自动化程度将智能船舶分为四个级别:

具有自动化流程和自动化决策支持的船舶。这个级别的船舶已基本实现了自动化,配备了风流传感器、雷达系统和自动识别系统等,并拥有智能系统,例如无人机舱和综合船桥。在这种情况下,有必要重新划分传统机组人员的职位。他们不仅必须掌握基本的导航专业知识并具有良好的专业技能,而且还必须具有一定的计算机应用能力,能够熟练使用英语进行交流,并且船舶驾驶员还需要具有扎实的机舱知识。

有船员的远程控制船舶。当船舶的情报发展为远程控制时,船舶对船员人数的需求将减少,但对船员的要求却更高。船员需要能够解决和应对在操作中遇到的紧急情况,及时上船避免远程控制系统出现故障造成船舶运营生产事故。船员还需要具有良好的适应能力、一定的互联网技术知识以及对人工智能、传感器和其他技术的掌握,从而确保船舶的正常航行。

没有船员的远程控制船舶。船舶完全受到远程控制之后,船员的工作地点将不是在船上,而是在岸上。船员可能没有船舶维护技术或船舶机械设备的操作技术,但必须具有虚拟实现技术和物联网技术;同时船员还有必要真正掌握人工智能的操作原理,并能够通过遥控和调度确保船舶的安全航行。

无人自主航行船舶。当船舶的智能化发展为无人自动船时,就意味着人工智能已经达到了与人类大脑相当的高度水平。无人自主航行船的整个操作由人工智能处理,但仍然需要人员输入指令。在此阶段,"船员"一词可能不再存在,并由岸上远程控制人员代替。

基于以上分析,智能航运背景下航海专业人才素质主要由四个方面组成:职业技能、专业知识、专业能力和综合素质,如图1所示。其中,专业知识结构不再仅仅停留在掌握传统导航知识和操作技能的阶段,还应包括对物联网、虚拟现实、人工智能、大数据等最新知识的学习和应用。尽管将来的船员工作将不再与船舶直接接触,但是导航技术和海洋工程等基本的职业操作技能仍然是必不可少的。同时,船员还需要增加诸如基于岸边的远程支持,人机交互协作以及远程故障诊断等技能。除船舶驾驶和发动机维护等传统基本专业技能外,专业能力还要求船员改善其信息和情报,包括数据信息转换能力、协作决策能力、优化管理控制能力以及模式识别能力;综合素质还要求从业人员具有根据现场环境解决问题的综合思维,包括创新思维、研究思维和大数据思维等必要素质。

当前的航运业处于新的发展时期,但海员的社会地位和社会认同感还处于有待提高之时。航海院校人才专业培养方案和课程体系受限于 STCW 公约(MSC 93/13/1. Periodical report on model courses,2014)和《船员培训管理规则》,学生的培训同质化并缺乏职业的创新,对行业发展的新形势缺乏前瞻性。设立的课程没有体现航海教育面对大变革应有的准备,培养航海人才的质量较低。

2.3 智能船舶发展阶段对船员素质培养的新要求

从上述所知,IMO 根据自动化程度将无人船分为四个级别,从级别的分类可以看出,船舶的智能需求逐步实现了无人驾驶的阶段性控制,不同的阶段对于船员的素质有不同的要求。

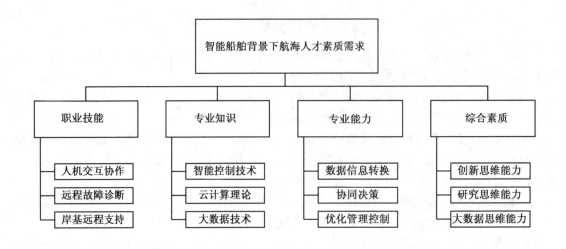

图 1　智能船舶下航海类人才素质需求

2.3.1　具有自动化流程与决策支持的船舶功能下所需的船员素质

当下船舶自动化程度处于此阶段。远洋船舶上按照国际公约要求配备了自动识别系统、雷达、电子海图、计程仪、测深仪、光纤陀螺罗经等先进的助航仪器设备，以及由这些仪器设备支持的综合驾驶台系统、自动舵、智能配载仪和自动化机舱等系统。这个阶段的船员除了根据岗位划分应具备相关公约要求的职业技术素质之外，还应提升自己的英语和计算机软件的学习应用能力。

2.3.2　具有船员远程控制的船舶功能下所需的船员素质

这一阶段的船舶使用计算机、物联网和大数据分析等技术，通过连接到岸上中心来实现半自动导航，从而为船舶提供定期的安全性、环境保护和能效优化建议。当前船舶智能化进度处于第一阶段向第二阶段的过渡期。英国罗尔斯-罗伊斯公司对商用船舶进行遥控操作试验，试验过程中拖船上仍配备了船长和船员，以确保系统出现故障时拖船的安全。该阶段的船舶减员明显，船员机组人员的定位有两个角色：机上辅助人员和岸上远程控制人员。在具备第一阶段所需的船员素质的基础上，随船辅助人员应掌握物联网、人工智能、传感器、控制理论以及虚拟现实等技术，通过远程控制保障船舶的安全运行并辅助开发人员推进无人驾驶船舶系统的实现。

2.3.3　没有船员远程控制的船舶功能下所需的船员素质

这一阶段，在船舶数据分析的基础上，将港口物流信息添加到船舶中，实现船舶与岸上信息的无缝连接，实时、动态地实现导航、船舶调度和港口作业的优化。船舶信息交互已经发展到这一阶段，阻碍无人驾驶船舶发展的技术难题应已被攻克。为了保障在突发故障时船舶的航行安全，船上可配备机器人从事辅助性工作，船员全部转移到岸上，成为"陆地航海家"。船员不再需要掌握船体的维护和设备的操作以及机械设备的使用等基础性技能，只需专注于保障船舶安全运营的操纵、调度和遥控等方面的工作，掌握物联网、虚拟现实、人工智能以及控制理论等方面的知识，以正确辨识系统运行时的异常现象并及时处理故障。

2.3.4　完全无人自主航行的船舶功能下所需的船员素质

这一阶段船舶将实现全自主化无人驾驶和港口装卸与物流自动化，是无人驾驶船舶发展的终极目标。在此阶段,以信息传输安全性、动力装置稳定性和远程操纵可靠性为代表的一系列技术难题均已被攻克,人工智能发展到了可与人脑比拟的"强智能"水平。人类虽然将交通运输过程交给了智能化船舶系统处理,但实际操作还是由人类掌控,例如目的地的指令还是需要人输入,无人自动化集装箱码头也需要工人在集控室进行操作等。该阶段,"船员"这一名称将退出历史舞台,原有的船员除极少数继续从事岸基监控中心工作外,"船员"这一职业将消融在船舶智能化衍生的新兴行业之中。

3 智能船舶发展新时期船员职业教育的变革

智能船舶将会给航运业带来大规模的变革,也将给未来的船员行业带来新的定义。智能船舶时代,不会造成传统船员的失业,只是实现了将船员的工作地点由船上到岸上的转变。智能船舶时代,不再需要船员对船舶进行直接接触与操控,而是由岸上的船员进行远程操控。未来航海就业机会将向智能航海系统及产品的设计、生产、制造、维护、操作、营运等相关的工作岗位转移,船员的工作岗位或许将从"驾驶员""轮机员"转变为"船舶状态监控员""船舶远程操纵员"等,岗位地点和工作内容的转变将对船员的知识结构和技能提出更高的要求。

船舶智能化是多技能的高度融合,是传统技术与数据科学的融合,包含外界环境数据感知、数据认知、自动执行等过程。未来智能船舶需要的船员将面对的是用多专业学科的知识、多种技能去解决更复杂维度的船舶智能化问题,需要具备的知识和技能呈现多岗位技能、多专业知识高度交叉融合的趋势,这势必将对新时期船员职业教育的变革产生深远的影响。

3.1 面向智能船舶的多岗位、多技能、多专业深度融合

传统船舶的驾驶员岗位仅需掌握航海驾驶技能保证船舶安全行驶,轮机员岗位掌握船舶主机、辅机等操作与维护相关技能确保主机等顺利运行,船舶电子电气员岗位则需完成船舶自动化装备的维护和修理等工作,各岗位人员分工明确,相互协作,保证船舶正常运行。由于智能化新技术取代了传统船舶操作技能,岸上船舶控制中心的一名船员便可对传统船舶的船舶驾驶、轮机管理等多岗位工作进行操控,工作范围扩大,将多岗位融合为一个岗位,实现"一专多能"。

一名智能船舶船员将胜任常规多岗位、多人员协作完成的工作,船的知识结构将是跨越多个专业的交叉融合。船员还必须掌握相关的航海专业知识,例如导航技术、海洋工程技术、船舶电子和电气技术等,还需具备智能船舶原理、远程操控系统操作、物联网、人工智能等其他专业的新知识,来完成对智能船舶进行远程监控和正确操控,以及对船舶的运行状态进行监控、对船舶航行完成判断和航线调整等任务。图2为融入智能船舶七大技术的核心专业。多岗位技能、多专业知识高度交叉融合的趋势,说明传统的航海类职业教育已无法满足智能船舶时代对船员的培养需求。未来的船员职业教育,在教育理念、教学模式、培养路径等方面都将发生深刻的变革。

3.2 面向复合型高素质船员职业教育的专业调整和内涵建设

我们可以借鉴浙江大学机器人研究所的探索,在综合航海学院中建立智能船舶研究所,以突破学科和专业壁垒,培养智能船舶的高级导航人员。在新时期背景下,船员的职业教育和培训将贯穿从智能船舶概念、设计,到实施和操作的整个生命周期。因此,应注重"大口径,厚基

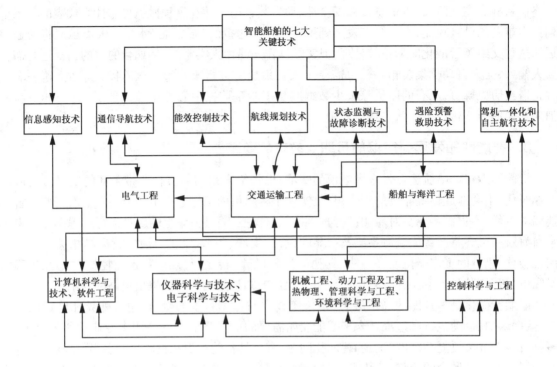

图 2　融入智能船舶七大技术的核心专业

础"的教育理念、摒弃过于细化的学科和专业划分。采取招生大类、跨学科整合的模式进行人才培养。针对船舶营运阶段的船员教育,根据 STCW 公约马尼拉修正案中定义的七个功能进行的分类和培训,有望根据船舶的工作场所和营业部门取代传统的分类和培训模式。导航工程师、船舶工程师、电气电子工程师、数据网络工程师、远程监控和操作人员、路线规划人员、气象和海况预测与分析人员、应急决策人员将逐步取代传统的船舶驾驶员、轮机员和电气电子员。过去,一艘船上的船员需要具备各种技能,如今将发展成为具有管理和服务多艘船的一专多能型高素质船员。因此,三大传统航海专业必须发展新的专业内涵,以满足智能船舶发展的需求。不仅要建立新的教育和培养载体、平台或模型,还要整合新课程和教学环节,完成内涵建设。

当下,航海类院校面向船员的课程体系仍然是参照 STCW 公约马尼拉修正案对运营级船员的能力要求,而基于 STCW 公约马尼拉修正案的航海人才的培养目标仅是对合格的船员进行培训。尽管本科导航专业的培训目标相对广泛,课程内容更为丰富,但仍难以摆脱国际公约的束缚,还远远达不到"口径宽广"的培训要求。因此,建立船员职业教育培训的标准对于新时期船员培养至关重要,并且"解决复杂船舶问题"的能力应是船员培训标准的核心。因此,有必要整合课程,打破学科界限,系统地重组相关学科知识,开发一个多学科的交叉集成课程系统,以支持实现高素质船员的培养目标。围绕教育培训目标,按照"大口径,厚基础"的原则确定核心课程,使学员既具有本专业的基本知识和技能,又具有独立学习和扩展的能力。

3.3　智能船舶背景下船员职业教育的路径变革

当下船员的培养主要依靠航海技术、海洋工程和船舶电子电气工程三个航海专业。支持专业建设和人才培养的学科主要包括交通信息工程与控制、导航科学与技术以及海上运输、船舶工程、电力系统及其自动化、电力电子和电力传输等。新时期背景下,现有学科人才的支持存在明显的局限性。为了满足新的教育要求,有必要对传统或现有学科进行改造或升级。实现这一目标的方法一方面是原始学科的信息化、数字化和智能化发展,另一方面是其他学科对传统专业的渗透和干预。随着大数据、云计算、物联网和人工智能等新技术的应用,船员职业教育和培训以及相应的专业建设需要骨干学科,例如运输工程、船舶和海洋工程、电气工程和电子学、科学技术和信息、通信工程、控制科学与工程、计算机科学与技术、软件工程、仪器科学与技术、材料科学与工程、机械工程、动力工程与工程热物理学、管理科学与工程、环境科学与工程等相关学科有效的支持。作为多学科大学,应促进主要学科、相关学科和基础学科的协调发展,建立良好的学科生态,以促进船员队伍的健康发展。

3.3.1 重构复合型高素质船员的培养体系

智能船舶时代,航海背景下的人工智能、大数据、物联网、云计算将是关键、共性技术,船员的工作地点转到岸上成为岸基航行工程师。这虽然会将三个岗位的职责全部汇聚成一个岗位,但我们需要看到,同时也将会产生一些新的岸基岗位,包括负责船岸交互通信的船岸通信技术人员、负责智能船舶自动控制运行的船舶控制技术人员等。依据船上工作场所进行设置显然已不能适应当下的船员教育,因此,航海类职业院校必须精准分析未来智能船舶工作人员的岗位职责,以服务船舶智能化技术发展为主线,重构复合型高素质船员的培养体系。

航海类职业院校必须根据不同的岸基岗位,进行"航海驾驶""船舶电子电气"等专业调整和"船舶智能控制专业""船岸通信专业"等专业建设,形成智慧航海特色专业群。探索构建新的培养模式,实行"1 + X"证书制度。其中,1 为国际海员适任证书,X 为智能控制、人工智能等职业技能等级证书。系统构建面向学生的"1 + X"学习模式,全面实施大类培养、分层分向教学模式改革,完成专业群内涵建设。

航海类职业院校需深入研究智能船舶未来发展的方向和时间表,针对未来智能船舶船员的岗位工作内容和岗位适任标准,依据《智能船舶发展行动计划》《智能船舶规范》以及船员培训相关公约的要求,根据" AI 通识教育"、"专业团体通识教育"、"专业核心课程"和"智能船员素质发展课程"四个部分,将重建" AI +导航"智能导航专业团体课程系统。航海类职业院校应及时联合航海类专业和人工智能等专业,跨行业开发"船舶智能控制"、"船舶联网"和其他相关的智能船舶课程,专业核心课中同步融入船舶智能最新成果等相关教学内容;同时该课程探索模块化教学模型,将人工智能、物联网和大数据渗透到海事应用中去,激发学生的学习兴趣,增强智能船舶知识学习和技能培训的效果,使学生全面了解智能船舶的相关知识;及早前瞻性地开设船舶岸基监控技术、智能船舶远程操纵技术等技术培训课程,培养学生操控智能船舶的技能。

3.3.2 面向"智能航运"的船员教育和培养模式

(1)面向智能船舶的船员教育模式改革

建立基于政府、企业和学校的"三位一体"的发展体系,加强政府的总体规划。继续在教育理念、合作机制、组织方式、实施途径等方面进行探索和创新,建设"产学结合,校企合作,合作教育"新生态。学校设立学术委员会、教学工作委员会、专业建设指导委员会以及就业和创业指导委员会,与地方政府、造船厂和航运公司共同采用 PPP 模式,建立智能航运学院;公司将充分参与专业建设、课程和教科书开发、教师培训等重大问题讨论;着重深化将智能航运与智能航运产业链紧密联系的专业集群建设,努力实现海洋工程、导航技术、船舶电子电气等传统专业与人工智能、大数据等相互渗透和交叉整合,建设新工科,积极响应"一带一路"倡议,为海洋强国建设服务。

（2）面向智能船舶的船员培养目标改革

当下航海教育的主要目标是培训符合国际公约和国家法律法规要求的远洋船员。这些远洋船员受过训练,能够以良好的职业道德和专业知识在各种海洋运输企业和机构从事远洋船舶驾驶、船舶发动机维护和电气设备管理。从培养的方向可以看出,传统的航海教育主要是针对传统的海员进行培训。随着智能船舶的不断发展,传统驾驶员和工程师的作用逐渐降低,"驾驶、机械和电力的深度融合"已逐渐成为一种新趋势。因此,在新形势下,航海专业人员的培训将面临重要变化,迫切需要研究制定智能船舶航行复合型高素质船员的培训方案。

（3）面向智能船舶的课程体系设置

随着海上力量建设以及新旧动能转化等重大战略和智能船舶技术的发展,传统航海教育机构迫切需要更新现有的人才培养体系,调整培训计划,满足高端设备制造和现代海洋工业的发展需求,探索高素质船员培养的路径。

首先,跨学科、专业课程体系的重置。根据智能船舶不同发展阶段的船员需求,开设与物联网、自动控制、信息感知、大数据、云计算、机器学习、船舶运动控制等人工智能相关的专业课程,课程体系如表1所示。

其次,智能的工作环境要求学生具有强大的技术创新能力。在建立课程体系时,还应着重培养学生的创新意识,增加创新创业课程学分的比例,并特别注意建立"创新创业"实践课程。专为大学生设计项目,以激发学生对"双重创新"的兴趣。

表1　新时期复合型高素质船员培养的课程体系设置

发展阶段	岗位名称	主要课程
智能船舶发展过渡阶段	随船工作岗位	航海学、船舶操纵与避碰、船舶管理、航海气象与海洋学、海上货物运输、航海仪器、船舶无线电技术基础、海商法、船舶原理、GMDSS操作、主推进动力装置、船舶辅机、轮机自动化、轮机维护与修理、船舶防污染及油处理、轮机英语、电力推进系统、船舶电气设备、主机监测与控制系统、数字技术、网络技术、信息安全、物联网技术等
智能船舶发展最终阶段	岸基工作岗位	航海学、航海英语、船舶操纵与避碰、船舶管理、航海气象与海洋学、船舶结构与货运、航海仪器、船舶无线电技术基础、海商法、船舶原理、主推进动力装置、船舶辅机、轮机自动化、船舶防污染及油处理、轮机英语、电力推进系统、船舶推进系统、船舶电气设备、计算机技术、自动控制原理与技术、大数据分析、信息安全、物联网技术等
	港口快修岗位	船舶管理、航海仪器、船舶无线电技术基础、船舶原理、主推进动力装置、船舶辅机、轮机自动化、轮机维护与修理、电力推进系统、电路原理、电力电子技术、船舶电气设备、主机监测与控制系统等

再次,结合新的课程体系和教学模式,相应调整并灵活运用各种教学方法和现代教学技术,坚持以学生为中心的探究和案例研究。在线课程建设的实施和混合式教学方法的创新改革将进一步凸显学生在教学活动中的主导地位,提高课堂效果,并确保人才培训的质量。在专

业核心课程小组教学中,采用基于案例的讨论式学习、基于问题的探究式学习和基于项目的参与式学习的教学方法,以培养学生的应用能力。案例式教学法的改革主要从"无人智能航运"的相关案例入手,结合案例分析得出需要解决的专业问题,并通过课堂讨论引导学生发现案例中的问题,然后找到具体方法解决问题。基于问题的探究式教学方法,主要是以培养学生解决问题和科学思维方式能力为中心,结合归纳和演绎等思维方法,着重培养学生的分析问题和解决问题的能力。

最后,在教学过程中充分利用信息平台。深化信息技术以促进教育和教学改革,并推广翻转课堂和混合教学等新的教学模式,形成在线上和线下教学有机结合。在整个教学过程中,不断强化学生的主体地位。同时,改革现有考试方式,提高平均课程成绩的比重,根据专业特点,鼓励采用公开考试、论文设计、研究报告、实物/软件作品和其他形式的考核方法,提高课程评估的相关性和科学性。

3.3.3 建立复合型专业教师创新团队

打造教、科、研相融并进的师资团队,推动兼职教师团队的教学能力培养。定期邀请政府部门海事专家在线开设专题讲座并参与实训效果评价,遴选企业一线人员广泛开展师资培训并参与专业教学;推动线下实训由校内专职教师和企业兼职教师协同组织开展,线上学习辅导团队由校内专职教师担任,直播课和案例分析课由来自企业、海事兼职教师开设的混合式教学模式。

推动教师团队的专业技能培养。依托学校服务教师成长的"双百计划",明确虚拟仿真中心高层次人才培养目标人选,实施重点培养。借助国家海事调查实验室以及合作单位资源,根据虚拟仿真中心项目开发计划,安排教师前往挪威、英国、德国和美国进行相关航海驾驶模拟器业务培训,推动教师团队专业技能的精准培养。

科研反哺教学。通过教师团队在康士伯航海模拟器平台上对特定海区、船模等进行二次研发,为学校教学一线提供不可或缺的教学基础资料,促进教学模式的改革。

3.3.4 深化产、学、研合作教育

政府牵头,联合顶尖船舶公司、人工智能公司和智能船舶研发机构,搭建智慧航海协同创新服务与交流中心,产教高度融合,各单位深度合作,将各自的优势资源深度集成,满足各自的需求,建立具有多种投入,技术整合和互惠互利的"政府、学校、研究和企业"命运共同体。智能导航协同创新服务与通信中心的功能侧重于智能船舶技术的研究与开发,并在船舶联网和船舶运行环境的智能感知领域进行技术应用研究。

如今,随着相关公司中智能船舶和无人船舶技术的飞速发展,产、学、研合作比以往任何时候都更加重要和关键。合作伙伴必须具有相关性、代表性和先进性。合作伙伴须与船员职业教育相关,具有行业代表性并占据领先地位,同时在其领先行业中还具有一定的优势和丰富的技术积累。尽快建设卓有成效的合作平台,以市场需求为导向,以学校和企业为主体,围绕提高学生的创新适应能力,收集行业资源,实现教育、实践、培训和研究为一体的共享教育系统。

3.3.5 优化完善船员教育和培训的质量保障体系

(1)船员教育质量标准体系的建设

船员教育质量标准体系的建设包括三个部分:质量标准体系的建设、实施和评价。建立类似于"优秀船员教育和培训计划"的人才培养质量体系,包括国家标准(主要基于 STCW 公约)、行业标准和学校标准。国家标准是通用的最低标准,行业标准是专门用于导航学科的专

业标准,学校标准是基于以上两个标准建立的更高标准,该标准与学校的实际情况相吻合并且具有学校特色。

(2)构建船员教育的动态调整机制

随着海事领域新技术的飞速发展,建立动态的专业调整机制对船员队伍的可持续发展尤为重要和关键。因此,建议根据船员教育的质量评价的结果和新情况,及时调整教学目标、标准、计划、模式、内容等,确保复合型高素质的船员能够满足国家、行业和企业的要求。

此外,有必要改进和满足动态更新的STCW公约体系的要求,并接受国家海事安全管理局的质量体系认证评估。积极跟踪和接受社会用人单位对高等学校人才培养的社会评价;接受船级社、行业协会等第三方机构人员培训质量的审核和评估。根据评估结果,动态调整新的海事工程部门的人才培训计划。

结论

在智能船舶的背景之下,高职航海类院校应认清形势,把握发展机遇,专注面向复合型高素质船员的教育发展。本文简要阐述了智能船舶技术发展的现状,系统分析了智能船舶时代为船员职业教育带来的变革,通过创新改革船员培养体系、课程体系、教师创新团队以及搭建智慧航海产、学、研协同创新平台等措施,努力建设具有爱国意识、创新意识、多专业知识和技能高度交叉融合、实践动手能力强的高素质船员队伍,不断满足国家对智能船舶、智能航运对船员的更高需求。

(邓华　王仁强　吴蓉蓉)

参考文献

[1]吕红光,尹勇,曹玉墀.智能船舶背景下复合型航海人才培养[J].航海教育研究,2017(4):10-15.

[2]邢辉.面向智能船舶的航海类新工科人才培养刍议[J].高等工程教育研究,2017(6):33-38.

[3]魏立队,魏海军,曹红奋.面向智能船舶的高等航海教育变革路径[J].航海教育研究,2018(4):7-11.

[4]梁民仓,刘虎,艾万政,等.船舶智能化背景下的高素质船员发展对策[J].水运管理,2018(12):26-30.

[5]马强,刘刚,赵恩蕊,等.面向智能船舶的航海类专业人才培养模式改革[J].航海教育研究,2019(1):24-29.

[6]陈再发,汪益兵,郝永志.面向智能航运的航海专业应用型人才培养探究[J].浙江国际海运职业技术学院学报,2020(2):29-33.

[7]邓春林,王高虎.浅析未来智能驾驶船舶的船员培养[J].珠江水运,2020(3):10-11.

[8]冯娜.智能船舶时代高职航海类人才培养发展路径[J].航海教育研究,2020(3):25-28.

B11. 通导技术新发展对船员教育培训的影响研究

【摘要】随着智能船舶不断发展,作为其中重要组成部分的船舶通信导航技术也产生了重大变革,对于船员的素质、能力要求也产生了变化,这对于航海院校与培训机构也提出了新的要求。本文从船舶通信导航技术的发展现状及趋势入手,分析通导技术发展对于船员的影响,得出通导技术发展新形势下航海院校及船员培训教育机构面临的挑战,最后提出了相应的解决策略,可以为业内同行借鉴参考。

【关键词】通导技术;航海教育;影响;对策

引言

《中国制造 2025》为智能船舶指明了发展方向,即通过突破自动化技术、计算机技术、网络通信技术、物联网技术等信息技术在船舶上的应用,实现船舶的机舱自动化、航行自动化、机械自动化、装载自动化,并实现航线规划、船舶驾驶、航姿调整、设备监控、装卸管理等,提高船舶的智能化水平。中国船级社发布的《智能船舶规范》为智能船舶定义了 7 大关键技术,其中信息感知、通信导航、航线规划、遇险预警救助以及自主航行技术等 5 项都与船舶通信导航技术发展密切相关,因此没有通信导航技术的支撑,智能船舶也就难以实现无人自主航行。此外,与变化相对缓慢的船舶建造技术发展相比,海上的通信导航技术发展得尤为迅猛,各种新技术、新设备、新标准层出不穷。

船舶智能化发展与无人船概念的提出对于船员的知识结构、能力结构等提出了新的要求,这也给船员的教育培训带来了新的机遇与挑战。截至 2019 年年底,全国注册船员总数达到1659188 人,但从业人员多而不精,高素质海船船员尤其是能适应智能船舶发展趋势的复合能力型船员比例较低,而我国高等航海院校对于这类船员的培养尚处于起步阶段。以通信导航技术培养为切入点使得航海教育院校及培训机构根据海上技术的发展趋势制定符合本国国情的培养方案,是培养适应新发展形势的高素质船员队伍的重要途径。

1 船舶通信导航技术的发展

1.1 船舶通信技术的发展

船舶通信技术与陆地通信技术最大的区别是其采用无线通信,船舶通信技术是为了实现信息采集、处理、传输、交换和再现等方面功能,主要特点包括:(1)采用无线的方式,既包括卫星又包括地面无线通信,可以实现全球范围覆盖;(2)通信频段广、覆盖范围大、设备类型众多,系统高度集成、设备组成复杂,且因船舶可安装空间及船舶环境的限制,对设备的要求更高;(3)无法由陆地基础设施进行技术保障,只能靠设备的稳定性和可靠性来确保正常使用。

1.2 电子航海(E-Navigation)与 GMDSS 现代化

近年来,随着航海技术的高速发展以及现代导航技术的应用,航海观念和模式发生了巨变。2007 年国际海事组织(IMO)给 E-Navigation 定义为:用电子的方式实现船舶与岸上机构之间采集、集成、交换、显示和分析海事信息,从而增强船舶从离港开始到抵达港口间的航行及相关服务能力,实现保障海上人命与财产安全以及经济、环保的目的。E-Navigation 概念所涉及的内容相当广泛,既包括了传统的导航手段,也包括了各种通信手段,作为船上即将使用的新技术,通信系统是 E-Navigation 战略的关键因素。为了充分实施 E-Navigation 战略,需要更新现有的通信系统,包括第二代 AIS(AIS2.0)、基于 VHF 的数字通信、500 kHz 的 NAVDAT 系统等,GMDSS 系统的现代化进程迫在眉睫。

1.3 VDES 系统

从技术层面上,基于 VHF(甚高频)通信技术、AIS 技术在 E-Navigation 和 GMDSS 现代化中的重要作用,IALA、ITU 等国际组织根据 ITU-RM.1842-1 技术建议方案,于 2013 年提出了水上 VDES(VHF 数据交换系统)的概念。VDES 系统集成 AIS、VDE 和 ASM 等三项功能,不但可以实现船和船、船和岸间数据的交换,还可以为卫星和船舶远程双向数字通信保留空间,数据传输带宽更是可以达到 150 kbps,远优于目前的船舶数据通信。VDES 是建立在 AIS 之上的一个系统,更加满足现代技术需求,通过结合 VHF 数据交换与特殊应用报文技术,既可以提高卫星与地面通信系统的兼容性,又可提高岸到船和船到岸之间数据交换的安全与效率。VDES 的技术优势主要有以下几点:

一是提高船舶位置报告以及安全性信息优先级,对数据传输安全性也采用了专用频段的保护技术。首先,是对 AIS 专用信道予以保留,并降低通道的占用率;其次,将与导航无关的信息进行剥离后利用特殊应用报文技术进行传输,并使用 25 kHz 两个信道确保传输的速度和安全性;再次,对其他数据信息进行传输使用 100 kHz 的双频信道。这样通过分类处理,既确保船舶通信的有效性,又提高了通信的效率和安全性。

二是船舶能够根据实际航行情况与港口、它船和海图信息中心进行信息主动传输和索取。

三是通过能够根据实际的传输情况对传输信道进行自由调整,确保信息传输效率。VEDS 的应用不仅解决了 AIS 的信息过载问题,还促进了船舶通信导航技术的进一步发展,推动了 GMDSS 现代化与 E-Navigation 战略的实施进程。

1.4 LRIT/远程识别以及跟踪系统

美国"9.11"恐怖袭击事件后,国际航运界纷纷加强海上保安规范与操作。2006 年 5 月,IMO 通过了经修订的 1974 年 SOLAS 公约修正案,其中增加了强制实施 LRIT 系统的内容。该修正案已于 2008 年 12 月 31 日开始实施。

公约对 LRIT 系统的功能要求如下:

船载 LRIT 设备能够在无人干预的情况下每隔 6 小时自动向数据中心发送 LRIT 信息。信息内容包括:船舶 ID、船位、与船位信息相对应的日期和时间;可以在陆地远程控制船载 LRIT 设备的发射时间间隔,时间间隔可控制在 15 分钟~6 小时;可通过"询呼"功能启动船载 LRIT 设备发送位置信息;LRIT 设备可直接与船舶卫星导航系统接口连接,或有内置定位功能;应由船舶主电源和应急电源供电。由于 Inmarsat-C/Mini-C 系统稳定、可靠、设备小巧,适合安装在各种类型的船舶上,且目前大多数船舶的 GMDSS 系统都配备了该分系统,因此 Inmarsat-C/Mini-C 是 LRIT 方案实施的首选船载设备。

1.5　海上电子高速公路

海上电子高速公路是 IMO 基于 E-Navigation 战略提出的一个新的理念,其内涵既包括助航设施设备在内的"海上电子高速公路",又包括无线宽带的"海上信息高速公路"。目前,IMO 已经在马六甲海峡、新加坡等地完成基础性设备构建并试运营。我国也积极投入国际合作开发,与印度尼西亚、柬埔寨等国家共同构建"海上高速公路",所需的通信导航系统也作为基础设施得到了进一步发展。与此同时,我国国内的渤海湾、海南岛、南通等部分沿海靠海地区,正在与电信公司加速推进区域内高速网络全覆盖,预计在未来一段时间,实现区域内高速无线网络互通。

对于离岸较远的远洋航行船舶而言,海上信息高速公路的发展更具有深层次意义。首先,对于船员队伍的稳定层面,根据国际劳工组织的调查,约有 61% 的船员表示大部分时间可以使用互联网,75% 左右的船员表示互联网对他们选择船东起到决定性作用,92% 的船员表示有无互联网对他们影响巨大。研究表明,互联网对海船船员的精神健康有积极意义,互联网可以让海船船员能够随时保持与家人和社会的联系,并及时得到家人、朋友的鼓励和支持,这些都可以减轻他们的情绪压力和孤独感,也让海船船员保持与社会不脱节,从而下船后能更好地融入社会。其次,海上高速通信可用于船舶安全、位置监控、远程医疗、政府应急指挥、船队运营可视化管理等方面,为交通运输信息化建设提供强有力的基础支撑和服务保障。

在现有的通信手段中,卫星移动通信是唯一可实现全海洋覆盖、支持多媒体宽带业务的最有效通信手段,也是将互联网从陆地延伸到海洋的唯一方式。目前海上数据通信主要是使用 Inmarsat 也就是海事卫星通信系统,该系统采用 L 波段,缺点是频谱小、频带窄,因此最高通信速率也只有 400 kbps。此外,在 Inmarsat 的高度垄断下,国外生产制造的卫星通信终端价格高昂,通信费用十分昂贵,1 Mb 的流量通信要几十元人民币,这样昂贵的费用极大地限制了船公司或海事部门对其的广泛应用。因此,海上船舶通信一般只是局限在收发小邮件、打电话、发传真等用途,无法实现互联网高速互联,每个船舶都犹如一个个信息孤岛。

随着智能船舶的发展,船公司对于船舶信息化的速度需求大大提高,要实现航运物流的现代化,需以实现航运物流信息化为基础,航运物流物联网的实现与发展,也必须以实现网络在线为基础。此外,船公司在日常生产经营的过程中迫切希望借助高速网络来实现船岸通信,提升管理效率。典型应用场景就是船公司随时能看到船舶航行和作业的情况,并通过高清视频远程指导船上进行设备维修;与此同时,船方也希望能够随时调用陆岸建立的业务系统,与岸上保持实时联络,及时收到岸上的各种文件资料等。尽管在业内已经有诸多针对船舶管理需求而建立的信息化系统和措施,但是由于传统海上通信方式的局限性,也就大大限制和阻碍了航运业的信息化发展步伐。

目前,中国交通通信信息中心及其国际合作伙伴 Inmarsat、COBHAM 联合推出了第五代海事卫星宽带通信网络系统及应用产品。该系统可为全球航行船舶卫星终端用户提供下行 50 Mbps,上行 5 Mbps 的带宽速率,速度较之前提升近 100 倍。另一种更具有经济效益的解决方式是使用 VSAT 系统,VSAT 是一种支持宽带接入的分布式卫星高速数据业务,依赖地面超大容量光纤网,以及空间宽带卫星网,使用户设备方便地直接接入全国或全球宽带网络,支持高达 65 Mbps 的下行流量,同时每个载波上行流量最高可达 2 Mbps。我国国内提供的“E 海通”“动中通”的卫星宽带通信业务都是基于最基本的 VSAT 系统,从而为船舶提供一条便捷的“海上信息高速公路”。

2 船舶导航技术的发展

船舶导航技术主要通过各类传感器设备、电子海图设备、自动操舵设备等为船舶在航行时实时提供精确的船位、航迹推算、海图适配以及无线信号等多种信息,这有助于建立船舶动态和对应位置参数。目前导航技术基本实现全航程监控,避免船舶出现偏航、穿越危险区等紧迫危险。船舶导航技术还可用于航行记录,通过记录航行数据并自动生成船员的航海日志的方式,使相关人员可以随时调用相关信息。此外,自动防撞功能软件和气象信息处理软件也得到了长足的发展和进步,与组合导航系统结合使用既能提供高精度的船舶定位、航向和速度数据等信息,又能自动分析海洋气象和水深数据,从而提供大量实时安全数据以供船舶驾驶员使用。

2.1 数字航标日趋成熟

数字航标是一种虚拟航标,在借助计算机、卫星导航定位技术、电子海图显示与信息系统、AIS 等技术基础上,成为一种全新的航标科技。目前,最常见的数字航标建立在 GIS 系统基础上,北斗是最新的卫星系统,在定位精度、报文交互等方面有着非常强的技术优越性。因此在建设数字航标时,应该重点考虑该定位系统。此外,借助北斗,可以使其模块中的通信部分与航标传感器联网,进而构建数字航标网络。在设计方案时,要结合地理位置、环境、工作需求以及功能要求,获取地理位置信息及对应的运行信息,再利用网络在并网的 AIS 接收机之间传送数据,实现海上网络的互相连通。

2.2 船舶导航系统正在进行系统整合

船舶导航系统由速度、航向、风速风向等传感器加上数据处理系统、控制系统和显示器等终端显示设备组成。传感器可以收集各类有用的航行信息,再对收集的信号数据进行系统处理。比如速度信息由计程仪提供,天气信息由气象传真天线或船舶气象站采集接收。目前,传感器正向着高度集成化发展,利用一个传感器就可以实现多种数据采集。处理系统负责对传感器传输来的数据进行处理分析,再通过特殊算法获得船舶导航所需的信息并在显示器上显示出来,包括导航数据、水深数据、罗经数据,以及速度数据处理和显示等。系统控制软件通过控制数据处理系统和其他设备来控制船舶,包括全船综合信息管理系统,航向、速度、水深、天气、风向风速数据处理和显示系统,电子海图以及自动避碰系统等。目前,全船系统化、智能化整合已经在新造船上得以广泛实施。

3　船舶通信与导航技术的发展趋势

船舶通信导航技术未来的发展趋势是结合微电子、光电信息以及高性能计算机等技术设备,在实现计算机、局域网与互联网以及通信与导航等深度融合的同时,推动建设高精度和低成本的智能集成通信导航网络系统,海上信息高速与新型通信手段也会继续引领船舶通信导航技术发展方向。

3.1　通信网络正朝着宽带和数字化的方向迅速发展

宽带和数字通信网络一直是通信发展的方向,各类通信设备尺寸小、性能强、功能多、集成度高,这是宽带和数字通信网络发展所带来的好处。在可以预见的将来,利用卫星甚至利用船舶节点进行光纤通信中继,通信距离将更远,速度将更快。随着超导技术、量子通信技术以及光路集成技术等新技术的不断突破,海上通信网络技术势必发生天翻地覆的变化。

3.2　导航系统将朝着小型化发展

根据导航系统的发展需求以及载体尺寸的限制,各导航系统将沿着小型化、高精度、低功耗、智能化和数字化方向发展。以用来提供精确时间的原子钟为例,最新的芯片级原子钟在精度提高几个数量级的同时功耗可以降低到原来的十分之一。船舶的微尺度速率积分陀螺仪将取代当前的罗经,这些新设备的性能远高于现有设备,且具有出色的长期稳定性和能耗经济性,启动速度也将显著提高。

3.3　船舶通信导航网络的集成化与智能化

船舶通信导航网络正在向着系统集成化与智能化的方向发展,未来可实现单个驾驶台船桥终端集成通信导航主体功能,同时利用物联网、大数据、云计算等网络科技,将全部数据并入船舶公司管理电脑,再通过高速互联网络实现远程计算决策。船舶监控网络可以不断强化船舶通信导航技术,兼具模块化和集成化特点,从而实现新一代数字船桥一体化,保证船舶的通信导航技术应用更加经济、灵活、智能。

4　船舶通信与导航技术的发展对于船员能力的影响

船舶通信导航技术的迅猛发展,智能船舶加上无人船舶带来的冲击不可谓不大,现代航运要求船员具备精湛的航海或轮机专业技术,具备根据大数据信息综合研判局势的分析能力,具有较强的应变、管理、协作能力,具有强烈的安全、环保意识,还要具备良好的职业道德、健康的心理素质、文明的服务意识等良好的船员素质。

4.1　通导技术发展对于船员能力的要求

4.1.1　船舶自动化程度的提高对船员能力提出新的要求

众所周知,船员的工作环境、工作条件比较艰苦,工作紧张繁忙并且承受巨大压力。随着船舶通信导航设备和技术的不断更新,船员的知识结构和技术能力已经难以满足新的要求。船舶自动化程度的提高,在一定程度上改善了船员工作环境,减轻了船员劳动强度,使船员有可能享受更多的闲暇时间和人际交往机会,但随之而来的各类设备控制系统的不断增多有时会使船员感觉手足无措、信息过载,面临一个心理上的适应过程,这也对船员培训内容提出了新的要求。

4.1.2 船舶运输成本的提高对船员安全意识提出更高的要求

船舶一直是一种重要资产,其运营成本随着各类新要求、新设备的强制实施而大幅提高,从而增加了船东对船员产生价值的期望值,这就要求船员具备更高的责任感和更强的安全意识来完成船舶的日常营运工作。人是各类规则规定实施的主体,因此在各类培训过程中,对于船员的安全责任意识要重点强调。

4.1.3 智能船舶的出现对于船员的素质能力有了新的要求

目前,船员培训机构所培养船员的数量已经超出实际需求。但我国船员培训机构的特点是数量多、质量参差不齐,这一点与船员培训大国仍存在较大差距,难以适应智能船舶发展的潮流。各类船员教育培训机构应顺应时代的发展趋势和市场变化,培养综合素质强和业务水准高的船员队伍,并注意探索船员培训体系、内容和方式的改进与创新,从而为智能船舶的发展提供人力支持。在智能船舶的发展过程中,船员会从本质上改变其工作内容和工作性质,船员的工作地点大部分由船舶转为陆地。船员将从岸上的控制中心办公室对海上船舶进行远程操控,这会导致培训内容和培训方式的双重转变。全球的船舶设计建造机构都在不遗余力地开展智能船舶的相关研究,船舶公司也将会面临船员培训、网络安全、新型海上运输模式等多方面的挑战。船员培训就需要航海院校或其他的专业培训机构提供符合智能船舶运营所需的师资和设施支持,培养出能够满足智能船舶要求的船员。

4.2 新技术发展为船员带来的负面影响

4.2.1 通导设备海量数据信息导致船员信息过载

10年以前,在海上航行的船员烦恼的是与陆地的信息交流不畅,还有各类通信设备提供的信息过少;如今,随着海上宽带的逐渐普及以及各类显示信息与屏幕大量增加,驾驶台又成了海量信息输出的平台。现在的驾驶台每一分钟都有大量的海上气象、船舶态势、助航安全、传感装置等信息,船员在紧张操纵船舶的同时面对大量数据的干扰,会造成心理以及生理上的疲倦,进而可能影响心理健康,甚至威胁船舶及人员安全。据IMO相关报告显示,部分船员很容易因为新技术而焦虑不安,例如船舶航行期间驾驶台上的船员需要监视许多屏幕,但是这些屏幕并不总是配备有调光器,因此会干扰夜视,影响船员心理、生理健康,严重的甚至可能会危害船舶航行安全。

4.2.2 过度依赖AIS系统引发安全问题

AIS技术原本是为了识别船舶而研发出来的,但实际上经常被用作雷达,这会为船舶航行安全造成重大风险。在很多船上,AIS因其使用便捷且更加直观、信息翔实而经常用来代替雷达标绘其他船只,而雷达更多是被用来验证AIS信息。AIS还有一个缺点是信号不一定精确,因为在大型船舶上,信号可能有多达三四百米的变化区间,具体取决于信号是位于船首还是船尾。因此在极端情况下,过分依赖AIS甚至会导致严重的事故。在2018年,一艘渡轮撞到了一艘渔船,主要原因是后者没有安装AIS,因此在雷达上没有显示,驾驶员就错误地认为该区域没有船舶进而导致碰撞。

4.2.3 海上信息安全问题亟待解决

海上高速通信网络带来的不仅仅是信息交换的便捷,也随之带来了信息安全问题。我国船舶的信息化水平无论在广度上还是在应用深度上都仍然处于发展的初期,主管机关和公司普遍缺乏对网络信息通信系统空间管理安全性的关注,缺乏对于海上信息各环节重要性的深入感知,以至于仅凭传统的基于协议与检测响应防火墙、防病毒软件、IDS 等安全老三样技术,甚至再加上 UTM、WEB 防火墙、SOC 等新技术,都无法确保海上网络信息通信系统的安全性和可靠性。随着船上物联网、海上信息高速公路的逐渐发展,信息安全问题显得更为突出。目前,已经有部分船舶遭受了黑客的攻击,导致船上联网的部分传感器设备失灵,甚至有船舶被误导航向,在无人船高速发展的今天,海上信息安全对海上航行安全提出了新的挑战。

5 新形势下航海院校及船员培训教育机构面临的挑战

5.1 船员培训依据公约规范与航海新技术发展需求有差距

STCW 公约马尼拉修正案是十几年前生效实施的,该公约为船员培训提供了基本的技术规范,但现在这些技术规范已经明显滞后于船舶技术发展,大型化、智能化、专业化等对于人员、设备、船舶等要求越来越高,国际公约对海洋污染控制日益严格,都对船员知识和技能提出了高于 STCW 公约马尼拉修正案的要求,但在现行船员培训大纲中,却没有相关的内容。此外,STCW 公约马尼拉修正案聚焦于船员的操作知识、能力和表现等,缺乏对船员的管理和沟通等综合素质能力的要求,这使得船员培训机构缺乏相关依据。

5.2 对船员所进行的指导和训练与复杂航海局面的需要有差距

为了熟练操作各种自动导航设备以及综合船桥等通信、导航以及操纵设备,船员的驾驶台资源管理和机舱资源管理等课程训练的内容主要围绕熟练使用仪器和设备,船员因而缺乏在智能化设备失灵或突发故障时船员的应急反应能力。船员没有进行有针对性的指导和训练,难以满足应对海上运输面临的特殊环境和复杂情况的要求。

5.3 现有的培训手段和方法难以满足船员个性化学习需求

目前,各类航海院校及培训机构所采用的培训手段还是采用集中授课的方式,突击完成职务晋升以及知识更新所需的理论知识和实践技能训练。培训形式、培训方法不够灵活多样,尤其是很多船员在船上面临高速发展的设备和技术感觉茫然无所适从,这也迫切需要我国的航海教育人员采用信息化手段积极开发远程教育、船上陆地联合培训、现场实时情景教学等,从而将教学过程与工作任务密切结合,改进培训效果。

6 适应通导新技术时代的船员教育培训应对策略

6.1 明确新的培训目标,调整船员能力模块以适应新技术条件下船员能力要求

随着船舶自动化程度的提高、船舶通信导航技术的发展,对船员素质、能力的需求超过了对于船员数量的需求。单个船员承担的工作内容将更加广泛,使用的仪器设备将不再局限于以往的功能和操作,船员在管理能力、技术水平上必须具备更高的水准,这时的船员应该是一种知识密集型、技能综合型人才。船员需要基于知识和技术的判断能力高于基于制度和经验的判断能力。以往船员直接操控船舶,而在智能船舶时代,船员将主要面对各类数字化的远程

操控平台,不少船员的工作地点将从船上向岸上转移。

IMO将智能船舶按自动化程度划分为4个等级,即具有自动化流程和自动化决策支持的船舶、有船员的远程控制船舶、没有船员的远程控制船舶,以及完全无人的自主航行船舶。按照我国智能船舶发展"三步走"的目标,目前我国已成功交付两型(四艘)智能示范船,正式迈入智能船舶1.0时代,并已开始第二阶段(2019—2022)智能船舶的研发,到2022年,建成实现部分自主操作和远程控制、减少船员配额的智能船舶,届时我国智能船可对应IMO第二等级的智能船舶。

随着智能船舶发展的不断深入,行业对于船员的技能和知识结构要求也将随之改变。在船舶初步具备自动化功能尚需辅助决策支持阶段,船员需掌握传统船员所需的航海技术、轮机工程建设、电子电气技术和自动化系统等分类知识;在船舶实现远程控制,仅需少量船员随船实施监控和应急处置的阶段,船员还需掌握船舶驾驶和自主航行系统理论以及实践;而在船舶完全实现远程操控,进入无人船的发展阶段,船员则需掌握远程操控系统的运维、智能船舶构造原理、物联网、虚拟现实、人工智能以及控制理论等多方面的新知识。船员教育培训单位对于教学的规划决定着人才培养质量。传统的航海类学科主要包括航海技术、公约法规和轮机工程等学习方向,但这些根本无法满足最新的智能船舶时代的船员要求。航海教育以及培训单位需根据《智能船舶发展行动计划》《智能船舶规范》以及船员培训相关公约的要求,结合未来船员的工作内容、适任标准及职业发展方向,及时调整教学大纲。如现有航海类专业可增添"适应船舶智能化发展"的相关教学内容,应及早设立智能船舶控制相关专业,适时组织编写有关智能船舶操控的最新教材,并通过开设讲座、增设选修课或必修课等方式,使航海类专业学生全面了解智能船舶航行控制的相关知识。

6.2　内培外引优势整合,打造具有航海背景的复合型师资团队

在海上通信导航技术高速发展的背景下,智能船舶的全面推广只是时间问题。航海类教育教学也将迎来彻底的变革,为保证强大的师资团队,要高度重视精通两个以上学术领域的复合学科背景人才培养,储备复合智能船舶发展的智力资源。再通过内部选择有潜力的教师进行重点培养,并引进国内外高校以及企业相关科研人员共同参与教学,打造既有强大的理论研究能力,又有熟练动手操作实践经验的全能型教学团队,为新通信导航技术发展条件下人才培养奠定坚实的人力基础。

6.3　构建多学科融合的知识体系,培养多元能力人才

知识体系的构建是实现人才培养的关键环节,是人才培养的主体内容。目前的航运业融合了大数据、船联网、云计算、智能航行等四大类专业知识,现有单一的学科背景难以支持航海类人才的有效培养,不能满足智能时代应用型航海创新人才培养的要求。要实现人才分层次培养,即职业教育应以"解决复杂工程问题"为目标,本科教育以相关理论研究深化为方向,满足智能船舶对于不同层次人才的需求。通过改造升级现有或传统学科,引导传统航海学科向信息化、数字化和智能化方向发展,构建以航海技术、通信导航、控制工程、计算机信息技术等多学科融合的知识体系。此外,还要结合行业的具体需求,以智能化船舶发展驱动课程体系改革,更侧重于所需职业技能和创新能力的结合,注重把行业新技术、新工艺和新装备的知识引入课程,使得所培养的人才能够更适合未来智能船舶工作岗位要求。

6.4 依托船岸高速数据通信网络,建设共享知识及技术平台

6.4.1 将科研项目转化为教学资源,服务教学

充分利用最新科学研究成果,将科研成果向教学资源转化,实现课程内容的更新。鼓励教师充分发挥自身科研优势,提炼和总结科研成果并进行教学资源转化;积极编写出版最新专著和教材,为课程教学提供参考资料;在课程教学中及时将通导技术发展的新成果、新技术充实到教学内容中,拓宽学生的知识面,提高学生的创新能力。鼓励教师将科研成果或软件进行再开发,使之成为新的实验教学系统,并设置相关的实验项目。

6.4.2 应用网络技术和多媒体技术,实施远程船员培训

随着海上高速网络的发展普及,利用多媒体、网上交互式教学等方式实施船员远程培训和知识更新,可以让船员随时随地进行学习。中国海事主管机关近期实施的远程计算机考试可以继续开展下去,这样打破时间、地域的限制,从根本上解决船员休假、航运公司船员调度和船员培训的矛盾,可以有效提高培训效率,减少培训成本。

网上远程培训还可以真正将理论知识和航海实践有机结合,在缓解培训机构师资缺乏的同时,共享培训资源,使得培训机构可以有目的、有针对性地进行培训和考核,实现对大批量的在岗船舶管理人员进行实时远程培训,以适应信息时代船舶管理的知识更新的需求。

6.4.3 拓展卫星宽带应用,开展船上远程现场培训

随着5G技术、卫星WiFi的逐步推广,未来在海上实现现场及面对面视频交流成为可能,这又对我们的教育教学提出了一个新的实践解决途径。将课堂与船舶生产的现场实时连接,将现场的细微环节进行远程分析,对于我们的教学都会有很大的促进,结合VR虚拟技术的使用,这对船员总体感知船舶、感受航行提供了极大便利,也必将引导未来航海的教育教学变革,一个航海大数据的时代正在开启。未来"智慧航海"的发展动向是航海大数据的应用,它将推动航海教学实现跨越式的发展。通过政、企、校三方共享数据库建设项目,进一步汇聚、整合航海信息资源,提高航海信息资源跨区域、跨部门、跨单位共享效率和水平,打造一个创新、协调、开放、共享的航海大数据时代,对于提升航海教学能力、水平和质量具有划时代的意义。

6.5 针对海船船员工作特点,加强海船船员心理素质的培养

在航海技术蓬勃发展的进程中,航海人才需要具备更为强大的心理素质,特别是一些技术难题很可能在航海中出现,且在航海环境较为复杂和多变的情形下,过硬的心理素质也成了当前优秀航海人才需要具备的一项基本素质。除了要求人才掌握必备的航海技术相关技能外,处置一些技术难题的技能以及突发状况的能力也需要得到有效培养,而这都需要过硬的心理素质予以支撑。这一情形下,过硬的心理素质培养需要成为航海技术发展下航海人才培养中的一项基本内容。从心理素质培养的策略选用上看,人才培养层面可以模拟各种技术难题与突发状况,让航海人才能够在特定情境中进行应对方案的确立与应对尝试,并对最终结果进行评估,帮助相关人才认识到自身在心理上与技术上存在的缺陷,这对于航海人才的不断成长也具有重要意义。

结论

目前我国的航海本科教育和职业教育还存在一定的问题,主要表现在依然将船员所需的

综合技能进行单项培养,诸如驾驶台资源管理这类综合训练流于形式,学生难以获得职业沉浸感。我国的航海教育和培训机构应抓住本次智能化船舶发展的浪潮,以通信导航技术为重要突破口,促进复合型高素质人员培养,从而占据国际高端海船船员市场,进而主导航运业发展走向,实现我国海船船员强国的关键发展目标。

(苏文明　王宏明)

参考文献

[1]刘磊.通导技术进步与我国高等航海技术教育变迁(1978—2008)[D].呼和浩特:内蒙古大学,2019.

[2]王艳波,金伟.船舶通信导航技术及发展趋势分析与研究[J].信息通信,2020(2):214-215.

[3]张德元.现代信息技术在船舶通信导航领域中的应用[J].信息系统工程,2020(4):81-82.

[4]徐宏伟,葛沛.大数据技术在船舶智能化中的应用[J].江苏船舶,2020(6)1-3.

[5]苏新,孙有君,陈红梅,等.智能船舶设备通用安装工艺[J].造船技术,2020(6):47-49.

[6]熊胜.智能船舶的发展现状及趋势[J].船舶物资与市场,2020(10):1-2.

[7]尹群,刘天,毛文强.智能船舶关键技术的若干思考[J].船舶物资与市场,2020(10):5-6.

[8]李文玉.智能船舶关键技术分析[J].船舶物资与市场,2020(11):21-22.

[9]范晓锋,周丹.数字化智能航运的特征与价值[J].综合运输,2020,42(11):70-73.

[10]马吉林,谢朔.船舶智能航行及关键技术最新发展[J].中国船检,2020(11):52-58.

[11]包正隆.船舶通信导航技术及发展趋势研究[J].大众标准化,2020(14):138-139.

[12]徐忠根,蒋琳.认知无线电网络中船舶导航系统网络通信技术研究[J].舰船科学技术,2020,42(22):94-96.

[13]徐秋.现代信息技术在船舶通信导航系统中的应用[J].舰船科学技术,2021(04):103-105.